企业使命、董事会战略参与对治理绩效的影响研究

董斐然　著

山东大学出版社
SHANDONG UNIVERSITY PRESS
·济　南·

图书在版编目(CIP)数据

企业使命、董事会战略参与对治理绩效的影响研究／董斐然著. -- 济南：山东大学出版社，2025.3.

ISBN 978-7-5607-8473-1

Ⅰ. F279.241

中国国家版本馆CIP数据核字第2024GW4050号

责任编辑　李艳玲

封面设计　杜　婕

企业使命、董事会战略参与对治理绩效的影响研究

QIYE SHIMING、DONGSHIHUI ZHANLÜE CANYU DUI ZHILI JIXIAO DE YINGXIANG YANJIU

出版发行　山东大学出版社

社　　址　山东省济南市山大南路20号

邮政编码　250100

发行热线　(0531)88363008

经　　销　新华书店

印　　刷　济南乾丰云印刷科技有限公司

规　　格　720毫米×1000毫米　1/16

13印张　232千字

版　　次　2025年3月第1版

印　　次　2025年3月第1次印刷

定　　价　52.00元

前　言

国有企业是中国特色社会主义现代化建设的中坚力量和国民经济的重要命脉，在我国经济中占主导地位，其可持续发展对整个国民经济的发展和社会的稳定发挥了不可替代的作用。但效率低下和竞争力弱等问题抑制了国有企业的发展活力，导致其未能发挥应有的作用。近年来，环境问题已经成为全球持续受瞩目的焦点议题，绿色发展已成为时代大势和全球共识，绿色理念蕴含于习近平总书记“绿水青山就是金山银山”的生态文明理念中，是新时代中国经济发展的必然要求。绿色治理理念倡导人与自然的和谐发展，已经成为一种促进环境保护和商业成功的治理范式。国有企业需兼顾经济、社会和环境多重发展目标。董事会是公司治理的核心与战略决策的主体，其行为受到企业使命的引领和约束，其结构与权力配置通过战略参与对企业价值的创造发挥重要作用。因此，本书探索董事会权力层级在企业使命的引领下，如何通过战略选择影响国有企业的治理绩效，以引导国有企业通过优化董事会权力配置来提升企业长期价值、实现优质发展。

目前，学术界对董事会的研究主要基于董事会成员的横向结构特征，即董事会成员的个人经验以及董事会的构成，取得了一些有价值的成果，而对董事会纵向权力层级的关注较少。依据组织层级理论，董事会团队内部由于正式制度设计而产生的各董事的权力分布被称为董事会正式权力层级，体现为团队内部的正式位置，包括个体的职级和工作头衔等；基于董事会成员对彼此能力和影响力的评价而在团队中自发形成的尊重或顺从秩序被称为董事会非正式权力层级，体现为成员中的声望和尊重。二者决定了董事会成员的互动效率与互动效果，因此董事会治理研究应该重视董事会权力层级的作用。现有研究大多关注董事会权力层级与企业绩效之间的直接联系，多采用“结构—绩效”范式，鲜有学者探究董事会权力层级通过战略参与作用于国有企业价值的机理。董事会并不直接作用于治理绩效，董事会权力结构的治理效应需要通过某些变量的中介作用来实现。此外，董事会治理中情境因素的研究还较为匮乏，相关研究并未将企业使命作为重要的情境因素纳入价值创造的理论体系中。特定的企业使命直接影响经济活动主体的价值观念和行为方式，激励或约束着经济行为主体的行为，从而影响治理效果。负责任的企业使命增强了董事会团队的内部和谐，提升了董事会的决策效率。虽然部分文献打破了“结构—绩效”的研究范式，关注了董事会治理行为的中介作用，但未能将董事会行为研究和情境研究纳入一个理论框架体系中，治理情境、董事会权力结构、治理行为与公司绩效关系的完整理论体系尚未建立，造成董事会对绩效影响的理论逻辑与实践逻辑不一致，理论研究不能更好地拟合实践，降低了理论研究的价值。

本书将依据“结构—行为—绩效”的研究范式并基于治理绩效生成的实践逻辑，探索在企业使命的感召下，董事会权力层级通过战略参与对国有企业价值的作用机理，并验证关键前因变量的作用效应，旨在为国有企业完善董事会权力配置、确保战略决策的有效性以及提升企业长期价值的创造能力提供借鉴。本书以经济增加值与绿色治理绩效而非短期财务指标衡量国有企业治理绩效，旨在引导国有企业关注长期价值创造而不是追逐短期利润。本书基于委托代理理论、组织层级理论、利益相关者理论和高阶梯队理论，采用文献分析法、比较分析法和实证分析法，在分析国有企业“董事会权力层级—战略选择—治理绩效”作用机理的基础上，以董事会权力层级为解释变量，战略选择为中介变量，企业经济价值和绿色绩效为被解释变量，企业使命为调节变量，验证战略选择对董事会权力层级与治理绩效的中介作用以及企业使命对董事会权力层级与战略选择关系的调节作用。

本书通过描述统计与方差分析发现，中国国有企业间的董事会正式权力层级存在显著差异，各年间变化比较稳定；不同国有企业董事会的非正式权力层级亦存在差异，且中国国有企业董事会团队的非正式权力层级总体较小（意味着权力分布较均等）；国有企业之间的战略类型与战略的激进或保守程度存在差异；企业经济价值和企业使命在各年度之间存在较大差异；不同企业的绿色绩效目标存在差异。样本年度内，国有企业高度关注企业使命的建设，企业使命的评估值大致逐年增加。回归结果表明，随着董事会正式权力层级和非正式权力层级差异的增大，董事会将由保守型战略逐渐转向激进型战略。企业使命发挥了积极的治理作用，即企业使命越明确，董事会越倾向于由保守型战略逐渐转向激进型战略。企业使命定义了企业存在的理由，共同的企业使命根植于董事会成员的意识，有助于提升各董事对企业的认同感与董事会团队的凝聚力，有利于董事之间的信息交流与讨论，从而有利于提高董事会决策效率。相对于保守型战略，采用激进型战略的企业将获得更多的经济价值和绿色绩效。战略选择在董事会正式权力层级与企业经济价值之间、董事会正式权力层级与企业绿色绩效之间均发挥中介作用。这表明在企业使命的作用下，董事会权力层级并不直接作用于治理绩效，而是通过战略参与的中介效应实现治理绩效。本书采用“结构—行为—绩效”的研究范式，使理论模型与现实逻辑更加吻合，理论研究成果更富有价值，有利于引导国有企业通过构建合理的董事会权力结构、制定科学的战略决策等改善组织的自适应性，提升国有企业的可持续发展能力和绿色治理水平。

本书创新之处有以下几点。

1.构建了董事会通过战略类型的选择作用于治理绩效的理论模型，揭示了董事会战略参与对治理有效性的影响机制。企业治理水平的不断提升离不开董事会在企业战略中的积极参与。董事会的核心职能是确定企业战略，董事会权力结构并不直接作用于治理绩效，而是通过董事会的战略参与予以实现。本书基于理论逻辑与现实逻辑，构建了“董事会权力层级—战略选择—治理绩效”的理论模型，揭示了董事会权力层级通过战略参与对治理绩效的作用关系，从而更好地解释了董事会权力层级对治理绩效的影响。

2.从企业经济价值和绿色绩效两个方面衡量国有企业董事会治理绩效，关注了国有企业的可持续发展。以经济增加值衡量国有企业经济价值有助于引导国有企业更加关注价值创造而不是追逐短期的利润。以企业是否获得绿色认证的二元变量来衡量企业绿色绩效，体现了企业的绿色治理水平。对企业经济价值和绿色绩效的关注有助于引导国有企业提升可持续发展能力和企业长期价值。

3.测度了企业使命并将其纳入治理绩效生成的理论体系中。任何机制作用的发挥都会受到周围环境的影响。企业使命作为重要的公司治理情境因素，揭示了企业的目标、愿景、文化与战略，引导并约束着董事会的行动，而相关研究尚未对企业使命给予充分的关注。本书探讨了董事会在企业使命的影响下，通过战略参与对国有企业的治理绩效的作用机制与影响效果，丰富了董事会治理的相关研究。

由于调研与数据获取的局限性，本书仅从狭义的角度，以是否获得绿色认证为代理变量来衡量企业绿色绩效。实际上，绿色绩效涵盖的内容更加丰富，除了绿色认证之外，还应该涵盖生态绩效指标和社会绩效指标等方面的内容。进一步的研究可以扩展绿色治理绩效的外延，采用更具广泛意义的“绿色”与“绿色治理”的概念，将绿色治理绩效扩展为包含传统环境绩效的更大外延的企业经济绩效、社会绩效以及员工灵商水平提升等维度的“深绿色”范畴(Zohar，2016)。本书从正式权力层级与非正式权力层级两个维度测度了董事会的权力层级及其治理有效性，但由于衡量指标的可靠性与数据的可获取性有限，未能从权力与地位的匹配角度予以测度。未来研究可以基于权力与地位的一致性与背离性的视角，探讨其对董事会战略决策的影响，以便为国有企业改善董事会的权力结构提供更具可操作性的建议。

目　录

第一章 导论

本章从实践背景与理论背景出发，提出本书的研究问题，梳理了董事会、企业使命、战略选择与治理绩效的逻辑关系，并介绍了研究思路、研究方法与创新之处，提出了可能的研究意义。

一、选题缘由及研究意义

（一）选题缘由

1. 国有企业治理绩效应关注体现企业持续发展能力的经济价值和绿色绩效

在中国，国有企业指国务院和地方人民政府分别代表国家履行出资人职责的国有独资企业、国有独资公司以及国有资本控股公司，包括中央和地方国有资产监督管理机构和其他部门所监管的企业本级及其逐级投资形成的企业。国有企业是中国特色社会主义建设的中坚力量，是我国国民经济的重要命脉，也是文化强国建设的关键承载者和践行者。国有企业的健康发展在保障经济稳定、促进现代化建设和维护社会公益等方面发挥独一无二的作用。从扩大企业自主权到建立现代企业制度，我国国有企业的改革和发展与经济管理体制的形成和变革息息相关，因此备受关注，被置于整个经济体制改革的中心环节。随着经济体制改革的不断深入和社会主义市场经济体制的不断完善，虽然非国有经济在国民经济中所占比重呈增大趋势，但国有企业大多分布在重要公共产品和服务等门类和行业，在比较重要的基础产业、制造业和服务行业中的比重均超过40%，因此，国有企业在我国国民经济中的主导地位毋庸置疑。

近年来，国有企业主要经济指标虽然呈增长态势，如2019年营业收入和营业利润分别达到625520.5亿元和35961亿元，但经济指标同比增长率波动较大，自2017年至2019年，营业收入和营业利润增速明显降低（见图1-1）。事实上，国有企业在发展的过程中存在一系列问题，如企业规模过大、企业内部机构臃肿、效率低下等。国有企业大多因政府长期大力支持而缺乏竞争力与创新精神，导致企业绩效下降。一些企业缺乏长期规划，过度追求短期财务收益，而忽视了企业的可持续发展，对企业信用和企业形象产生了负面影响。尤其是一些企业在提升经济价值的同时，还伴随着对自然资源的过度消耗和对生态环境的严重破坏，给我国民众的健康生活造成了严重影响（潘红波和饶晓琼，2019）。这些问题抑制了国有企业的发展活力，使国有企业未能充分发挥其对国民经济与社会发展的重要推动作用。由此，如何实现优质发展是当前国有企业面临的重要课题。

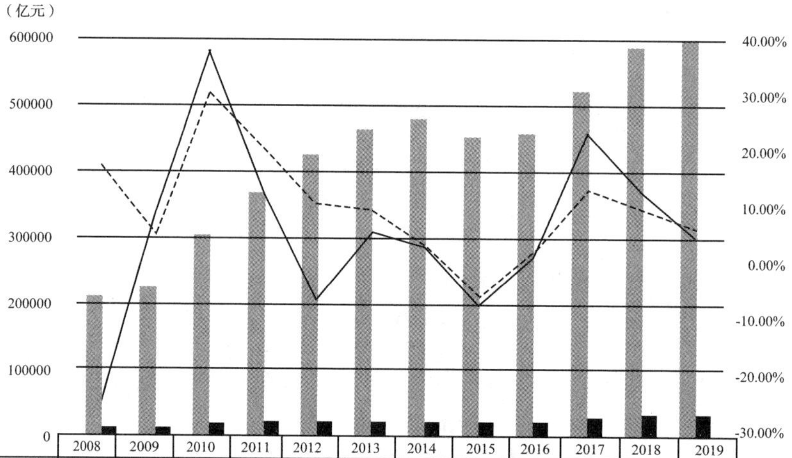

	2008	2009	2010	2011	2012	2013	2014	2015	2016	2017	2018	2019
营业收入（亿元）	210502.3	225087.3	303253.7	367855	423769.6	464749.2	480636.4	454704.1	458978	522014.9	587500.7	625520.5
营业利润（亿元）	11843.5	13392.2	19870.6	22556.8	21959.6	24050.5	24765.4	23027.5	23157.8	28985.9	33877.7	35961
营业收入增长率	17.80%	5.90%	31.10%	21.50%	11.00%	10.10%	4.00%	-5.40%	2.60%	13.60%	10.00%	6.90%
营业利润增长率	-25.20%	9.80%	37.90%	12.80%	-5.80%	5.90%	3.40%	-6.70%	1.70%	23.50%	12.90%	4.70%

图1-1　2008—2019年国有企业营业收入与营业利润变化情况

资料来源：中华人民共和国财政部公开数据。

为提升企业长期价值，国有企业应更加关注经济价值的创造而非短期利润的追逐。现有实证研究大多以资产收益率和营业利润等财务指标来衡量企业绩效，而在经济发展新常态下，提质增效压力增大，单一强调短期财务绩效不可能为企业带来可持续的优势。为此，党的十八大报告强调要加快转变经济发展方式,明确以提质增效促进企业发展的方向。2016年12月12日,国务院国资委印发了《中央企业负责人经营业绩考核办法》(国资委令第33号),进一步指出要实施以管资本为主加强国有资产监管的要求,突出经济增加值考核。该指标揭示了财务管理的本质是企业的价值创造,因此用经济增加值衡量国有企业经济价值的创造更符合国有企业的公司治理实践,有助于引导国有企业提升价值创造能力。

同时,国有企业为实现可持续发展,还须培育绿色发展理念,关注绿色绩效的提升(李维安等,2019)。近年来,环境问题愈演愈烈,大众媒体也逐渐重视地球环境的脆弱性,迫使人们重新认识并思考人与自然的关系。2015年12月达成的《巴黎协定》意味着人与自然的辩证关系已得到全球关注,从而形成了一种全新的理念,以实现人与自然的和谐发展,这与G20(The Group of Twenty Finance Ministers and Central Bank Governors)强调的包容性发展不谋而合。以往高消耗、高污染的经济增长方式给环境与自然资源带来严重破坏,也造成我国经济社会发展缺乏活力,因此借助绿色转型以改革经济发展方式迫在眉睫。习近平早在2005年就提出"绿水青山就是金山银山"的发展理念,深刻揭示了经济发展与环境保护的辩证关系,强调了中国绿色发展的理念。2012年11月,党的十八大首次把"美丽中国"作为生态文明建设的宏伟目标,将生态文明建设纳入中国特色社会主义事业"五位一体"的总体布局。党的十九大报告进一步强调环境治理,将污染防治视为攻坚战,建设以政府为主导力量、企业为重要实施主体、社会组织和民众共同参与的生态环境治理体系。生态文明建设在我国被提升至前所未有的高度。绿色理念将引领中国未来的可持续发展(李维安,2016)。在政府号召的"环境可持续发展""经济新常态"与"建设众创空间"的宏观背景下,结合我国国有企业的特点、地位与作用可知,国有企业既要承担政治责任,也要兼顾社会、经济、法律和环境资源等多重目标。现今,绿色发展理念已在世界范围内得到认可,由企业层面的绿色供应链和绿色金融,到国家层面的绿色GDP,再到社会层面的绿色出行,各主体均着手践行绿色治理。一些世界组织虽然提出了体现绿色理念的宣言,为经济与社会的绿色转型提供了指导,但具体实践环节如何操作等内容尚不清晰,缺少将绿色发展理念与实践进行衔接的指引性标准,导致企业绿色治理水平整体偏低(李维安等,2019)。因此,建立绿色治理的有效机制,已经成为当前绿色治理研究的关键问题(李维安等,2017)。

学术界对绿色治理的研究虽不乏理论论证,但少有实证分析。一些学者认为,环境伦理问题应被纳入企业可持续发展绩效评价中。重视环境伦理建设的企业,可通过将伦理观念具体落实到企业战略(Wijethilake,2017)和企业的环境保护行动中,不断累积企业的社会声誉,进而提升企业绿色绩效。基于利益相关者理论,企业为重要利益相关者创造可持续的价值,尤其是当企业能为股东与其他重要利益相关者建立协同的经济价值和社会价值时,可以为企业自身带来竞争优势。根据全球首部《绿色治理准则》(李维安等,2017),绿色治理倡导人与自然的包容性发展,是治理主体、治理措施与治理架构协调合作的“公共事务性活动”,成为一种促进环境保护和提高商业成功概率的治理范式。现有研究对企业绿色治理机制和效果的关注不足,对绿色治理的认识仍停留在ESG(Environment, Social Responsibility and Corporate Governance)层次。因此,需要加强对绿色治理理论的研究,以更好地指导绿色治理实务,引导企业实现绿色发展和绿色转型,推动企业的可持续发展。

2.构建有效的董事会权力结构是公司治理的重要问题

董事会作为公司治理的核心(Zahra and Pearce,1989)和关键行动者,在公司价值创造和形成的过程中发挥着重要作用,对公司战略决策与公司绩效具有重大影响(Forbes and Milliken, 1999;曲亮等,2016)。国家经济的持续发展依赖于公司绩效的不断提升,健全的公司治理制度是企业落实可持续发展、提高竞争优势的核心要素。近年来,国内外上市公司董事会丑闻频频发生,董事会治理现状不容乐观。2017年成立的瑞幸咖啡(Luckin Coffee Inc.),在美国纳斯达克上市不到一年,于2020年4月2日被浑水研究(Muddy Waters Research)调查指控其涉嫌财务造假,通过门店销量、商品售价、广告费用以及其他产品净收入等方式虚增利润,伪造价值约22亿元人民币的交易,使2019年第二季度至第四季度瑞幸咖啡的门店营业利润被夸大3.9亿元人民币。该报告一经披露,瑞幸股价骤跌,跌幅超过80%,轰动资本市场,中国证监会随即对该公司财务造假行为表示强烈的谴责。虽然在大多数情况下,丑闻是公司治理和一些环境因素造成的,但董事会作为企业的决策机构,未能发挥应有的作用,对此难辞其咎。瑞幸咖啡拥有结构合理的董事会(共计10名董事,包含4名独立董事和6名非独立董事,且有1名董事兼任首席执行官),却通过财务造假粉饰利润,损害了利益相关者的权益。一些结构配置合乎规范的董事会却导致企业战略失误、业绩不佳(Stiles,2001),在外部治理环境相似的情况下,具有相同或近似结构和机制的董事会的价值创造结果却千差万别

(Roberts et al., 2005;周建等,2010)。现实背景引发思考——如何构建董事会,才能使其发挥应有的治理作用?

这些问题的存在,使得董事会治理理论体系面临着挑战和考验,董事会如何进行战略决策已经成为公司治理研究的重要议题之一(武立东、薛坤坤和王凯,2018)。已有研究从董事会结构、构成、特征与程序等方面对其决策展开广泛研究,但主要立足于董事会成员的横向结构的视角,考虑董事会成员的个人经验以及董事会的构成等因素,对董事会治理行为以及董事会在公司治理中的作用展开研究,并取得了一些有价值的研究成果。一些学者从董事会资本的角度探讨董事会对企业研发与技术创新(周建等,2012;李长娥和谢永珍,2016;孙烨、邵方婧和尹嬰天,2018)、公司战略(纪成君和张爽,2015;宋铁波等,2018;周常宝等,2018;Klarner, Probst and Useem, 2020)以及企业绩效(Sundaramurthy et al., 2014; 张维今等,2018;李东升和杨荣,2020)的影响机理与作用效果。如周建等(2013)从董事会人力资本的角度,以高科技上市公司为研究对象,探索造成上市公司研发投入差异的前置因素。研究发现,董事会人力资本的深度正向影响上市公司研发投入,而人力资本的广度的影响不显著。李小青(2012)同样将高科技企业作为研究样本,通过实证研究发现董事会成员职能背景与任期异质性部分通过创新战略的中介效应分别对企业经济价值发挥了正向与负向的作用。

然而,现有关于董事会的研究对以权力和地位为主要维度的纵向权力层级关注较少,忽视了董事会权力层级对绩效的影响。事实上,董事会基于正式组织结构形成的正式权力以及基于能力和人格魅力形成的非正式权力共同作用于战略决策,并进一步影响组织绩效(Magee and Galinsky, 2008; He and Huang, 2011;Harjoto et al., 2018;武立东等,2018)和效率(Gould, 2002)。作为一种会议型集体决策机构,董事长召集和主持董事会会议,董事会按照董事一人一票的规则进行决策。以往对高管团队的研究大多局限于高管团队的特征对公司业绩的影响,而Smith等学者(2006)认为,未来需要对公司权力的分布进行进一步的探索。组织层级作为社会关系的一种最基本的特征之一,以各种形式在不同的组织和团体中存在(Magee and Galinsky, 2008)。在董事会内部,董事们在互动的过程中会产生领导者,一些少数核心个体在董事会团队中会占据大部分的地位资源。鉴于资源在个体与群体间呈非均衡分布态势,不同个体所拥有的资源数量及权力来源亦存在差异,因此在董事会中被授予了不同的职位和角色。与人类社会类似,大多数组织中较为普遍地存在一个分层的、金字塔形的权力结构,处于底部的人比处于顶部的人数量多。董事会的决策行为取决于董事之间的相对权力与关系(Huse et al., 2011)。

同时,在中国"权威服从"的文化传统与制度背景下,人们普遍接受较高的社会权力层级(Shao et al., 2013),董事会成员在完成团队任务时相互依赖程度较高。因而董事会权力层级不平等可以促进董事会成员的角色分化,从而有助于董事会团队内部分工明确,简化董事之间的社会交互,促进协调与合作。结合中国社会阶层的"差序格局"的特点(费孝通,1998),组织中的个体对正式权力与权威成员较为敏感,因此,由组织权力层级而引发的成员互动对组织产出带来显著影响(张耀伟等,2015),更需要借助权力层级来促进团队内部沟通与协调(Halevy et al., 2011)。但现阶段对企业绿色治理的研究主要集中在企业战略(创新战略、绿色创新战略等)对企业绿色管理实践的行为导向和相应的经济绩效的作用方面,鲜有关注战略的制定机构——董事会在企业绿色治理中的作用。作为公司治理核心决策机构,董事会通过战略参与,对公司价值的创造和形成发挥重要作用,对绿色治理有效性负责(李维安等,2017)。因此,在中国文化背景下,探讨董事个体间因权威的不平衡性而引致的层级秩序差异与董事会治理绩效的关系主题,有助于提升企业治理绩效,更具理论价值和实践意义。

3.对董事会治理的执行路径研究尚存在一定的局限性

检验董事会治理有效性的传统途径是构建董事会与企业绩效的直接联系,大多数理论研究从董事会规模、独立性、多样性和领导结构等方面检验董事会对企业绩效的影响,取得了一些有价值的结论,但相关研究结论不具有一致性。造成这种研究结论千差万别的原因可能在于大多数学者假设董事会结构直接作用于绩效,这种"结构—绩效"的研究范式未能揭示董事会行为过程及其作用机制(Pettigrew, 1992),从而导致一些实证结果未能取得一致性结论(Ranasinghe, Mather and Young, 2019),有时甚至得到相互矛盾的观点,降低了理论研究的科学性与严谨性,造成了理论研究结论的偏误。研究发现(Wang and Dewhirst,1992),董事兼职CEO会更加关注政府合规方面的问题,这使得这些董事具有不同于其他董事的优势(Fahlenbrach et al., 2010; Stevenson and Radin, 2009),因此董事兼职CEO会影响企业绩效,但其影响机制尚不明确(Johnson et al.,2013)。"结构—行为—绩效"的研究范式更符合董事会团队作用于治理绩效的现实逻辑(谢永珍等,2016)。因此,探讨董事会权力结构对治理绩效的影响路径应纳入过程变量(Jaffar and Amran,2017),尤其董事会团队成员权力作用的发挥主要依赖于成员的互动,纳入这一过程变量,有助于打开董事会治理的“黑箱”,实现理论模型与实践逻辑的一致,缩小理论研究与实践的鸿沟。

因此,董事会结构到绩效的逻辑关系需要重新审视(Pettigrew, 1992),对董事会治理的研究应纳入体现作用机制的过程变量,即董事会治理行为。董事会通过监督行为与战略行为参与公司治理,进而影响治理绩效(谢永珍等,2013)。大量对董事会治理有效性的研究主要集中于董事的管理监督和资源提供,且一直没有定论。导致研究结果存在差异的原因可能在于忽略了董事会在塑造组织业绩方面的战略作用(Zhu, Wang and Bart, 2016)。从战略参与的角度来看,董事会对治理的有效性负责,有责任参与企业的战略决策过程(Schmidt and Brauer,2006; 龚红等,2007;Pugliese et al., 2009)。随着全球经济的快速发展,企业的市场经营环境日趋复杂,为确保企业战略决策的科学性和可持续发展,机构投资者对董事会的战略参与的积极性与参与程度提出了更高要求(Zahra and Pearce,1989),将董事会的战略职能摆至公司治理的中心(Kiel et al.,2003; Ingley and Walt, 2005; Ovidiu et al., 2012)。

相关学者认为董事会参与企业的定位评价(Stiles and Taylor, 2001)、战略目标定位(龚红,2004)、战略制定(Rindova,1999)、战略议案的评估(Forbes and Milliken, 1999; Stiles and Taylor, 2001;Carter and Lorsch, 2004)、战略决策的实施(Zahra and Pearce, 1989; 龚红,2004;Siciliano,2005;Huse, 2007;周建等,2013)、战略控制(Zahra and Pearce, 1989; 龚红,2004;Minichilli et al., 2009)和战略评价(Zahra and Pearce, 1989; Ruigrok et al., 2006)等过程。一些学者突破传统研究范式,研究董事会通过战略参与对企业绩效的影响,并取得了一些有价值的研究成果(刘小元和金媛媛,2014)。如Zahra和Pearch (1989)、周建等(2012)等学者基于资源依赖理论,对董事会为公司提供核心资源的能力与企业成长的关系进行的研究发现,董事可以利用自身的资源为管理者制定战略提供资源支持,从而帮助管理者制定和实施战略,进而改善企业与利益相关者的关系。

战略职能是董事会的核心职能之一。Miles和Snow(1978)认为,企业战略可以分为激进型、保守型和分析型三种,这一划分方式既可以涵盖主要的战略分类,又可以通过公开披露的二手数据进行测度(Bently et al., 2013; 孟庆斌等,2018)。这一战略模型自提出后被广泛应用,并一直具有较强的生命力。关于企业战略的研究，大多数探索了不同类型的战略对企业绩效的影响（Hambrick，1983；孙健等，2016；王化成等，2016；孟庆斌等，2018）；一些学者从企业家特质、高管特征等方面探讨不同前置因素通过企业战略对企业绩效的影响路径（高素英等，2014；谭瑾和罗正英，2017；王东清和杨华庆，2019；许照成和侯经川，2019；崔霖琪和张卓，2020），忽视了董事会对企业战略的影响。一些研究证明董事会通过战略参与对治理绩效产生影响（李小青，2012；周建等，2012；谢永珍等，2017）。董事会有责任参与企业战略决策过程（Carter and Lorsch，2004; Siciliano, 2005; Ravasi and Zattoni, 2006; Mitchell and Kirby，2023），对治理的有效性负责，如何确保公司战略得到有效执行是董事会治理的重要问题。结合理论前沿与实践需要，需要关注董事会的战略参与。探究董事会如何通过战略参与对绩效产生影响，对提高董事会治理水平、提升治理绩效具有重要的理论与实践意义。

4.企业使命是公司治理的重要情境因素，影响董事会的决策

依据权变理论的观点，任何机制作用的发挥都会受到所处环境的影响。企业使命作为重要的公司治理情境因素，定义了企业存在的理由，是确定企业优先发展顺序、战略、计划和工作安排的基础及设计管理结构的出发点，而战略决定企业的关键性活动。随着经济全球化、信息化的发展以及市场需求多样性和企业外部经营环境不确定性的加大，企业为了增强其可持续发展能力，需要有一个合理的、具有前瞻性的发展战略，而制定战略的前提是要确立组织的使命，对企业使命缺乏思考与衡量是企业失败的重要原因之一。一些卓越的企业往往都有一个明确的企业使命，如通用电气公司以“用科技和创新提升生活品质”为其企业使命，微软公司提出“致力于提供使工作、学习以及生活更加便利与丰富的个人电脑软件”，迪士尼公司的企业使命是“使人们过得快乐”。在实践中，中国企业还未认识到企业使命的重要作用，定位不清甚至定位错误成为中国企业的通病（林泉等，2010）。企业的一切工作都源自使命，只有将组织的使命渗透到经营管理中，企业才能保持可持续的发展（德鲁克，2008）。

理论研究尤其是国内针对该领域缺乏必要的关注，现有研究也未能将其作为重要的治理情境纳入公司治理的研究中。一些研究从企业的战略规划、运营管理、价值观以及提高企业绩效等方面阐述了企业使命的价值（Bartkus et al.，2004; 郁金宝，2010a），并建议每个企业都应该有一个完整而规范的企业使命。

基于共同价值取向,企业使命影响组织成员的目标,约束组织成员的行为,尤其是管理者在战略决策等方面的行为表现,在企业资源的整合、创新的实施和经济社会环境的协调等方面发挥重要作用。因此,企业使命影响着国有企业竞争能力与可持续发展水平的提升。企业是一个文化承载体,结合费孝通提出的"文化自觉",企业内部成员在对待企业价值观方面,具备基于理性思考的自我觉察能力与主动意识。企业使命的主体包括企业领导者与企业员工。企业使命包含的企业文化、价值观念和行为方式是全体成员共同创造的产物,体现了全体成员的整体认同,并获得成员的自觉实践。企业所处的经济、社会、法律和制度环境等外部因素对企业内部的结构和业绩表现发挥了重要作用。负责任的企业使命的构建与实践根植于企业成员的自觉意识,董事会作为公司治理的核心,其实践也受到企业使命的引领与约束。一些研究也表明,董事会是一个开放的系统,情境因素对董事会的战略参与产生重要影响(Ruigrok et al., 2006),对董事会的研究不应忽视组织内部和外部的影响因素(Oettugrewm, 1992)。

负责任的企业使命提升了董事会的内部和谐(Hogg and Abrams, 1988;武立东等,2018)并激励着董事会成员共同努力以实现企业的发展。明确的企业使命有助于降低董事会内部交易费用,提升董事会团队合力和决策效率,进而促进企业治理绩效的提升。对企业使命的认知有助于董事们明晰彼此的责任和企业的战略目标,并依据个人职责范围积累专用型知识和能力、提升个人目标与企业目标的一致性,有助于降低董事会运行中的不确定性。此外,在国有企业中,在共同的企业使命的感召下,董事会成员可以通过组织内部互动提升对企业的认同感,并将个人目标与组织战略目标相结合,使董事会内部成员之间形成团队合作的氛围,提高董事会决策的效率,进而提升董事会治理绩效。因此,根植于企业使命的竞争能力是企业最核心的、难以模仿和替代的竞争优势,对企业使命进行探讨是理论与实践的必然要求,有助于揭示董事会权力结构对治理绩效的影响机理。

基于上述分析,本书的主要研究问题是,董事会权力层级在企业使命的约束下,如何通过对战略类型的选择影响国有企业治理绩效。因此,本书拟将董事会正式与非正式权力结构、战略选择以及企业使命共同纳入企业治理绩效的理论框架中,构建基于"结构—行为—绩效"的机理模型,借以探讨董事会权力层级对治理绩效的作用机制与影响效果。

（二）研究意义

本书旨在研究国有企业董事会权力层级对治理绩效的影响。在建立国有企业“董事会权力层级—战略选择—治理绩效”作用机理的基础上，以董事会权力层级为解释变量，以战略选择为中介变量，以治理绩效为被解释变量，分析董事会权力层级如何通过选择不同战略类型影响企业经济价值以及绿色绩效，并探讨企业使命对董事会战略参与的作用效果。

从理论的角度来说，第一，本书基于董事会战略职能的视角，将战略选择作为中介变量纳入理论模型，揭示了董事会战略参与的“黑箱”，深化了“结构—行为—绩效”的研究范式。本书建立的“董事会权力层级—战略选择—治理绩效”的作用机理模型，有助于深化董事会治理的研究框架。董事会的权力结构并不直接作用于治理绩效，而是通过董事会的战略参与行为实现，治理绩效是治理行为达到的效果（Zahra and Pearce，1989；Forbes and Milliken，1999；谢永珍，2016）。董事会对公司战略负责，董事会的战略行为包含参与战略制定、执行和监督战略执行的全过程（龚红等，2007；谢永珍等，2013），而针对该领域的研究大多基于“投入—产出”的视角，分析董事会结构性特征对企业战略结果的影响，忽略了“董事会的战略参与行为”这一过程变量。董事会权力的作用依赖于成员的互动。因此，只有纳入反映董事会成员互动过程或者互动结果的过程变量，才能正确揭示董事会权力结构的作用机制。本书引入战略选择作为中介变量，研究董事会权力层级对企业战略的影响，从理论上丰富了现有的董事会权力层级与战略参与结果的研究逻辑，对拓展与丰富董事会治理的研究、强化董事会权力层级以及公司战略对治理绩效的解释力等方面具有较为重要的理论意义。

第二，本书对企业使命进行了界定与衡量，并对其调节效应进行了检验，丰富了该领域的研究。企业使命是企业的经营哲学，决定了组织成员的价值理念、思维方式与决策行动，是企业最根本的动力来源。企业使命为企业确定了前进方向和目标，使企业行驶在正确的轨道上，有助于企业制定日常决策和激励员工。然而，中国企业存在定位不清甚至定位错误的通病，国内的理论研究对于该领域也缺乏必要的关注。国内学者对企业使命的研究广度和深度都远远不够，很少有研究将企业使命作为重要的情境因素纳入公司治理研究中。本书借鉴David（1989）对企业使命的划分方法，通过文本分析与赋值方法得到企业使命评价值，并充分考虑企业使命对董事会的战略参与的影响，得到了有价值的研究发现,不仅丰富了该领域的理论研究,也为未来研究提供了可资借鉴且切实可行的指标测度方法。

第三,本书借鉴组织层级理论对董事会权力层级展开分析,拓展了这一理论在董事会战略治理研究中的应用,深化了董事会权力层级的相关研究。基于组织层级理论的研究大多从社会学的视角,探索组织内部层级分化对建立组织内部协调机制和提升激励水平以促进组织绩效的提升的作用机制(Frenkel-Brunswik, 1949; Neuberg and Newsom, 1993; Sorrentino and Roney, 1986; Tiedens et al., 2007)。仅有少量的研究借鉴了组织层级理论的思想来研究董事会的治理作用(谢永珍等,2015;李长娥和谢永珍,2016;武立东等,2018;Dong et al.,2019),且相关研究大多从董事会非正式权力层级的角度对董事会权力结构展开讨论,忽略了正式权力层级的作用。在组织或群体中,尤其是以任务为导向的群体中,组织内部正式权力层级与非正式权力层级共同发挥作用。董事会作为公司治理的核心决策机构,在其内部也存在由正式制度形成的董事会正式权力层级和凭借某一位董事的地位或个人能力所形成的董事会非正式权力层级,二者共同作用于董事会团队,进而对董事会治理效率与效果产生影响。本书结合组织层级理论对董事会权力层级进行分析,拓展了组织层级理论的核心概念在董事会层面的应用,也为董事会权力层级的研究提供了一个系统的思路。

从实践的角度来说,第一,本书将国有企业董事会治理绩效分为经济价值与绿色绩效,有助于引导国有企业在董事会战略决策时关注价值创造与绿色治理绩效的改善。本书从经济价值和绿色治理绩效两个维度来衡量国有企业治理绩效,体现了对企业长期成长能力提升与具有包容性的绿色治理理念的关注。

第二,研究董事会战略参与对治理绩效的影响,有助于引导国有企业通过构建合理的董事会权力结构和进行科学的战略决策来促进企业可持续发展。企业治理水平的不断提升离不开董事会在公司战略中的积极参与。董事会的核心职能是确定公司战略,随着市场竞争的不断加剧,企业战略的落地需要专业的执行者施以专业的指导和资源支持,而作为企业最高决策机构的董事会在这些方面应起到重要作用。

第三,本书的研究结论有助于引导国有企业通过完善企业使命以促进董事会制定更加科学的战略决策。企业使命影响董事会为战略决策提供建议的积极性,以及为组织利益作出贡献的努力程度。对企业使命的重视有助于国有企业关注董事会的战略参与对治理绩效的影响，确保董事会成员在负责任的企业使命的感召与约束下，制定合理的战略决策并提高决策效率。

二、研究内容与思路

本书旨在构建董事会权力层级、战略选择影响国有企业治理绩效的理论体系，探索并检验在企业使命的驱动下，董事会的战略参与对国有企业治理绩效的影响机制与作用效应。为了实现这一研究目标，本书将主要从以下五个方面展开。

(1)结合选题的理论背景与现实背景，提出研究问题，阐明研究意义，依据研究思路明确内容安排与主要研究方法。

(2)梳理委托代理理论、高阶梯队理论、利益相关者理论与组织层级理论，对企业使命、董事会权力层级、战略选择与治理绩效之间的关系展开文献综述。以经济增加值和企业环境认证作为衡量国有企业绩效的代理变量，基于Miles和Snow(1978)提出的战略模型，将企业战略分为激进型战略与保守型战略，探讨董事会正式权力层级与非正式权力层级对不同类型的企业战略的影响及其产生的治理绩效。

(3)根据理论分析与相关研究进展，提出董事会权力层级与治理绩效的关系、董事会权力层级与战略选择的联系、企业使命在其中的调节效应、董事会战略选择与治理绩效的联系、董事会战略选择的中介效应的研究假设，在变量定义的基础上构建相关理论模型。

(4)选取研究样本、测度变量，在进行数据描述统计、相关性分析的基础上，利用Stata 15.0与SPSS 23.0进行相关变量的作用效应验证及稳健性检验，探索董事会权力层级对治理绩效的影响。

(5)利用实证研究结果，总结得出主要研究结论，提出改善国有企业治理有效性的建议。

三、研究方法与创新

(一)研究方法

为了满足本书的需要，本书选择如下研究方法。

1.文献分析法

文献分析法是开展研究工作、了解研究现状、把握前人研究成果、找到问题症结所在的一种行之有效的研究方法(罗青兰等,2014)。为了尽可能全面高效地找到与本书主题相关的文献,笔者以"国有企业""董事会权力层级""董事会战略参与""企业绩效""绿色治理"等关键词在电子数据库(如知网、读秀、Elsevier Science Direct、Web of Science、Scopus和EBSCO等)和公开发行的纸质出版物(如各种学术期刊、图书、报纸等)中进行检索与查阅。

本书运用文献分析法,对国有企业、董事会权力层级、董事会战略参与、治理绩效、企业使命等相关研究领域的文献进行收集整理与阅读分析,运用描述性方法等,深度探究董事会权力层级的内涵,剖析国有企业董事会通过战略参与对治理绩效的影响机理与影响效应。首先,对国有企业董事会战略职能进行分析。其次,梳理董事会权力层级、战略选择、情境因素对治理绩效的影响机理。综合运用了代理理论、利益相关者理论、组织层级理论与高阶梯队理论,探索各要素间的关系,建立董事会权力层级影响国有企业治理绩效的理论模型。最后,建立董事会权力层级作用于战略选择、企业使命的调节效应、董事会权力层级作用于治理绩效、董事会战略选择作用于治理绩效、董事会战略选择的中介效应等相关研究假设。

2.比较分析法

采用比较分析法,可以通过对存在关联的不同经济现象展开对照,以探究不同经济现象之间的共性和差异,有助于了解经济现象的发展规律并进行改进(王玄武,2003)。换句话说,比较分析法是在共性中寻找差异,在差异中找寻共性。通过比较,我们可以明晰不同变量之间的影响机理和作用效果。

本书对不同年度的国有企业的董事会权力层级、企业使命、战略类型、经济价值以及绿色绩效进行比较,分析相关变量在样本期内的变化走向,探索不同的董事会权力层级、企业使命、战略选择下治理绩效存在差异的缘由。

3.实证分析法

本书基于已有的公司治理相关理论和规范研究,构建董事会权力层级通过战略类型的选择影响治理绩效的理论模型,论证在使命的约束下,国有企业内董事会权力层级通过战略参与影响治理绩效。为了验证提出的假设,本书需要构建一个实现国有企业与国有企业董事会精准匹配的数据库,涵盖国有企业治理方式、高管、财务和企业使命等方面的数据信息。最终，本书构建起包含2012—2017年我国上海证券交易所和深圳证券交易所上市的国有企业903个样本点的数据库。董事会权力层级包含董事会正式权力层级与非正式权力层级；企业战略分为两类，包括激进型战略和保守型战略；董事会治理绩效以经济价值和绿色绩效来衡量。

在本书的样本数据中，国有企业的董事会权力层级、治理指标、财务数据、行业分类等都来自国泰安CSMAR数据库。企业研发投入的相关数据，由国泰安CSMAR数据库中下载获得，数据缺失的部分从企业年报中摘取补充而得。在样本数据收集过程中，企业使命的相关数据的获取与整理烦琐复杂，首先需要从上海证券交易所和深圳证券交易所网站上下载所有样本企业在样本设定时间内的企业年度报告，然后在年报中搜索与企业使命有关的关键词，如果在年报原文中出现相关词条并在年报中表达出相关含义，则记录并编码，最后将所有样本企业所有年度的编码结果进行汇总，核算企业使命样本数据。在此基础上，对董事会权力层级、企业使命、战略类型、治理绩效以及相关控制变量进行描述性统计、方差分析以及相关性检验和回归分析，并对董事会权力层级通过战略参与影响治理绩效的理论模型进行实证检验，验证了企业使命的调节作用、董事会权力层级对战略选择的影响、董事会战略选择对治理绩效的影响以及董事会战略选择的中介作用，据此提出提升企业价值的对策建议以及对未来研究的展望。

（二）研究创新

与既有研究相比，本书的研究创新点体现为如下几点：

（1）构建了董事会权力层级通过战略选择作用于治理绩效的理论模型，揭示了董事会战略参与对治理有效性的影响机制。已有对董事会治理有效性的研究主要集中于董事的管理监督和资源供给，忽略了董事会在创造企业业绩方面的战略作用，导致研究结果存在差异。董事会通过与管理者合作来参与战略制定和执行（Stiles, 2001; Carter and Lorsch, 2004）。企业治理水平的不断提升离不开董事会在公司战略中的积极参与。董事会权力结构并不直接作用于治理绩效，而是通过董事会的战略参与予以实现（谢永珍等，2013）。而针对该领域的研究大多基于“投入—产出”的视角，关注董事会结构与企业战略结果的直接联系，忽略了董事会的战略参与这一过程变量。由此，本书基于理论逻辑与现实逻辑，构建了“董事会权力层级—战略选择—治理绩效”的理论模型，揭示董事会权力层级通过战略参与对治理绩效的作用关系，从而更好地解释了董事会权力层级对治理绩效的影响。

(2)从企业经济价值和绿色绩效两个方面衡量国有企业董事会治理绩效，关注国有企业的可持续发展。经济价值是企业获利能力与竞争优势的综合表现，强调了企业的长期价值。以经济增加值衡量国有企业的经济价值有助于引导国有企业更加关注价值创造而不是短期的利润追逐。国有企业需主动承担环境治理责任，践行绿色治理。而现有关于绿色治理的研究虽不乏理论论证，但少有实证分析，且忽视了董事会对绿色治理绩效的作用。以企业是否获得绿色认证的二元变量来衡量企业绿色绩效，体现了企业的绿色治理水平。因此，对企业经济价值和绿色绩效的关注有助于引导国有企业提升可持续发展能力和企业长期价值。

(3)测度了企业使命并将其纳入治理绩效生成的理论体系中。依据权变理论，任何机制作用的发挥都会受到周围环境的影响，企业使命作为重要的公司治理情境因素，揭示了企业的目标、愿景、文化与战略，引导并约束着董事会的行动，而相关研究尚未对企业使命给予充分的关注。鉴于此，本书尝试从顾客，产品或服务，技术，市场，对生存、增长与盈利的关心，对员工的关心，对公众形象的关心，自我认知，公司哲学九个维度衡量企业使命，将企业使命纳入“董事会权力层级—战略选择—治理绩效”的研究范式中，探讨董事会权力层级在企业使命的影响下，通过战略参与对国有企业的治理绩效的作用机制与影响效果，丰富董事会治理的相关研究。

本章小结

为深入探讨在企业使命约束下，董事会权力层级如何通过战略类型的选择影响国有企业治理绩效，本书拟将董事会正式与非正式权力结构、战略选择以及企业使命共同纳入企业治理绩效的理论框架中。基于委托代理理论、高阶梯队理论、利益相关者理论与组织层级理论，构建“结构—行为—绩效”机理模型，并结合选题的理论与现实背景，通过数据描述统计、方差分析及相关性分析，验证相关变量的作用效应，通过稳健性检验，探讨董事会权力层级对治理绩效的作用机制与影响效果。

本书基于董事会战略职能的视角，将战略选择作为中介变量纳入理论模型，揭示了董事会战略参与的“黑箱”，深化了“结构—行为—绩效”的研究范式；对企业使命进行了界定与衡量，并对其调节效应进行了检验，丰富了该领域的研究;此外,借鉴组织层级理论对董事会权力层级展开分析,拓展了这一理论在董事会战略治理研究中的应用,深化了董事会权力层级的相关研究。同时,本书将国有企业董事会治理绩效分为经济价值与绿色绩效,有助于引导国有企业在董事会战略决策时关注价值创造与绿色治理绩效的改善;通过研究董事会战略参与对治理绩效的影响,引导国有企业通过构建合理的董事会权力结构和进行科学的战略决策来促进企业可持续发展。

第二章　理论渊源与相关研究进展

为深入剖析董事会战略参与对治理绩效的内在影响机理，本章将采用多理论视角进行综合分析。具体而言，本章将系统梳理委托代理理论、高阶梯队理论、利益相关者理论以及组织层级理论的核心观点，并在此基础上详细阐释治理情境、董事会战略参与与治理绩效之间的作用关系，以期揭示其中的逻辑联系和作用机制。

一、理论渊源

学者们对公司治理的问题进行了广泛研究，其中委托代理理论处于重要地位，并被广泛接受。随着公司治理实践的发展，企业不仅要注重经营业绩的改善，更要追求价值的创造。董事会作为公司治理的核心，对治理的有效性负责，一些研究证明董事会结构特征通过其职能的发挥影响治理绩效。基于委托代理理论的观点认为，董事会的主要职能是监督与控制，董事会主要通过对战略的控制参与治理。而随着投资者对治理提出更高要求，董事会须主动参与战略决策，以提升企业的价值创造能力。面对错综复杂的公司治理问题，委托代理理论缺乏解释力度，因而需要借助其他理论诠释现有的公司治理问题，更好地理解董事会的战略参与。高阶梯队理论、利益相关者理论等逐渐被认可，进一步补充了委托代理理论，完善了公司治理问题的研究思路。相关研究基于多理论视角，为治理情境、董事会战略参与与治理绩效的作用关系提供了不同的解释。

(一)委托代理理论

委托代理理论本质而言是一种契约理论,委托人依据契约,将自主决策权授予代理人,使代理人通过一定的经济活动最大限度地实现委托人的利益。委托人和代理人均追求自身利益最大化,二者既相互合作又存在利益冲突(吴小节等,2017)。

新古典经济学认为可以用简单的生产函数来描述企业的生产经营活动,视企业为“黑箱”,企业内部的生产经营活动都按理想化方式运行。其假设前提是市场竞争充分且信息完全对称,理性的经济人可根据给定的价格条件将个人效用最大化。但这一假设与现实经济活动不符。在公司内部,由于分工不同导致控制权与所有权分离(Fama and Jensen, 1983),造成企业所有者与管理层的利益的偏差,加之二者之间的信息不对称,致使二者之间产生代理问题和代理成本。现代企业理论将企业视为一些契约关系的有机体,代理理论对“黑箱”作出了科学解释。20世纪中后期,一些西方国家的经济衰退,导致企业规模缩小,企业数量骤减,现实问题引发了公众对公司治理问题的关注与探讨。基于这种情况,Meckling和Jensen(1976)深入分析了公司治理问题,提出了委托代理理论的基本分析框架,为后续研究提供了重要的理论依据。

委托代理理论重视对代理关系可能导致的两个问题的解决(Fama and Jensen,1983)。首先,由于委托人与代理人对风险持有不同偏好,因此二者之间容易产生风险分担问题;其次,委托人与代理人之间目标不一致、利益不对称和信息不对称等因素将导致代理问题,容易产生委托人利益被代理人侵害的逆向选择和道德风险(Dalton et al., 2007)。企业内部由于经营权与所有权分离而产生多种形式的委托代理关系,这当中最重要的是股东与董事会、董事会与高管层的代理关系。股东作为委托人,无法对高管层的工作能力进行监督,由此造成二者之间的信息差,因此需要一套制度以监督高管层,使高管层积极投入时间与精力来实现股东的经济目标。此外,代理问题也会在控股股东与中小股东之间产生(Marshall and Weetman, 2002)。Dalton等(2007)认为减少代理问题的方法可以大致分为三类:其一,借助公司控制权市场,通过收购兼并的方式,以控制行为不端的管理者,从而减少代理问题。其二,借助代理人股权,通过与企业的管理层分享公司股权,激励经理人员提升个人目标与企业经营目标的匹配程度,从而有助于增加股东利益。其三,借助董事会的独立性,通过监督管理者的行为来减少代理问题。

当股权较为分散时，股东难以对经理层进行监督，因此会将权力赋予董事会，使其代表股东监督经理层的日常经营活动，以降低股东与经理层的信息不对称程度。因此，一些学者将董事会视作公司治理的核心。董事会代表股东的利益约束着经理层的行为与实践，甄别经理层的信息，可以在一定程度上降低道德风险与逆向选择风险。一些研究认为，董事会成员的政治资本有助于减少环境不确定性和提供有利资源（Faccio, 2006; Zheng et al.,2015）。在公司内部，董事会具有监督职能，以确保首席执行官（CEO）的工作符合股东的利益（Meckling and Jensen, 1976）。然而实践中首席执行官的决策可能导致公司价值的减少、监督成本的增加（Meckling and Jensen, 1976; Fama and Jensen, 1983）。委托代理理论认为，董事会通过战略控制来履行其战略职能，董事会与首席执行官应该相互独立，以避免后者对前者的制约。当董事兼任首席执行官时，可能会弱化董事会其他成员的监督作用（Tuggle et al., 2010），削弱董事会战略决策的效率与效果（Dong et al.,2019）。企业使命是企业内部的重要治理情境因素，明确的企业使命有助于增强董事会与管理层对企业价值观、战略方向以及总体目标的感知与认同，这种共同的期望与愿景有助于引导管理者与股东利益保持一致，在一定程度上减少代理问题，提高董事会团队合作的效率。因此，委托代理理论为研究董事会与经理层之间的关系提供了理论依据。

（二）高阶梯队理论

高阶梯队理论始于Child（1972）的理论观点，强调决策过程受到决策者自身的认知、价值观的影响。高阶梯队理论随着Hambrick和Mason（1984）的研究得到进一步发展并被广泛引用。与普通管理者相比，高管对组织决策和绩效创造发挥重要作用，由此该理论的相关研究将视角从普通管理者转向企业的高层管理团队（董梅，2019）。高层管理团队指组织高层中比例相对较小的、最有影响力的高管群体（Finkelstein et al., 2009），负责制定以及执行企业战略决策，掌控公司的战略目标与发展方向，对公司经营活动发挥重要作用（汪金爱和李丹蒙，2017）。管理者因为有限理性，难以全面掌握与决策相关的各个方面，认知框架限制了管理者的视野，影响其对信息的解读与战略选择，最终对企业绩效产生影响。由于没有合适的度量指标以衡量管理者认知框架，现有研究通常以管理者的人口学特征进行度量。Hambrick和Mason（1984）指出，高管团队的人口学特征决定了战略决策过程及其绩效结果。一些研究在广度与深度上对高阶梯队理论进行了进一步的拓展。在广度上，一些学者除了将研究对象进一步扩展至高层管理团队外,还挖掘了高层管理人员的背景因素而非年龄、任期等因素,以提升理论研究的科学性以及解释力度(Carpenter et al.,2004)。在深度上,Finkelstein和Hambrick(1996)将该理论进一步延伸至战略领导力,验证高管的价值观和认知等心理层面的特质对其信息处理以及战略决策的影响(周建和李小青,2012;王婧等,2018;乔朋华等,2019)。

战略领导力的研究对象包含执行人员个体(如首席执行官和业务单位的负责人)、高层管理团队和其他治理主体(如董事会)。董事会对组织产出发挥着越来越重要的作用(Finkelstein and Mooney, 2003),因此要求董事会更加积极地参与战略决策的呼声愈发强烈(Power, 1987; Galen, 1989)。董事会往往被称为"超级高层管理团队",是战略领导力研究的重要主体之一,由此高阶梯队理论也被用于董事会的相关研究中(Finkelstein, Hambrick and Cannella, 2009)。与高层管理团队类似,董事会成员的结构性权力、专业知识权力、所有权权力以及威望(Finkelstein, 1992)在董事会运行中发挥作用(Finkelstein et al.,2009)。其中,结构性权力是董事会权力的重要驱动力,来自董事会内部正式组织层级关系,如董事长与首席执行官是否两职兼任。威望是高层管理者影响力结构的主要组成部分,也是被用作衡量董事会权力的重要指标(D'Aveni and Kesner, 1993)。董事会作为一个团队,其内部的权力配置结构影响其团队成员的互动与团队运行的有效性(Forbes and Milliken, 1999; Huse, 2005)。类似于高层管理团队,董事会的视野和信息处理能力也会受到其认知框架的限制,进而作用于董事会的战略决策,最终影响治理绩效(王凡俊和李国栋,2011)。个体通过经验的积累而形成个人认知体系与价值观,相较于内在心理过程,人口统计学特征由于其客观性和逻辑一致性等特性,对结果变量的解释力度更强(Hambrick and Mason, 1984)。

随着我国经济体制改革以及市场环境快速变化,国有企业领导者的管理自主权逐渐增加,对战略决策的作用愈发关键,其决策环境条件与高阶梯队理论提出的"弱情境"或有限理性前提更加吻合(汪金爱和宗芳宇,2011)。再者,中国企业的数量逐渐增多,高管的相关信息也更加完备,这些因素均显著改善了相关研究的数据获取问题,便利了理论研究中对一些关键指标的度量。此类研究大多基于年龄、职业背景和任期等视角,探索了高管背景变量与企业战略选择(陈传明和刘俊华,2008;Haynes and Hillman, 2010;卫旭华等,2015)及企业绩效(孙海法等,2006;谢霏和后青松,2017;田丹和于奇熊,2017;宋建波等,2017;张正勇和陈虹,2018;熊艾伦等,2018)之间的关系。

此外，高阶梯队理论还强调管理者的行为受到情境因素的影响，而该理论对中国情境的研究只重视人口学背景变量与战略选择或公司绩效之间的直接关系，忽视对情境因素，如企业股权集中度、所有权性质、政府管制和组织文化等（汪金爱和宗芳宇，2011）的探索。基于高阶梯队理论，企业使命作为重要的治理情境因素，可以强化董事会成员对组织的感知，对企业总体目标、价值观和战略方向的认同，提升董事会的团队凝聚力，有助于集中董事会成员的资源、知识和技能，提升董事会团队合作的效率，进而为利益相关者创造价值。毋庸置疑，情境因素也影响管理者的战略选择，不同的情境因素甚至导致相反的研究结论。相关研究应从广度与深度上进一步挖掘在不同情境因素的作用下，高管团队的人口统计学特征、战略行为与治理绩效之间的关系（Hambrick and Mason, 1984）。因此，高阶梯队理论突出了董事会的战略参与，为董事会权力层级、情境因素与治理绩效之间的关系研究提供了理论基础。

（三）利益相关者理论

古典产权学派认为股东拥有公司的所有权，因此公司治理须以股东利益最大化为目标，相应的经营管理活动也均以股东利益为核心目标展开。基于这一前提，经理层在企业的日常运营中，会更多地关注企业短期目标，而忽视企业的可持续发展以及债权人、企业员工、顾客等相关方的权益。但在实践中，企业的可持续发展离不开对利益相关者的关注。企业在迅速创造财富的同时，其社会责任的履行逐渐受到重视，股东利益至上的经营理念受到质疑，企业须承担应负的社会责任。在这一时代背景下，Rhenman（1964）提出“利益相关者”的概念，认为这一概念涵盖所有与企业相互依存的主体。20世纪末期以后，西方学者也逐渐从利益相关者的角度展开研究，认为公司治理要重视股东与其他利益相关者关系的协调，在保护利益相关者的权益的基础上提升企业价值。

现有对利益相关者的研究缺乏普遍的认同，不同学者对利益相关者的定义存在差异。Ansoff（1965）认为，企业须权衡股东、管理者、员工、供应商和分销商等利益相关者之间互相矛盾的索取权，并在此基础上制定合理的企业目标。Freeman（1984）在广义上将利益相关者定义为可以影响企业目标的实现，或被组织实现目标影响的个体。这一概念对利益相关者的范围界定十分广泛，将股东、债权人、雇员、供应商、顾客，甚至社区、环境、媒体等对企业活动有直接或间接影响的主体均视为利益相关者。我国学者贾生华和陈宏辉（2002）总结了前人的研究，指出利益相关者即对企业进行专用性投资、承担相应风险的个人或组织，这些行为主体的活动影响企业战略目标的实现，或被企业实现战略目标的过程影响。这一概念既重视专用性投资，又重视利益相关者与企业的关联性，具有一定的代表性。由此，企业不能一味强调自身的财务业绩，还应该关注社会绩效(social performance)。根据该理论，将各利益相关者纳入组织决策，既是一种伦理要求，也可看作一种战略资源，有助于提升组织的竞争优势(Cennamo et al., 2009; Plaza-Ubeda et al., 2010)。因此，组织应综合平衡各利益相关者的利益要求，公司治理的目标应保证履行对利益相关者的责任，而不仅是增加股东的财富。

学术界基于利益相关者理论的公司治理目标，形成了股东单边治理观和共同治理观。股东单边治理观是"股东至上"理念的延伸，结合了利益相关者的理念，以保障利益相关者的利益以及企业价值的提升。然而利益相关者并未参与治理，其权益有可能得不到有效保护，不利于提升企业的长期竞争能力(李维安等，2007)。共同治理观强调让所有通过专用性资产的投入而为企业的财富创造作过贡献的产权主体参与治理，使各利益相关者共同持有企业剩余索取权或剩余控制权。Freeman(1984)认为各个利益相关者应主动参与公司治理，享有和股东等同的权力，提倡利益相关者在董事会中占有席位。股东权益不应被置于企业治理层级的顶端，而应该被包含在企业众多利益相关者中，因此公司治理应更加关注多边利益主体的权益。此后，学者们逐渐认识到企业是众多利益相关者契约关系的有机组合。冯根福(2006)指出，公司治理目标应当追求以股东为主导的利益相关者利益最大化，因而理当采用股东和主要利益相关者共同治理的模式。赵修春(2007)提出，为促进国有企业改革，完善国企公司治理，应明确并平衡各利益相关者的利益，并设立相应的保障机制，以协调各个行为主体的权益。Belloc(2011)认为，董事和经理不是股东的代理人，而是保护公司专有投资和分配的中介人。各国政府也主动推行并实践主要利益相关者治理模式，以股东为主导力量，重视其他利益相关者的权益(徐向艺和徐宁，2012)。

利益相关者理论有助于研究企业与相关组织或个体的关系，以使企业制定合理的战略，提升企业的价值创造能力。基于这一理论，企业在提升盈利能力的同时，注重与利益相关者的长期承诺，充分重视生态责任和社会责任，有助于提升企业的可持续发展能力，实现企业优质发展。而对于利益相关者而言，其权益得到重视，会使其关注企业的长期发展，因此监督激励成本也会相应降低，有助于二者之间长期稳定的协作，显著降低交易成本。因此，利益相关者理论为研究提升企业的经济价值和绿色治理绩效提供了依据。

（四）组织层级理论

组织层级作为社会关系的一种最基本的特征之一，以各种形式在不同的组织和团体中普遍存在（Magee and Galinsky, 2008; Fiske, 2010）。层级制度只需最少的社会互动即可出现（Anderson and Kilduff, 2009）。董事会是一个群体决策机构，成员在互动的过程中产生领导者。少数核心成员聚集了大部分资源。由于资源在董事会中的不均等分布，不同董事被授予了不同的职位和角色，形成组织权力层级。组织层级结构具有稳定性（Leavitt,2005），不随着组织规模（Sidanius and Pratto, 1999；Fiske, 1992）、组织形式的异质性（Carroll and Hannan, 2000；Powell, 1990）和组织实践及文化的不同而产生或消亡（Tannenbaum et al., 1974；Leavitt, 2005）。

组织层级是依据一些有价值的社会评价维度建立起来的针对单个个体或特定群体的等级排列顺序。Magee和Galinsky（2008）用“隐式”和“显式”两个词来描述处于组织中的人对自己所处的层次结构的认识范围。随着一个组织或团队规模的扩展，以及组织内部工作变得更加复杂，组织层级结构会倾向于正规化和稳定化。组织中正式权力层级的存在相对稳定且不易改变。当个人获得经验时，组织内部会调整人员与职位的匹配，但分层分化的结构本身比这些变化更持久。在一个组织内部，具有较高正式职位的个体控制更多的内部或外部资源，因此更具价值，发挥更大影响力。此外，组织层级也会得到非正式的发展（Blau and Scott, 1962）。在群体中，个体通过对任务的参与（Fisek and Ofshe, 1970）和对他人的观察，会对他人的能力形成判断，从而造成了这种早期的层级分化（Ambady and Rosenthal, 1993; Todorov et al., 2005）。相较于正式权力层级，非正式权力层级秩序的形成，更多的是一种基于功能的非语言行为（Hall et al., 2005）。许多以小规模的组织为样本的研究表明，群体内部非正式的层级差异倾向于自发而迅速地发展（Eagly and Karau,1991；Anderson et al., 2001；Schmid,2002）。

董事会内部存在由正式制度安排而产生的正式权力层级，也存在基于人格魅力和影响力而形成的非正式权力层级。作为一个群体决策机构，董事会成员构成的差异会对董事会治理效果产生影响。董事会中每个董事具有不同的管理和专业能力，发挥不同的影响力。基于组织层级理论，权力层级有助于建立组织秩序（He and Huang, 2011），因而有利于董事会活动的展开，进而有利于治理绩效的提升。层级结构安排为具有共同目标的董事间存在的一些固有问题提供了解决方案。当决策过程中董事们意见相左时，作为一种协调机制，层级制度提供了明确的方向，有助于董事之间冲突的减少与合作氛围的提升（李长娥，2017），最大限度地协调推进各种任务的实施。Wiggins等（1988）对社会关系的主导—服从关系的研究表明，在与任务有关的组织情境中，当某一个体处于主导地位，而其他个体处于顺从地位时，组织成员更倾向于相互协调（Tiedens and Fragale, 2003；Tiedens et al., 2007）。支配性与顺从性互补，支配性行为与顺从性行为的相互作用促进了组织内部的协调（Tiedens et al., 2007）。基于这一逻辑，一个强势的个体可以为顺从的个体提供有关组织目标的明确的帮助和指导，这有助于组织目标的实现与绩效的提升。再者，权力层级可以为组织中的个人提供激励。层级制度比平等主义的社会安排更能满足某些基本的心理需求，包括对权力和成就的需求（McClelland, 1975；Halevy et al., 2011）以及对确定性、可预测性等方面的需求（Whitson and Galinsky, 2008）。层级分化对处于高、低层级的成员都有激励作用。为满足他人对自身的期望并维持自身的地位，领导者通常会在组织目标上投入更多精力并加大工作力度，在获得更高的层级地位后，领导者通过增加对集体的贡献来作出回报，这反过来巩固了他们的领导地位（Gould, 2002; Van Emmerik et al., 2002; Willer,2009）。而对处于低层级的董事会成员而言，服从领导者的要求直接降低了立即受到制裁的可能性，增加了立即得到回报的可能性。此外，处于低层级的成员可以通过服从高层级的成员并与之合作，进而增加组织成功的可能性和扩大分配给组织成员的资源而获益（Halevy et al., 2011），并且一个成功型组织的成员资格也可以带来长期的利益。因此，对于组织整体而言，组织层级有助于组织目标的实现。

既有对董事会权力层级的相关研究主要集中于董事会成员的横向结构（即董事的个人经验及董事会的构成等），而对于由个体能力所形成的纵向权力层级关注较少。董事会的正式权力和基于能力及人格魅力而形成的非正式权力共同作用于战略决策，并进一步影响组织效率（Gould, 2002）和组织绩效（曾江洪和肖涛，2015；谢永珍等，2017；Harjoto et al., 2018，Dong et al.，2019）。组织层级理论为董事会权力层级作用的发挥提供了理论依据。

二、研究进展与评述

(一)治理绩效的相关研究

绩效(Performance)指行动或行为的结果。不同学科对绩效的定义不一。社会学理论认为,基于社会分工,绩效指社会组织成员依据自身的社会角色而担负的责任;经济学理论认为,绩效是员工对组织的承诺;管理学理论认为,绩效是组织期望的结果(刘美芬,2017)。公司绩效指的是公司的管理绩效(赵琳,2014),公司绩效的改善基于公司规章制度,公司规章制度的重点在于公司治理机制,通过股东大会、董事会以及监事会来实现。因此,治理绩效与公司绩效既有关联又存在差别,前者的外延更广(谢永珍等,2013)。

现有关于公司治理的文献虽然较多,但由于影响治理绩效的因素的复杂性以及对治理绩效的测度存在差异性,实证研究结论不一,对于董事会如何运作能带来更好的治理效果等关键问题没有得到满意的解决(Ahrens et al.,2011),显著降低了相关理论研究的实践价值。

已有关于公司治理绩效的评价主要聚焦于董事会治理绩效的评价,但关于董事会治理绩效的研究较少,且一些学者并未区分董事会治理行为、董事会治理绩效与公司绩效(Conger et al.,1998)。如一些学者在研究中将治理绩效等同于公司绩效,更多地关注财务指标,如通过托宾Q值、营业收入增长率、公司市值与账面价值的比值、净资产收益率、净利润、投资收益率、每股收益等指标综合反映企业的治理绩效(纪茂利和李鑫,2016;张鸣良,2018;马宁和姬新龙,2019;乔朋华等,2019)。王斌和汪丽霞(2005)从财务、企业内部流程、顾客、组织学习与成长四个方面衡量董事会业绩,这些指标测量出的结果具有客观性,但未区分董事会治理行为与治理绩效。类似地,史利(2009)从董事会履职水平、勤勉水平、职业操守与工作绩效四个方面评价董事会业绩,也将董事会治理行为与董事会业绩相混淆。此外,王宗军、严磊和夏天(2007)通过董事会激励、行为、独立性、战略管理与企业绩效测量董事会绩效;杨军芳(2013)从董事会的独立性、制度执行、独立董事实际运行与董事会权责对等程度四个维度测量董事会绩效。这些学者偏重对董事会治理行为的测量,只考虑部分绩效要素,致使结果失之偏颇。一些学者认为董事会绩效评价指标须进一步完善,如高琦(2009)认为除财务指标外,董事会绩效评价还应包含非财务指标,如工作态度等;许忠等(2011)指出应该从组织结构、独立董事制度、权利与义务、运作效率、股权与薪酬五个方面对董事会治理绩效进行评价。

已有研究将董事会治理绩效等同于公司绩效,或混淆董事会治理行为与董事会治理绩效,其原因在于未界定董事会治理绩效。谢永珍等(2013)基于已有相关研究,确立了治理行为与治理绩效的内涵,剖析了治理行为对治理绩效的影响,构建了公司治理绩效的评价体系。根据治理的战略与控制职能,治理行为涵盖战略与控制行为。治理战略行为指股东与董事会履行战略职能的过程与方法,治理控制行为指股东、董事会以及监事会履行监督控制职能的过程与方法。治理结构通过治理行为对治理绩效产生影响,因此治理绩效包含战略行为绩效与控制行为绩效,前者指治理主体通过战略行为获得的治理结果,如财务绩效、创新绩效和社会绩效等;后者指治理主体通过监督行为获得的治理结果,如信息披露、风险控制和代理效率等。

基于上述分析,本书借鉴谢永珍等(2013)、刘美芬(2017)等的观点,从董事会治理战略行为的角度,以经济价值和绿色治理绩效来衡量董事会战略治理绩效,探索董事会权力层级通过战略参与对企业治理绩效的影响。

1.经济价值的相关研究

(1)企业经济价值的内涵

德鲁克认为,利润只是一种绩效结果,不是企业的最终目的,企业要持续为顾客创造价值。2019年8月19日,苹果、百事可乐、摩根大通、沃尔玛等188家顶尖商业领袖通过商业圆桌会议联合签订了《企业目的宣言》。该宣言明确指出,“我们致力于为所有公司、社区和国家的未来成功创造价值”,“为客户提供价值、投资于员工并捍卫其尊严、与供应商公平合理地进行交易、支持我们工作的社区以及为股东创造长期价值”。企业目的变革意味着企业价值共创理念终将取代股东利益至上的思想。

企业可持续成长的关键在于价值创造(王世权,2010)。基于价值创造视角的企业观,强化了企业存在的目的与其实现途径内在逻辑的一致性的认知。谢永珍(2019)认为,企业的核心目标在于价值的创造,创造价值是企业持续成长的需要。而企业经济价值不应只涵盖财务绩效。Modigliani和Miller(1958)最早提出“企业价值”的概念,并建立了企业价值评估模型,将企业经济价值定义为股票市值与企业债务市值的总和,进而提出了价值最大化的观点,主张企业经济价值主要取决于企业生产经营活动的效率,投资所创造的未来现金流量决定企业经济价值的高低。随后学者们基于不同视角对公司经济价值的概念进行了进一步的拓展，如Bierman(1966)从资本回报的角度将企业经济价值界定为股东收益的现值。但这种界定忽略了重要的利益相关者——债权人，因此缺乏全面性。在现实中，企业未来盈利能力是企业经济价值的重要方面，Myers(1997)基于这一点，提出企业经济价值涵盖资产的现值与未来盈利能力。Frykman和Tolleryd (2011) 将企业经济价值定义为企业所承担的所有资产要求权的价值总和。这两种定义补充了Modigliani和Miller提出的只考虑企业现有资产价值以及获利能力的企业经济价值内涵，进一步结合了企业资产的未来价值。由于研究的角度与研究背景存在差异，既有研究对企业经济价值内涵的界定存在争议(王鹏等,2012)。国内学者进一步结合中国的市场环境与制度环境，丰富了企业经济价值的定义。陆正飞和施瑜(2002)认为，企业经济价值是企业在顺应经济环境的情况下，其盈利水平与企业竞争优势的持续表现。这一界定不仅涵盖了企业的资产盈利水平，还结合了企业对市场环境要素的适应力，体现了对企业持续发展能力的识别与评价。李海舰和冯丽(2004)认为，企业经济价值是指企业的利润、效益和收入等方面。崔学刚(2008)从市场价值的角度，认为企业经济价值指投资者所持有的企业证券价值的总和。池国华等(2013)则从企业未来收益增长的质量及可持续性来刻画企业经济价值。张磊(2018)从狭义的角度认为，企业经济价值是企业在生产经营过程中的投入与产出的比值。杨婧(2017)从企业持续获利能力的角度诠释了企业经济价值。

(2)企业经济价值的前置影响因素

财务驱动因素是公司的核心驱动因素，能够影响公司的整体表现(翁洪波和吴世农,2006)，可持续盈利水平影响企业经济价值。宋常和郭天明(2007)认为企业的财务表现是驱动价值创造的因素之一。张娜等(2010)通过实证检验发现，财务杠杆和企业负债水平对企业经济价值发挥显著的正向作用，其中，流动负债对企业价值的正向影响大于长期负债。曲江滨和段洪波(2014)以医药上市公司为样本的研究发现，资本结构与企业经济价值呈负相关关系。此外，现金流量和资本结构也是影响企业经济价值的因素(丁永淦等,2017)。

一些学者结合企业战略对经济价值的影响进行了探讨，取得了不一致的结论。有的学者认为采取多元化战略的企业会存在多种经营单位，而市场环境与顾客需求等方面的差异会导致企业对内部资源的不同配置，不同的市场需求要求企业与之匹配相应的资源、技术与人力等，这种配置可能存在冲突，进而降低企业经营效率，造成企业经济价值的降低。此外，企业内部不同生产经营单位的能力存在差别，企业可能会采取跨行补贴的行为，致使多元化战略成本的提高，不利于企业经济价值的提升。因此，有学者认为企业应该关注核心业务的发展，而不是一味地追求差异化战略(Servaes, 1996)。也有学者认为多元化战略的实施可以为不同经营部门创造协调管理的环境，因此比单一化经营的企业效率更高，进而企业可以获得更多利润，并进一步提升企业经济价值。实施多元化战略可以为企业创造内部资本市场，有效解决企业投资不足的问题。当存在较强的信息不对称时，企业由于无法按合理的成本筹措资金而不得不放弃具有盈利能力的投资项目。而实施多元化战略可以解决这一问题，进而提升企业经济价值。但Stulz也提出，内部资本市场也可能导致企业的过度投资，从而不利于企业经济价值的提升。此外，多元化战略有助于降低企业运营风险，有利于企业保持一定的盈利能力，从而提升企业的资产负债水平和经济价值(Lewellen, 1971)。基于Miles和Snow(1978)对企业战略的划分，战略可分为激进型战略、保守型战略与分析型战略。激进型战略倡导对新细分市场的定位、新产品的开发和市场机会的寻求；采取保守型战略的企业倾向于维持现有的组织结构，提高效率，在一个细分市场中生产有限的产品，对其他竞争者进行防御，以保证自身的竞争地位；采用分析型战略的组织一方面会试图使风险最小化，另一方面也会使利益最大化，对其的操作难以把握。刘行(2016)以2007—2013年上市公司为研究对象，通过实证分析发现保守型企业的会计稳健性高于激进型企业，分析型企业的会计稳健性位于二者之间。孙健等(2016)通过对我国2002—2013年A股上市公司的研究发现，战略激进的公司盈余管理程度更高。孟庆斌等(2018)通过对2007—2016年的上市公司实证研究发现，采用激进型战略的企业的盈利水平高于采取保守型战略的企业。基于波特对企业战略的划分，战略可分为低成本战略、差异化战略与聚焦战略。姜付秀等(2006)结合中国的市场环境，认为上市公司采取差异化战略正向影响企业经济价值。还有学者则认为差异化战略与企业经济价值不存在显著的相关关系(刘力，1997)。郑兵云等(2011)通过问卷调查的方式，对一手数据的实证研究发现，差异化和低成本战略均有助于提升绩效。张毅等(2012)以上市物流公司为研究对象，通过实证检验发现低成本战略有助于企业经济价值的改善。王文华和叶沁瑶(2019)通过对高新技术企业的研究，发现差异化战略可以通过促进探索式创新对企业经济绩效产生正向影响。艾健明等(2005)则认为，企业战略对企业经济价值的影响还要结合企业的特征以及市场和制度等外部影响因素。这在一定程度上解释了为什么学者对企业战略与企业经济价值之间的影响关系的研究结果千差万别。

一些学者研究发现，完善的公司治理结构与治理机制有助于提高企业经济价值（翁洪波和吴世农，2006），现有研究大多从股权结构和高管特征、董事会特征的角度探讨前因变量对企业价值的影响。股权结构对企业经济价值有重要影响，中小股东因为监督成本而产生“搭便车”行为，减少对管理层的监督，大股东可以有效地处理监督管理效率低下的问题。因此，所有权相对集中有助于企业经济价值的提升（Sheifer and Vishny，1986）。但大股东可能会利用对公司的控制权进行利益侵占，因此，有学者认为较为分散的股权结构更能起到保护投资者的作用（王鹏等，2012），即股权集中度与企业经济价值之间呈负相关关系，这一关系也得到了实证研究的支持（崔学刚，2008；伍伦，2015；文婕，2019）。但也有学者研究发现二者之间呈“U”形关系（冯芳和黄超，2017），或不存在显著的影响关系（Gedajlovic and Shapino，1998）。造成差异性结果的原因可能在于研究对象的选取与研究方法的选择不同。

一些学者研究发现，高管特征也对企业经济价值的创造发挥作用，如高管政治联系可以借助企业营业外收入和税率优惠等方式影响企业经济价值（刘春苗，2012）。现有对国有企业高管政治关联与企业绩效关系的研究大多认为二者呈负相关关系（Fan et al.，2007；逯东等，2012；胡世明等，2012；逯东等，2014；代飞，2018）。王益民等（2015）以“战略双元”为中介，研究发现高管异质性对企业绩效产生正向影响。张复生和李兰（2019）通过分组研究进一步发现，高管职业背景异质性对企业经济价值的影响因行业而异，在战略性新兴产业中呈正向影响，在传统产业中呈显著的负向影响。

既有研究也发现董事会特征对企业经济价值的创造发挥作用。从董事会资本的角度，学者们得出了不一致的结论。一些学者认为，董事的教育水平正向影响企业创新，有助于企业价值绩效的提升（Kim and Lim, 2010）；也有学者认为董事的教育背景与企业经济价值不相关（Daily and Dalton, 1994; Rose, 2007）；还有学者认为外部董事的高学历背景对企业研发支出有负面影响（Dalziel et al., 2011）。此外，有学者认为董事对企业外部市场环境的了解程度影响其信息整合方式，并进一步影响董事的威望。行业熟悉程度影响董事处理信息的方式，进而影响董事在董事会中的影响力。在相关领域，有行业工作经验的董事会成员被证明与企业销售的增长（Kor and Sundaramurthy, 2009）有关。Zahra和Pearch (1989)、Dalton等（2007）、周建等（2012）等学者基于资源依赖理论，对董事会为公司提供核心资源的能力与企业成长的关系进行的研究发现,董事可以利用自身的资源帮助管理者制定和实施战略。董事的职能是增强企业与外部环境的联系,为管理者制定战略提供资源支持,改善企业与利益相关者的关系。叶蓓(2017)通过实证研究进一步证明了董事职业异质性通过公司多元化发展,对企业经济价值产生积极影响。Carpenter 和 Westphal(2001)、Mahmood 等(2011)等学者基于社会网络理论,探究了社会关系网络对企业成长的影响,研究发现外部网络关系有益于董事会的战略决策过程,不同的关系网络对企业获取创新发展能力的影响不同。从董事年龄多样性的角度,一些学者认为董事的年龄是影响企业绩效的重要因素,年长的董事具有宝贵的经验,可以提高企业的风险规避能力(Platt and Platt, 2012)。Kim 和 Lim(2010)以托宾 Q 值来衡量企业经济价值,研究发现,董事年龄多样性越大,越有利于企业提升价值绩效,这一结论与徐铁云和翁波意(2014)的研究结果一致。但也有研究认为董事年龄对企业绩效的影响并不明确(Johnson et al., 2013)。此外,袁德利等(2017)研究发现,董事会规模对企业经济价值的创造发挥积极作用,且这种积极影响部分通过提高研发投入来实现。

(3)企业经济价值的衡量

由于不同学者对企业经济价值内涵的界定不一,因此既有研究对企业经济价值的测度也难以统一。已有企业经济价值测量方式主要包含三类:①成本法(或重置资本法),基于企业资产的历史成本,侧重对单一资产的加总,而忽视了企业整体资产的经济价值;②市场法(或市场比较法),通过企业资产的市场经济价值或股票的市场价值衡量企业经济价值;③收益法,从企业未来盈利水平的角度对经济价值进行测量。基于上述三种度量方法,又产生了具体的计算形式。

Tobin (1969)以市场价值来界定企业的经济价值,并通过计算企业的市场价值和企业持有资产的重置成本之比,得到托宾 Q 值(Tobin's Q Value)。相较于一些盈利性会计指标,托宾 Q 值受企业操控影响较小,且能反映企业未来现金流量,并能从企业的市场价值与获利能力方面反映企业经济价值(张立民和李琰,2017),因此这一指标具有一定的科学性。由此,一些学者以此作为企业经济价值的计量指标展开研究(Kim and Lim,2010;刘春苗,2012;李小青,2012;徐铁云和翁波意,2014;张复生和李兰,2019;郑春美和朱丽君,2019)。也有学者对此持反对观点,认为尽管这一指标体现了企业的经济价值被低估抑或被高估的程度,但对于企业内在价值缺乏解释力度(吴联生和白云霞,2004),因此采用这一指标衡量企业经济价值并不恰当。随着股东以及投资者对企业经济价值最大化的关注程度逐渐增大，企业真实经济价值的反映越来越重要。此外，托宾Q值包含企业现有资产的重置成本，而这一数据的获得相对复杂(Lang and Stulz,1994)，因此降低了研究的可行性。

美国思腾思特公司(Stem Stewart)以企业的经济增加值(Economic Value Added,简称EVA)作为衡量企业经济价值的指标，认为这一指标是以经济增加值的折现值描述企业在一段时间内为投资者创造的价值总和。资本投入会产生成本，企业的盈利高于资本成本是企业为股东创造价值的前提。因此，这一指标揭示了企业财务管理的本质在于经济价值的创造(徐春立,2005)，是真实体现企业经济价值创造(杨婧,2017)、协调股东和管理人利益的经营绩效考核方法，是企业全面价值管理体系的基础和核心(马金玉,2009)。在我国，自2010年1月1日起，《中央企业负责人经营业绩考核暂行办法》(简称《办法》，国有资产监督管理委员会第22号令)在中央企业范围内全面施行。《办法》把经济增加值作为对央企负责人年度经营业绩考核的一个重要指标，并对其计算方式进行规范，体现出企业长期价值对企业的重要作用。学者们开始更多地用EVA来衡量企业经济价值并展开研究(陈永丽等,2011;李刚,2017;凌昕怡,2018)，发现国资委经过本土化改造的EVA考核办法的实施对国有企业过度投资的抑制和企业经济价值的提升具有非常显著的作用(池国华等,2013)。

此外，Black和Scholes(1973)提出期权定价模型，从期权定价的角度对企业经济价值进行衡量。该模型为评估企业潜在的获利机会提供了技术保证，但采用这种度量方法需要建立许多假设并进行一系列的数学推导，因此限制了一般管理人员对其的使用(丁战和刘龙,2005)。

由学者对企业经济价值内涵的不同定义可知，企业经济价值不仅包括财务绩效，还应体现企业的可持续成长能力。因此，对企业经济价值的关注有助于促使理论与实践中更关注企业的长期发展能力，而不是只注重短期财务绩效的改善。现有研究从财务指标、公司战略、公司治理结构与机制等角度探讨对企业经济价值的影响，取得了有价值的研究成果，有助于指导企业从经营业绩、战略选择、股权结构、高管特征与董事会特征等方面提升企业经济价值，但较少关注情境因素对治理机制的影响。董事会作为公司治理的核心，对治理绩效发挥重要作用，现有关于董事会结构特征对公司价值创造的研究大多基于“结构—绩效”的研究范式，只有少数研究探讨了其影响路径(Zahra and Pearce, 1989; Forbes and Milliken, 1999; 谢永珍,2016;Dong et al., 2019)。因此，从董事会的角度研究其对企业经济价值的影响路径与影响效果，有助于丰富这一领域的研究路径。

一些学者从资产的历史成本、市场价值和未来盈利能力的角度衡量企业经济价值，这些指标未能反映企业的内在价值。以经济增加值作为衡量指标可以对企业的经营、管理和经济价值进行有效的反映，更为合理地解释股价的波动，使企业关注长期绩效，有效规避短视行为，因此比其他方法更具优势。

2.绿色绩效研究进展与评述

(1)绿色治理绩效的内涵

企业的成长、价值的创造和生态环境的发展属于同一过程(李海舰和冯丽，2004)，企业的生存依赖于对自然资源的索取与利用。自1987年联合国提出可持续发展理念以来，自然资源的承载能力在经济发展中的地位逐渐受到重视(胡鞍钢和周绍杰，2014)。联合国环境规划署金融倡议组织于1992年提出，金融组织在投资决策时应重视环境(Environmental)、社会(Social)和公司治理(Governance)，倡导以价值取向为核心的ESG投资理念，并逐渐得到了学者们的广泛关注(Blank et al., 2016; Mervelskemper et al., 2017; Atan et al., 2018; Cucari et al., 2018; Manita et al., 2018; 张佳康，2019; 操群和许骞，2019；齐岳等，2020；施懿宸，2021；高玲玲等，2024)。ESG框架逐渐成为评价经济组织可持续发展能力的重要工具。随后，基于绿色GDP等研究(肯尼思·鲍尔丁，1966)，大卫·皮尔斯等(1996)提出“绿色经济”这一概念，认为社会经济发展和自然环境互相依存，应将对自然环境的关注融入企业的资本投资，这有利于缓解经济增长和环境之间的紧张关系。到2005年，联合国亚洲及太平洋经济社会委员会第五届环境与发展部长会议提出了“绿色增长”的发展理念，认为社会经济的增长要兼具环境友好和社会包容等特性(World Bank,2012)。这些理念的提出，表明理论界开始关注社会经济与生态环境的协同发展。在我国，党的十九大报告中进一步强调习近平总书记提出的“绿水青山就是金山银山”的发展思想，强调了中国绿色发展的理念。区别于上述观念，绿色治理更加重视自然环境的重要作用，认为人类与生态环境处于平等的地位。绿色治理实质上是治理主体、治理措施与治理架构协调合作的“公共事务性活动”(李维安，2017)，强调生态环境的可承载性、绿色的效果指向和制度性，主张借助企业创新模式和技术等手段，在自然环境的承载范围内实现企业的可持续发展能力。因此，依据绿色治理观，企业要想获得可持续发展，不仅要注重经济效益，更要重视绿色绩效，增强环境保护意识，保护利益相关者权益。

(2)绿色绩效的前置影响因素

现有关于企业绿色绩效的实证研究相对匮乏。一些学者从政府的角度对企业绿色绩效展开研究,探索政府对企业提升绿色绩效的影响。如沈洪涛和周艳坤(2017)采用倾向得分匹配法和倍差法考察环境执法监督对企业环境绩效的效果。研究发现,环保约谈改善了被约谈地区国有企业的环境绩效。尚洪涛和祝丽然(2018)通过实证分析,探讨政府环境研发补贴对企业环境绩效的影响,研究发现,政府直接技术补贴和税收优惠对企业环境绩效有显著的促进作用。于连超等(2020)以2007—2017年A股工业上市公司为样本,通过双重差分法发现,政府环境审计对企业环境绩效具有显著的正向影响,政府环境审计通过发挥揭示功能、抵御功能和预防功能,可有效地改善企业环境绩效。此外,一些学者从社会责任的角度对绿色治理展开探索,研究发现,企业社会责任履行正向影响环境绩效,两者呈显著的正相关关系(徐杰、陈明禹等,2017;何林涛等,2017;Chuang and Huang,2018)。还有一些学者对企业绿色创新行为与环境绩效两者关系的研究发现,绿色创新有助于提升环境绩效水平(Ziegler et al., 2007; Berchicci et al., 2012;莫似影和张长江,2016;李冬伟和张春婷,2017)。

除外部因素与企业行为外,董事会作为公司治理的核心,对企业可持续发展负责(Ingley, 2008; Jamali et al., 2008)。董事会通过其职能的履行影响治理绩效,其重要作用逐渐受到相关研究的重视,并取得了一些有价值的研究成果。Post等(2011)从董事会多样性的角度,探讨了董事的内外部身份、性别、年龄、文化背景、受教育程度与企业环境及社会责任之间的关系。内部董事和外部董事有不同的价值观和兴趣。相较而言,外部董事对企业经济绩效的重视程度较低(Ibrahim and Angelidis, 1995),更关注企业的社会责任绩效(Ibrahim et al., 2003; Post et al., 2011),可能更倾向于支持符合股东的长期利益的长期可持续性所需的投资。邹海亮等(2018)以2008—2012年制造业企业为样本数据,通过回归分析发现董事会连锁关系及其异质性对企业环境绩效的改善具有显著的正向作用,且这种正向影响在激烈的行业和资源松弛性水平较高的企业中更显著。徐莉萍等(2018)基于资源依赖理论、声誉理论和组织间模仿理论,以2014—2016年399家上市公司为样本,通过实证研究发现技术型连锁独立董事与企业环境绩效正相关,且技术创新在二者间发挥了负向调节作用。从董事年龄的角度,一些学者认为年龄较大的个体表现出更高的道德推理水平(Forte, 2004; McCabe et al., 2006)。从董事性别的角度,一些研究发现女性董事的存在有助于提升企业环境表现(Hafsi and Turgut, 2013)。从董事教育水平的角度,相关研究发现董事的受教育程度与环境关注措施呈正相关,但Post等(2011)通过实证研究,并未发现二者的正向相关性。

(3)企业绿色绩效的衡量

现有对绿色治理的研究大多停留于理论上,少有实证分析。一些研究以企业社会责任表现(Sahin et al., 2011)、企业社会绩效(Melo, 2012; Hafsi and Turgut, 2013)、企业环境社会责任(Rahman and Post,2012)、环境信息披露(Rao et al., 2012)为指标对绿色绩效进行探索。张倩(2017)从经济绩效指标、生态绩效指标和社会绩效指标三个维度构建了企业绿色管理绩效评价模型。其中,经济绩效指标采用应收账款周转率、销售增长率、资产负债率、总资产周转率和总资产增长率等财务指标来衡量,生态绩效指标采用工业废水利用率、尾气回收利用率、废热利用率和尾矿及废弃物的综合利用率等指标来衡量,社会绩效指标采用企业是否通过体系认证、客户满意度、慈善捐赠额和纳税贡献额等指标进行衡量。

裘益政和张茜茜(2018)通过手工搜集相关数据得到企业环境绩效。他们采用公司环境绩效评分表,从企业环保目标、社会环境法规以及政府处罚三个方面对企业环境绩效进行测度。其中,环保目标维度以企业是否获得ISO环境管理标准认证为标准进行赋值,环境法规维度以企业是否被评为国家环境友好型企业为衡量标准进行赋值,政府处罚维度则以企业是否因环境问题而受到政府处罚为衡量标准进行赋值。最后,将评分结果加总作为企业环境绩效指标。研究发现,女性高管拥有越高的职位,其对企业环境绩效的改善发挥越显著的促进作用,并且政府治理与社会舆论的关注显著促进女性高管对企业环境绩效的积极作用。

类似地,Dong等(2019)以企业是否通过ISO14000体系认证或在认证有效期内为衡量标准,对绿色治理绩效进行衡量。研究发现,董事会正式权力通过绿色治理行为的中介作用实现对绿色治理绩效的积极作用。

杨冬云和谢杨(2019)则利用定量指标中的环保投入占比对企业的环境绩效进行评价,认为环保投入占比可以有效地反映出企业对环境保护的关注程度,且能体现出企业对污染防治以及“三排三废”[①]的资金投入程度。因此,选用用于环保的投入成本总额占主营业务收入总额的百分比作为企业的环境绩效

① “三排”常见于安全生产与环境管理领域,在环境管理中,指达标排放、总量排放、限期排放;“三废”指工业生产过程中产生的废水、废气、固体废弃物。

指标。研究发现,企业社会责任信息的披露质量与环境绩效呈正相关关系;绿色创新能力越强,企业环境绩效水平越高;并且社会责任促进了企业绿色创新能力对环境绩效的积极作用。

2020年,南开大学中国公司治理研究院发布的《绿色治理准则》提出了绿色治理评价指标体系,包括绿色治理架构、机制、效能与绿色治理责任4个维度,共包含12个二级评价指标与约100个具体评价指标。研究人员通过上市公司社会责任报告、公司官方网站等渠道获取上市公司与绿色治理相关的信息,并通过专家打分法对评价指标体系中的相关内容进行评价,随后对各项指标设置权重,最终得到绿色治理评价指数。

绿色治理强调企业可持续发展的核心在于为利益相关者创造价值,因此建立企业绿色治理有效机制、对绿色治理绩效进行衡量已成为目前公司治理研究的关键问题之一。已有对绿色治理的相关研究虽不乏理论论证,但少有实证分析。现有对企业绿色绩效的研究大多从社会责任履行与绿色创新行为等方面探讨如何提升企业绿色绩效水平,缺乏对公司治理的决策机关——董事会的关注。董事会作为公司治理的核心,对企业的可持续发展的作用逐渐得到重视,但大多数研究仅直接探讨董事会特征对绿色绩效的影响,忽视了过程变量。而董事会通过其职能的履行影响公司绿色治理战略方案的制定和绿色治理行为的实施,进而影响企业绿色绩效。因此,有必要从董事会的角度,探讨其对绿色治理绩效的影响路径与影响效果,以提升企业可持续发展能力。

企业目前很少对绿色管理绩效进行单独明确的统计分析,并且由于相关数据获取途径有限,理论研究中的某些定性指标难以量化。因此,需要进一步对企业绿色绩效进行衡量,从而指引企业实现绿色发展和绿色转型。

(二)董事会战略参与的相关研究

1.董事会的职能与战略参与的内涵

已有对董事会的相关研究大多基于董事会整体结构的视角,从董事会的人力资本水平或社会资本水平等角度对董事会治理行为以及董事会在公司治理中的作用展开研究,取得了一些有价值的研究成果。一些学者从董事会资本的角度探讨董事会对企业研发与技术创新(周建等,2012;李长娥和谢永珍,2016;孙烨等,2018)、公司战略(纪成君和张爽,2015;宋铁波等,2018;周常宝等,2018)以及企业绩效(邵毅平和王引晟,2015;张维今等,2018)的影响机理与作用效果。如赵旭峰和温军(2011)等学者依据委托代理理论,检验了董事会特征对公司财务或市场绩效的影响。研究发现,外部董事比例较高、董事会被少数群体占有、董事会规模与公司特征相匹配时,有利于公司战略的实施。周建等(2013)从董事会人力资本的角度,以高科技上市公司为研究对象,探讨造成上市公司研发投入差异的前置因素。研究发现,董事会人力资本的深度正向影响上市公司研发投入,而人力资本的广度的影响不显著。

但Pettigrew(1992)认为,"结构—绩效"的研究范式将董事会结构的某一特质,如董事会资本、独立董事比例等要素作为前置变量,以治理绩效为输出变量来探索其"投入—产出"关系,并未关注董事会行为在这一关系中的影响机制,忽视了董事会运作的过程及影响机制(Gabirelsson and Huse, 2004),导致得出的结论具有偶然性(Aguilera and Jackson, 2003)。因此,董事会结构到绩效的逻辑关系需要被重新审视(Finkelstein and Mooney, 2003)。当考虑中间过程后,已有的"结构—绩效"关系的研究结果可能会发生改变,因此,董事会特征与治理绩效存在中介过程,董事会行为在董事会结构对绩效影响中的中介作用逐步受到关注,"结构—行为—绩效"的研究范式逐渐得到相关学者的普遍认可(Forbes and Milliken,1999;龚红,2004;宋增基等,2008;周建等,2013;邵毅平和王引晟,2015;谢永珍等,2016;Zhu, 2016;袁德利等,2017;刘美芬,2017;Jaffar and Amran,2017;王椿璞和苗天安,2018等)。Forbes和Milliken(1999)综合董事会及团队绩效研究,构建了"董事会人口学特征—董事会行为过程—董事会任务绩效—企业绩效"的综合模型,从认知冲突、勤奋程度以及知识的应用刻画了董事会行为过程。Pearce(1995)、Adams等(2011)基于认知行为理论,认为董事会的职能是参与公司战略制定和实施的整个过程,董事的个人认知、董事行为和董事之间的互动关系会影响到公司的战略。李小青(2012)将高科技企业作为研究样本,通过实证研究发现,董事会成员职能背景与任期异质性部分通过创新战略的中介效应分别对企业经济价值发挥了正向与负向的作用。Mande等(2013)研究发现董事会行为在衡量董事会绩效的过程中发挥了重要作用。Garg(2013)基于委托代理理论,研究证明了创业企业中"董事会结构—董事会监督行为—企业价值"的逻辑关系。Zhu等(2016)采用问卷调查的方法,对2011—2012年在加拿大董事学院任职的376名董事的相关数据进行实证分析,发现董事会通过战略参与进一步影响治理绩效,并且董事会会议发挥了促进作用。国内学者如宋增基等(2008)、林润辉等(2010)、叶康涛等(2011)采用多元回归方法,分段研究了董事会治理结构与行为、行为与绩效之间的关系。杨青和薛宇宁(2011)采用结构方程,验证了董事会权力通过薪酬监控职能间接影响公司业绩和通过战略咨询职能直接影响公司业绩的双重路径。李长娥和谢永珍(2017)以2011—2015年我国民营上市公司为样本,在组织层级理论和高阶梯队理论的框架下,基于创新战略的中介作用,采用非线性的检验方式,验证了董事会权力层级对企业成长的影响机制与效果。研究证明,董事会正式权力层级越大,越有利于企业创新战略的制定与实施,而非正式权力层级约束了创新战略的制定与实施;企业创新战略非线性“中介”了董事会权力结构与企业成长。

董事会成员特征并不直接作用于治理绩效,而是通过职能的发挥产生影响(Zahra and Pearce,1989; Forbes and Milliken,1999)。Harjoto等(2018)从投资的角度,研究发现董事会多样性有助于董事会作出更明智的投资决策,进而提升治理绩效。Zahra和Pearce(1989)及Huse(2007)等学者认为董事会具有战略职能、服务职能与控制职能。Forbes和Milliken(1999)忽略了董事会的战略职能的重要作用,认为董事会负有服务职能与控制职能,服务职能指在董事会会议中对战略决策的分析以及为企业重大事务提供咨询与意见;控制职能指审批企业重要决策以及聘用、激励和解聘总经理。Zona和Zattoni(2007)则认为除服务与控制职能外,董事会还具有网络职能,这一职能指促进企业与社会经济环境的和谐发展以及为企业提供有效资源。基于上述分析可知,不同学者对董事会的职能范畴的界定差异较小,外延存在一定程度的差别。在代理理论的框架下,企业的管理人员可能会产生“机会主义”行为,董事会在公司治理中主要履行其战略监督与战略控制任务。董事会在企业战略中的角色从被动介入向主动参与转变;资源依赖理论认为,董事会为企业提供资源并参与企业战略,主要发挥协助作用。现代管家理论则认为,董事会主动参与企业战略过程,负责指导管理人员实现企业目标。还有一些研究基于战略选择视角和认知视角,提出董事会的信息处理能力、经验和价值观在战略决策中发挥重要作用。由此可见,董事会参与企业战略的深度和广度均得到了显著提升。随着全球经济的快速发展,企业的市场经营环境日趋复杂,为确保企业战略决策的科学性与可持续发展,机构投资者对董事会的战略参与的积极性与参与程度提出了更高要求(Zahra and Pearce,1989),将董事会的战略职能摆至公司治理的重心位置(Ingley and Walt,2005; Obidiu et al.,2012)。

相关研究对董事会战略参与的内涵界定存在差异。一些学者对董事会战略参与的表述侧重董事会在公司战略管理的不同阶段中的参与方式的不同。如Rindova(1999)认为董事会参与了企业战略的制定,包括对环境的扫描和阐述。一些学者认为董事会参与了企业定位评价(Stiles and Taylor, 2001)、战略目标定位(龚红,2004)和战略议案的评估(Forbes and Milliken, 1999; Stiles and Taylor, 2001;Carter and Lorsch, 2004)。除此之外,学者们认为董事会还会参与到战略决策的实施(Zahra and Pearce, 1990; 龚红, 2004;Siciliano, 2005;Huse, 2007;周建等,2013)、控制(Zahra and Pearce, 1990; 龚红,2004)和评价(Zahra and Pearce, 1990; Ruigrok et al., 2006)过程中。如Zahra和Pearch(1989)、Dalton等(2007)、周建等(2012)等学者基于资源依赖理论,对董事会为公司提供核心资源的能力与企业成长的关系进行的研究发现,董事可以利用自身的资源为管理者制定战略提供资源支持,从而帮助管理者制定和实施战略,进而改善企业与利益相关者的关系。Hendry和Kiel(2004)则指出,除了战略控制,董事会还介入了企业的财务控制。这类观点虽然指出董事会介入企业的战略管理过程,但对参与哪些过程没有得出一致结论。此外,还有一些学者认为董事会的战略参与指的是对一些具体战略行为的作用,大多探索董事会整体结构特征(如董事会规模、董事会多样性和董事任期等)对战略结果(如企业创新、多元化和战略变革等)的影响(Pugliese et al., 2009)。

2.董事会权力层级与战略参与

董事会参与战略决策的一个重要理论视角是权力差异的影响。董事会是一个群体决策机构,不仅董事会的人口学特征对其决策发挥影响,董事会成员的相互作用也直接影响董事会的决策效率与效果。这种相互作用包含成员之间处理与分享信息的形式、知识体系的创建、决策过程的展开以及决策结果的形成(Carter and Lorsch, 2004),董事潜力的充分发挥依赖于有效的团队运作(He and Huang, 2011)。由于董事会会议次数通常较少,且董事的工作描述既笼统又模糊(Finkelstein and Mooney, 2003),而董事会的成员需要在有限的会议时间内作出复杂的决定,因此董事会内部的互动需要通过有效的董事会结构来引导,从而促使董事会为公司业绩作出具体贡献。为了有效地指导董事的工作,董事会成员互动的规则、程序与效率十分重要。

由此,Gabirelsson和Huse(2004)认为对董事会的研究应该更多地关注其内部差异性,如董事之间的权力关系、动机与能力,因为这些因素影响了董事会治理的有效性。一些学者对董事的行为、决策与活动展开研究,通过发掘这些要素之间的内部关系来探索董事会治理有效性的先决条件(江维琳等,2011;宁向东和张颖,2012;Garg,2013; Mcnulty et al., 2013)。Bailey 和 Peck (2013)对美国8家上市公司的29名董事进行半结构化访谈,对影响董事会战略决策的前置因素的研究发现:董事会成员与CEO以及董事会成员间的稳定与平衡的管理关系、具有较强领导能力的董事长和共享心理是影响董事会战略决策过程的三个关键因素;战略决策的一个重要理论视角是权力差异的影响。

董事会的效率取决于董事会作为一个团队有效运行的能力(Finkelstein and Mooney ,2003; Nielsen and Huse, 2010; Gore et al., 2011),董事会成员构成的差异影响董事会治理效果(王凯和常维,2018)。而相比于董事会成员的横向结构的视角,现有研究对董事会基于制度设计和个体能力所形成的纵向权力层级关注较少。类似于高管团队,董事会团队的权力分布情况通常指董事会内部权力的不平等程度。董事会作为一个团队,成员在互动的过程中不可避免会产生层级分化。组织层级指组织成员在有价值的社会维度上的排序(Magee and Galinsky, 2008)。层级分化有多种形式:组织层级可以通过正式的权力结构在成员之间进行区分 (Blau and Scott, 1962),也可能在成员间的互动沟通过程中出现(Anderson et al., 2001; Anderson and Kilduff, 2009)。组织间因其权力层级的分布程度(Wade et al., 2006)和在权力层级中上下级关系的不同(Judge and Piccolo, 2004; Bass and Bass, 2008)而不同。依据关系契约理论和中国社会阶层“差序格局”的观点(费孝通,1998),董事会正式和非正式权力层级共同作用于战略决策,并进一步影响组织效率(Gould, 2002)和组织绩效(He and Huang, 2011; Harjoto et al., 2018)。

董事会中由于组织正式制度安排而产生的各董事的权力分布被称为董事会正式权力层级(李长娥和谢永珍,2017),体现为在团队内部的正式位置,包括个体的职级和工作头衔等;基于董事会成员对彼此能力和影响力的评价(Kiduff et al., 2016)而在团队中自发地形成的尊重或顺从秩序被称为董事会非正式权力层级(He and Huang, 2011),体现为成员的声望和受尊重程度,属于隐性层级(卫旭华等,2015)。非正式权力层级可以为董事会成员提供清晰的认知,即高地位董事被认为是最有声望和最有见识的。如表2-1所示,二者既有相似之处,也存在差异。从权力层级形成的角度而言,董事会正式权力层级与组织正式制度设计息息相关,是基于组织中个体掌握资源数量的排序,具有制度化特征,不依赖授予的过程(Fragale et al., 2011);而董事会非正式权力层级依赖于组织中其他成员对某一个体的判断和评价。

表 2-1 董事会正式权力层级与非正式权力层级的关系

	相同点	不同点		
		属性来源	形成过程	属性表现
正式权力层级	在组织内部形成等级排列顺序	有价值的社会评价维度	具有制度化特征，不依赖别人的评价	个体的职级、工作头衔等
非正式权力层级		受他人尊重的能力、资源	依赖于别人的评价	声望、影响力、受尊重程度等

资料来源：依据 Magee 和 Galinsky (2008)、卫旭华等(2015)、李长娥(2017)的观点整理。

相关研究表明，董事会正式权力层级影响团队成员的互动(Wellman et al., 2019)。Bailey 和 Peck (2013)探索了董事会的内部决策过程，认为董事会的权力配置和领导力等正式权力结构因素影响董事会的决策，推进了董事会战略决策的制定。董事会正式权力结构是决定公司绩效的重要因素(Johnson et al., 2013)。董事会的任务需要明确分工和保持高度协调(Halevy et al., 2011)，而董事会成员的不同角色与其所处的权力层级密切相关。董事会正式领导结构的一个关键方面是董事长和 CEO 角色的配置，可以两职合一或两职分设(Dalton et al., 2007)。代理理论认为，不同的风险偏好和信息不对称会引发经理人员的机会主义行为，为保证股东的价值得到最大化实现(Fama and Jensen, 1983)，董事会作为连接股东与经理人员的纽带，肩负控制决策、监督经理层、制定高管薪酬制度等责任。其中，对总经理的监督与控制是董事会的重要职能(Baysinger and Hoskisson, 1990; Finkerstein and Mooney, 2003)。董事长兼任 CEO 时可能会降低董事会的独立性和警惕性，弱化董事会对 CEO 的监督，引发公司内部 CEO 与股东之间的代理问题，使 CEO 有更大的权力通过制定薪酬、激励等手段满足其私利，最终损害公司价值，导致较差的公司绩效(姜付秀等, 2016)。而基于现代管家理论，行为人会受到非经济方面的激励，如成功完成有挑战性的工作而获得或强化内在满足感及同事和上司的认同等(McClelland, 1961)。因此，当董事长兼任 CEO 时，CEO 可以获得更广阔的创新空间，激励自身为了公司的目标而努力工作，达到股东利益和 CEO 个人目标的双重实现，有利于公司获得更好的业绩(Davis et al., 1997)；董事长可以更加有效地调动资源，深化对战略的认知(Dong et al., 2019)，有助于提高董事会制定战略决策的效率，继而提升治理绩效。

除了正式的团队角色与属类安排外，董事会成员之间还存在着难以观测的、对决策效率与效果有重要影响的隐性互动关系(Moscovici, 1994)。讨论董事会团队成员间的相互作用关系对探索董事会对公司绩效的影响也至关重要(Johnson et al., 1996; Mcnulty et al., 1999)。组织中的非正式权力层级关系的基础是关系契约(Relational Contracts),这是一种关注于社会情感要素(如关联性、忠诚、支持、信任和非货币化工作保障)的长期责任,是影响组织行为的关键因素。组织成员基于信任而进行团队协作,并在相互支持与协作的过程中获得个人目标的实现与组织的发展。与正式契约不同的是,非正式契约关系依靠信任自发维持,这种约束机制在持久与复杂的关系中尤为有效。董事会内部关系的复杂性、正式制度的模糊性以及决策过程对互动关系的依赖性决定了正式制度难以有效解决董事会决策过程中的冲突,非正式的关系契约对董事会行为方式及其功能的发挥具有较强的诠释力。非正式权力层级是抽象意义的地位差异,它镶嵌于团队成员间的契约关系中。地位是能力的象征,在团队中拥有最高地位的成员通常更具完成关键任务的能力,他们与其他组织成员的能力差异越大,越容易受到信任、尊敬与依附(Overbeck et al., 2005),成员间的契约关系则越清晰、稳定和持久。在团队运行过程中,会有规律地分化为少数核心成员和大多数外围人员。核心成员通常指积极建言并为组织作出较多贡献的人(Gould,2002),他们通常受到更多关注和信任,逐步占领非正式权力层级的顶端,而众多外围人员自然而然地移向金字塔底层。这种由信任程度差异而形成的社交秩序和社会协调秩序的构建,有助于董事们明确自身在团队中的位置。当董事会非正式权力层级较大时,位于非正式权力层级金字塔顶端的董事因其较强的专业能力和人格魅力而备受尊重与信任,因而拥有更强大的影响力;排位较低的组织成员更容易接受和配合高层董事的建议。He 和 Huang (2011)研究发现,董事会非正式权力层级强度与公司绩效存在显著的正相关关系,张耀伟等(2015)进一步发现,业绩压力和股权集中度对董事会非正式权力层级强度与公司绩效间的关系具有显著的正向调节作用。谢永珍等(2017)基于关系契约理论,以 2010—2012 年我国沪深民营上市公司为样本,通过非线性中介效应的检验,发现董事会地位差异与决策行为强度呈负向指数曲线关系,董事会决策行为强度在董事会非正式权力层级与治理绩效的作用关系中发挥了显著的非线性中介作用。刘振杰等(2019)以 2009—2017 年 772 家上市公司为样本,通过逻辑回归方法,研究发现董事会非正式权力层级对公司违规行为有显著的负向影响,且环境不确定性对二者的关系具有显著的正向调节效应。这一结论表明董事会非正式权力层级对防范公司违规行为具有重要作用。

不同研究领域对权力层级的测度方式存在差异。Ronay等(2012)从社会学的角度,使用权力和睾酮水平两个维度来衡量群体权力层级的两个维度,认为睾酮水平差异预示着组织成员对权力的渴望和支配性,而权力可以增加循环睾酮水平,二者相互补充,相互促进,通过支配而形成层级制度。从管理学的角度,季浩等(2019)以权力和地位两个维度来衡量组织内权力层级,并进一步通过权力与地位的匹配程度来探讨其对组织权力层级和组织绩效关系的调节作用。董事会正式领导结构的一个关键方面是董事长和CEO角色的配置,对于董事会正式权力层级而言,He和Huang(2011)采用CEO的二元性来代表董事会正式结构特征。卫旭华等(2015)基于这一衡量方法,进一步通过对董事长与CEO的兼职情况进行赋值,采用变异系数描述董事会正式权力层级的多样性;一些学者沿用这一方法对董事会正式权力层级展开研究(李长娥和谢永珍,2017;Dong et al., 2019)。目前学者们对董事会非正式结构的测度基本形成了一致的意见。He和Huang (2011)以董事在其他公司的兼职数作为声誉资本的代理变量,以基尼系数(Gini Coefficient)作为非正式结构的测度指标研究后认为,基尼系数越大,表明董事会团队的非正式权力层级较大,董事会非正式权力层级清晰度越高,董事会内部的权力阶层越明显。谢永珍等(2015)、武立东等(2018)的实证研究基本采纳了He和Huang(2011)的测定方法。

董事会权力层级影响董事会团队内部的互动以及董事会的战略参与。已有以董事会战略行为作为中介变量的相关研究,大多以董事会会议次数(李国栋和薛有志,2011;赵琳和谢永珍,2013)和公司战略,如国际化战略(Barroso et al., 2011;周建等,2013,吕屹,2015)、创新战略(Miller and Triana,2009;Dalziel et al., 2011;周建和李小青,2012;曾江洪和肖涛,2015;Heroux and Fortin, 2016)、多元化战略(谢绚丽等,2011)等角度展开研究。相关研究证明,董事会通过参与战略制定,有助于提升企业可持续发展能力,改善企业绩效。袁德利等(2017)结合代理理论和资源依赖理论,选取2007—2014年我国679家制造业上市公司的面板数据,通过构建固定效应模型,研究发现董事会规模部分地通过提升企业研发投入水平而对企业经济价值的创造发挥积极作用,这一论断支持了资源依赖理论。叶蓓(2017)以非金融上市公司为样本,通过实证研究发现多元化战略部分"中介"了董事会职业异质性和社会异质性对企业经济价值的影响。这一研究结果反映出董事会的人口统计学特征并不直接影响企业价值,而是通过多元化战略的制定、决策与施行发挥作用。马宁(2018)通过2005—2015年A股上市公司的实证研究发现,董事会规模通过多元化战略影响公司的风险承担，随着董事会规模的增大，多元化战略以及企业风险承担呈先扬后抑态势。

从战略参与的角度考察董事会权力层级对治理绩效的影响，有助于更好地诠释董事会权力结构对治理绩效的影响机理，探索提升企业价值创造能力的途径。学者们依据不同标准对战略进行了分类，如Miles和Snow(1978)将企业战略划分为激进型战略、保守型战略与分析型战略；March(1991)将企业战略划分为探索型战略与开发型战略；Treacy和Wiersema(1995)则以卓越运营型、产品领先型与亲近客户型三个维度来划分公司经营战略；波特(1980)结合企业竞争优势以及竞争范围，将战略划分成三种类型：成本领先战略、差异化战略与集中战略。虽然学者们对企业战略的划分方式不同，但这些战略分类存在一个共同特征，即它们清楚地标识了公司在某一战略划分方式下，采用两个极端战略的经营表现。

Miles和Snow(1978)提出的战略类型既可以涵盖主要的战略分类，又可以通过公开披露的二手数据进行测度(Bently et al., 2013; 孟庆斌等，2018)，这一战略模型自提出后被广泛应用，并一直具有较强的生命力。他们将组织分为三种基本类型：保守型组织、分析型组织和激进型组织。每一类组织都有其独特的战略，每种战略都需要技术、组织结构和组织流程的独特配置。采取保守型战略的企业倾向于维持现有的组织结构，提高效率，在细分市场中生产有限的产品，对其他竞争者进行防御，以保证自身的竞争地位。因此，这类企业涉足的经营范围较为狭窄，产品线较少，着眼于在某一利基市场中保持竞争优势，将重点放在降低成本上，通过提升运营效率和稳定性以适应市场的变化(刘行，2016)，并减少其他竞争者的渗透。保守型战略不意味着不创新，而是进行有限的创新以在有限的程度内开发新的市场，且这类企业的研发通常与当前产品相关联。采取这一战略的企业的增长相对缓慢，通过严格集中控制以确保生产效率，组织结构稳定性相对较强；拥有较长的员工任期，往往从内部进行提拔；这类企业会投入大量资金以提升技术效率，机械化水平较高，拥有较高的资本集约度。与其他战略相比，激进型战略倡导对新细分市场的定位、新产品的开发和市场机会的寻求，因此采用激进型战略的企业会投入大量资金进行市场潜力的探索与持续创新(孙健等，2016)。企业需要保持技术创新与组织结构的灵活性，生产类型广泛的产品或运营于相对广阔的市场领域；企业组织结构通常较为复杂、分散，管理层更迭频繁，员工离职率高(孟庆斌等，2018)；企业避免长时间采用单一的生产工艺流程，资本集约度水平较低。分析型战略是介于保守型战略和激进型战略之间的一种“平衡”型战略。采用分析型战略的组织一方面会试图使风险最小化,另一方面也会使利益最大化。因此,这一战略会兼具保守型战略与激进型战略的优点,但对其的操作难以把握。这类组织一方面会进行市场定位、开发新产品并寻求新的市场潜力,但同时也会不断地保持该企业在传统产品与已有顾客群体中的核心竞争地位。这类组织需要针对现有市场匹配已有的技术能力,并满足新市场的需求,同时做到这两件事需要组织考量组织资源的分配、组织流程、市场需求的冲突性与技术支持的灵活性。除上述三种基本战略类型之外,Miles和Snow(1978)认为还存在一种战略类型,被称为反应型战略,采取反应型战略的组织既缺少稳定性,又缺乏持久性。这类组织在面临不断变化的市场、经济与政策环境时,仍倾向于维持组织当前的战略结构关系,因此会导致组织结构的僵化与管理流程效率的降低。

依据Miles等学者提出的企业战略的划分方法,有研究探索了高管特征对不同战略类型的影响。如王东清和杨华庆(2019)研究了高管特征对企业投资管理的影响机制。结果发现,过度自信的CEO往往会倾向于选择激进型战略,导致企业避税倾向的增强,激进型战略发挥了显著的中介作用。此外,学者们对企业战略与绩效的关系展开了研究,得到了有价值的研究发现。大部分学者的研究着眼于企业战略与企业财务管理的关系。公司战略通过融资需求对企业盈余管理行为产生影响。与采取保守型战略的公司不同,采用激进型战略的公司往往投入大量资金以进行研发与市场的开拓,因此这类公司拥有较低的现金流水平和较大的融资需求(Hambrick,1983;Miles and Snow,2003)。融资需求是企业盈余管理的一个主要动机,拥有更大融资需求的企业往往会采用盈余管理这一手段以获取更多银行贷款(卢太平等,2014)。孙健等(2016)通过对我国A股上市公司的研究发现,战略激进型公司的盈余管理程度更高。此外,不同类型的战略还会导致企业内部信息不对称程度的差异,进而影响投资决策。有研究发现,采取激进型战略的企业,股东与管理层之间的信息不对称程度更高,更有可能发生过度投资现象(王化成等,2016)。再者,企业战略会对违规行为产生影响,孟庆斌等(2018)的研究发现,采用激进型战略的企业具有更高的违规倾向,并可能发生更多违规行为。张蕊和王洋洋(2019)通过公开数据,采用回归分析的方法,对企业战略与审计契约关系的研究发现,越激进的战略会导致越不稳定的审计契约关系。

Miles和Snow(1978)对战略的划分可涵盖主流战略类型(刘行,2016),可使用档案数据做大样本数据(孙健等,2016;孟庆斌等,2018),可以更客观、真实地反映企业的战略类型,规避其他分类方式由于需要对高管访谈而造成样本获取困难的局限性。基于一手数据或案例分析的研究在样本的选择和研究量表的设置等方面存在差异,致使研究结果存在偏差(郑兵云等,2011)。除感知偏差外,问卷可以测量出企业已经制定的战略,而企业处于不断变化的内外部环境中,数据指标须反映出企业正在施行的战略。因此,采用公开的数据指标能在一定程度上降低主观因素和解释偏差,能较客观、真实地反映企业的战略。鉴于此,本书选择Miles和Snow(1978)对企业战略的分类方式,鉴于激进型与保守型战略体现了这种战略划分方式的两种极端表现,本书将对企业战略研究的重点放在这两种战略上。

既有研究已经认可董事会控制职能和服务职能的重要性,但对于董事会在公司战略决策过程中的作用缺乏充分认识与必要关注。相关研究中对董事会战略参与的内涵的界定存在差异,一些学者虽然指出董事会介入企业的战略管理过程,但对参与哪些过程未取得一致结论。

已有基于董事会层面的研究主要集中于从董事会成员的横向结构的视角,考虑董事会成员的个人经验以及董事会的构成等因素,探索董事会治理行为以及董事会在公司治理中的作用,并取得了一些有价值的研究成果,而对基于制度设计和个体能力所形成的纵向权力层级关注较少。现有对董事会正式权力的测度主要关注董事长与CEO角色的配置,采用董事长与CEO的兼职情况的变异系数来衡量;而对于董事会非正式权力层级,He和Huang(2011)采用董事兼职情况的基尼系数衡量非正式结构,并得到了学者们的认可。因此,本书借鉴相关研究,分别采用变异系数和基尼系数来衡量董事会正式权力层级和非正式权力层级。

此外,对于董事会权力结构的相关研究大多直接考察董事会权力层级与企业绩效的因果关系,忽视了董事会治理行为在董事会结构对绩效影响中的中介作用,致使研究结论具有偶然性。因此,董事会结构到绩效的逻辑关系需要被重新审视,董事会的治理效应通过中介作用影响治理绩效。战略职能是董事会的核心职能之一,大多数研究将企业战略作为解释变量,探索不同类型的战略对企业绩效的影响,取得了有价值的研究成果;一些研究将企业战略作为中介变量纳入机理模型,从企业家特质、高管特征等方面探讨不同前置因素对企业绩效的影响路径,忽视了董事会对企业战略的影响。董事会通过战略参与对治理绩效产生影响。董事会有责任参与企业战略决策过程(Carpenter and Westphal, 2001; Stiles and Taylor, 2001; Carter and Lorsch, 2004; Siciliano,

2005；Ravasi and Zattoni，2006；Arzubiaga et al.，2019；Klarner et al.，2020），对治理的有效性负责，如何确保公司战略得到有效的执行是董事会治理的重要问题（Schmidt and Brauer，2006）。探索董事会通过企业战略对治理绩效的作用关系，有助于诠释董事会权力结构对治理绩效的影响机理，进而提升企业竞争能力与可持续发展水平。Miles和Snow（1978）提出的战略类型既涵盖主要的战略类型，又可使用二手数据进行衡量，有助于通过大样本数据客观、真实地反映企业战略，因此，本书采用这一分类方式。

（三）企业使命的相关研究

企业嵌于社会与制度环境中（Davis and Useem，2002），公司治理体系与文化、法律和制度等外部因素以及企业内部情境因素密不可分。治理应该被概念化为一个不断演进的过程，嵌入在投资者、高管、董事会成员和国家相关部门等主体之间的复杂的工作关系网络中（Aguilera and Jackson，2003）。不同行动者的权力受到不断变化的环境和潜在政治因素的影响（Aguilera and Jackson，2003）。企业使命作为企业内部影响因素之一，是确定战略、计划和工作安排的基础，也是设计管理结构的出发点。随着企业外部经营环境不确定性的增大，企业需要制定合理的、具有前瞻性的战略以增强可持续发展能力，而制定战略的前提是企业使命的确立。

董事会是一个开放的系统（Gabrielsson and Huse，2004），其相对权力依赖于企业内部或外部环境，其作用的发挥受到公司内部和外部环境的影响（Gedajlovic and Shapiro，1998；Huse and Rindova，2001）。董事会成员之间的互动受到许多因素的影响，进而体现在董事会战略决策的制定上。一些研究发现，董事会成员的遴选、组成和互相关联映射出企业在内外部环境中所面临的战略权变因素（MacCanna et al.，1998；Grundei and Talaulicar，2002）。因此，对董事会治理的研究不应该将其与组织内部和社会中的情境因素分开（Pettigrew，1992；Huse et al.，2011）。

企业使命是企业核心价值观的一种载体，体现了企业内部成员的行为共识（张国良和赵素萍，2010），是企业重要的内部治理情境因素，引领并约束着董事会的实践与行动，影响董事会的决策。企业使命的思想起源于彼得·德鲁克，其认为企业需要制定清晰、明确的使命（Drucker，1974）。企业使命是明确优先顺序、制定战略、计划和工作分配的基础，是设计管理工作，尤其是设计管理结构的起点，而结构紧随战略而成，战略决定了给定业务中的关键活动。战略管理研究认为，企业应持续关注关键的内部和外部事件及其发展趋势，利用外部机会，改善企业内部弱点，以最小化外部威胁对企业的影响（Cochran et al., 2008）。企业使命阐明了组织的业务或组织为什么存在，表明了企业的目标（Campell, 1997）、愿景、文化与战略，是公司运营的指导方针（Drucker, 1974）。积极、明确的企业使命对于有效地确立目标、制定战略和政策、分配资源及激励员工至关重要。因此，制定企业使命是战略管理过程的一个组成部分，制定良好的企业使命有助于战略的制定、实施与评估（Drucker,1974）。

自20世纪90年代以来，学术界对企业使命的研究逐渐增多，但总体成果较少，且大多探讨企业使命的规范性和企业使命对公司绩效、竞争优势的影响，得到了一些有价值的研究成果，给后续研究带来一定的启发。中国企业使命陈述的完整性（黄燕和陈旭剑，2006）和规范性欠佳（王俊杰，2013）。曹德骏和胡燕平（2003）通过问卷调查发现，中国企业的使命陈述存在泛政治化特征的非规范化现象。郁金宝（2010b）基于我国上交所110家制造业上市公司的企业使命数据，借鉴Bart（1997）提出的企业使命二十五要素分类方法，从利益相关者、企业使命构成要素和企业使命的目标三个维度构建了企业使命质量评价指标体系，为企业制定、修订和判定企业使命的有效性提供了标准。一些学者采用对比分析的方法展开对企业使命的研究，以探索企业使命对不同类型公司或处于不同行业的公司的影响差异。饶远立和邵冲（2005）通过对46家企业使命的分析发现，高科技企业的企业使命优于传统型企业，服务型企业与生产制造型企业的使命要素侧重点也有所不同。林泉等（2010）对75家国有企业和民营企业进行对比，发现相较于国外企业的企业使命，国内企业的企业使命要素数目较少，且更加关注企业哲学和企业形象；相较于民营企业，国有企业的企业使命的完整性更强，且更关注产品。

既有关于企业使命对绩效的影响研究并未得出一致结论。早期的研究认为企业使命对企业绩效不存在显著影响。如David（1989）研究发现，拥有良好企业使命的企业与没有使命的企业的绩效不存在显著差异。此后，学者们逐渐认识到企业使命对企业绩效的影响作用，但对其作用方向尚无定论。而Bart（1997）以44家大型企业为样本，实证检验发现，拥有企业使命的企业拥有更高的绩效，但这种相关关系较弱。康嘉欣等（2017）以50家企业为样本，研究发现企业使命正向影响企业绩效，但这种影响并不显著。Sidhu（2003）通过对荷兰多媒体企业的企业使命进行的研究发现，企业使命的广泛性对企业绩效发挥积极影响。彭涛和王凯(2014)沿袭林泉等(2010)将企业使命细分为竞争、行为和利益相关者三种导向型的方法,通过与企业内部资源配置的匹配,认为具有竞争导向的企业使命通过影响企业的内部资源配置来影响企业成长绩效,具有行为导向的企业使命通过影响员工的行为来影响企业绩效,具有利益相关者导向的企业使命有助于企业在采取行动时综合考虑利益相关者的情况,进而促进企业绩效的实现。郁金宝(2010a)基于Bart提出的二十五要素分类法,通过回归分析发现,企业使命陈述中包含的要素数量与企业收益性财务指标呈U形关系。此外,一些学者从反面论证了企业使命的积极作用,如Bartkus(2004)研究认为,不规范的企业使命对企业战略绩效有负向影响。林泉等(2010)研究发现,企业使命中对社会责任的不正确刻画负向影响绩效。罗芳等(2013)通过对组织认定与企业使命陈述的关系的梳理,构建二者的关系模型,并提出与组织认定的内容相一致的企业使命陈述可以反映出企业的真实意图,组织认定可以通过影响企业使命陈述的制定而影响企业绩效。总体而言,对企业使命与组织绩效的研究表明,二者的相关性较弱(Desmidt et al., 2011)。现有研究较少探索企业使命对董事会治理过程的影响。Bailey和Peck(2013)通过对美国8家上市公司的29名董事和高管的半结构化访谈发现,一些董事更看重的是公司的成功,而不是某个特定的利益相关者的利益。群体准则对组织成员的行为产生强烈的影响(刘小元和金媛媛,2014)。企业使命有助于提升成员对组织的感知力(Cochran et al., 2008),即有效的企业使命会使成员感受到组织的成功,把握组织的发展方向,从而对组织投入更多的时间与精力。

现有对企业使命的测度方法主要包括David(1989)提出的九要素法,Baetz和Bart(1996)的十要素法和Bart(1997)的二十五要素法。Baetz和Bart(1996)认为典型的企业使命应包含产品定位,市场定位,竞争基础,财务目标,非财务目标,组织优先考虑的事项,公司价值观、信仰和经营哲学,对成功的定义,利益相关者的数量与类型。Bart(1997)认为,企业使命应涵盖25个要素,包括主导产品或服务、目标市场、业务覆盖的地理范围、核心技术、独特竞争力或优势、竞争位置、竞争战略、关注企业长期生存能力、关注顾客利益、关注员工利益、关注供应商利益、关注社会利益、关注股东利益、利益相关者识别、组织目的、具体的财务指标、非具体的财务指标、一般性目标、长远目标、发展方向定位、自我定义、行为标准、价值观和经营哲学、期望的公众形象和愿景描述。其中,David的九要素法是其他两种测度方法的基础,既包括企业使命的几个主要方面,也涉及企业的一些利益相关者,涵盖内容相对比较广泛,因此得到较多学者的认可(饶远立和邵冲, 2005;康嘉欣等, 2017)。此外,Dorlan等(2006)认为企业使命应包括两个方面,一是经济要素,指资源的使用效率与投入资本的盈利水平,二是社会要素,指企业对社会责任的重视与承担,二者密不可分。Desmidt等(2011)将企业使命分为对利益相关者的关注、稳定性导向、合作与创新导向、组织发展与增长导向及顾客导向5个维度。郇金宝(2010b)依据Bart的二十五要素法,采用内容分析法对企业使命进行量化,从利益相关者、企业使命构成要素和企业使命的目标三个维度构建了企业使命质量评价指标体系,并进一步通过层次分析法确定每个指标的权重,通过构建指标体系对企业使命进行评估。

国外学者对企业使命进行了较为深入的研究,而国内学者对这一领域的研究较少,且研究的深度与广度不足。一些学者采用文本分析的研究方法,对企业使命的规范性进行理论剖析或比较研究;或将企业使命作为解释变量,探讨其对企业绩效的影响,得出了不一致的研究结论,也忽视了其作为情境变量的重要作用。企业使命作为公司治理的内部情境因素,阐明了企业的战略、目标、文化与愿景,是公司运营的指导方针。企业使命指导并约束着董事会的行为,负责任的企业使命提升了董事会团队的内部和谐氛围,并激励董事会成员共同努力以实现企业发展。因此,对董事会治理的研究应纳入企业使命这一重要因素。

现有研究对企业使命的度量方法不一,学者们依据不同划分标准对企业使命进行衡量,大多数衡量方法是基于David(1989)的九要素测度方法的细分或拓展。由于这一度量方法涵盖的内容较为全面,因此获得较多学者认可。

(四)研究评述

董事会是公司治理的核心机构,也是公司治理研究的热点。该领域的既有研究成果丰硕,为本书奠定了重要基础。目前有关董事会结构对治理绩效的研究,大多从董事会横向结构的角度进行,忽视了董事会纵向结构特征。而董事会是一个群体决策机构,其组织制度设计的静态正式结构,以及董事会成员的动态互动过程产生正式权力层级与非正式权力层级,此二者相互交织,共同主导着董事会成员的互动效率与效果。在中国“权威服从”的社会情境与市场化程度相对较低的经济背景下,探索董事会权力层级的作用机制有利于提升董事会内部的和谐,进而提高董事会团队的决策效率,进一步改善治理绩效。

既有研究大多遵循“结构—绩效”的研究范式,直接建立董事会特征对治理绩效的影响关系模型，探讨董事会结构、董事会资本以及董事会运作等因素对治理绩效的影响，取得了有价值的研究成果。但由于忽视了董事会治理行为在董事会结构对绩效影响中的中介作用，导致研究结论存在偶然性。一些学者突破了传统的研究范式，更加重视董事会治理行为的中介作用。Zahra和Pearce(1989)明确提出，探索董事会结构特征对治理绩效的作用不应忽略治理行为的中介作用。李长娥和谢永珍(2017)构建了董事会权力层级通过创新战略影响企业成长的逻辑框架，验证了董事会结构通过治理行为对绩效的作用关系。

一些对董事会治理有效性的研究主要集中于董事的管理监督和资源提供，研究结论没有一致性。导致研究结果存在差异的原因可能在于忽略了董事会在塑造组织业绩方面的战略作用(Zhu et al., 2016)。战略职能是董事会的核心职能之一，大多数研究探索了不同类型的战略对企业绩效的影响，取得了有价值的研究成果；一些学者从企业家特质、高管特征等方面探讨不同前置因素对企业绩效的影响路径，忽视了董事会对企业战略的影响。一些研究证明董事会通过战略参与对治理绩效产生影响。董事会有责任参与企业战略决策过程，对治理的有效性负责，如何确保公司战略得到有效的执行是董事会治理的重要问题。探索董事会权力层级通过企业战略对治理绩效的影响，有助于打开董事会治理的“黑箱”，更加合理地诠释董事会权力层级对治理绩效的影响机理，进而提升企业竞争能力与可持续发展水平。

企业的可持续发展要关注可提升企业价值创造能力的经济价值与绿色绩效。企业经济价值不仅包括财务绩效，还有企业的可持续成长能力。已有研究主要从公司战略和公司治理结构等角度探讨对企业经济价值的影响，有助于指导企业通过战略选择、股权结构、高管特征与董事会特征等方面提升企业经济价值。并且，相关研究已经证明以经济增加值衡量企业经济价值，可以合理反映企业的经营、管理和经济价值，使企业关注长期绩效，有效规避短视行为，有助于反映企业经济价值创造，为本书奠定了基础。此外，基于绿色治理理念，企业可持续发展的关键在于为利益相关者创造价值，因此建立企业绿色治理有效机制、对绿色治理绩效进行衡量已成为目前公司治理研究的核心问题之一。但相关研究虽不乏理论论证，但少有实证分析，且忽视了董事会对绿色治理绩效的作用。并且由于数据的可获取性和一些定性指标的量化问题，学者们对企业绿色绩效的度量方法存在差异。因此，企业的可持续发展需要关注经济价值与绿色治理绩效，并且从董事会的角度探索董事会权力层级对经济价值与绿色绩效的影响，有助于引导企业实现长期健康发展。

此外，董事会治理中对情境因素的研究相对匮乏。企业使命作为公司治理的重要内部情境因素，是企业的经营哲学，表明了企业的目标、愿景、文化与战略，决定了组织成员的价值理念、思维方式与决策行动，是企业最根本的动力来源。但现有对企业使命的理论研究较少，且少有实证分析。大多数研究探讨了企业使命的规范性，或将其作为解释变量，探索不同类型的企业使命对绩效的影响，取得了有价值的研究结果，为本书提供了借鉴。但既有研究并未将企业使命作为情境因素纳入公司治理研究中。企业使命的构建与实践根植于企业成员的自觉意识中，企业使命影响经济活动主体的价值观，激励或约束行为主体的实践行动。董事会作为公司治理体系中的关键主体，其行为受到企业使命的指引与约束。因此，对董事会治理的研究不应忽略企业使命这一关键情境因素的作用。

现有文献很少能将对董事会行为的探索和对治理情境的分析纳入一个研究体系中。一些研究发现“结构—绩效”的研究范式不符合实践逻辑，无法阐释董事会治理的“黑箱”；部分学者着眼于对治理情境要素展开研究，旨在探寻传统研究思路导致矛盾结论的根源。然而这两种方式相互独立，情境因素、董事会结构、治理行为和治理绩效的完整逻辑体系未得到重视，导致理论逻辑与实践产生偏差。董事会结构并不直接作用于企业绩效，而是在企业使命的调节下，通过战略决策对治理绩效发挥作用。因此，基于理论逻辑与实践逻辑，有必要将情境要素与董事会战略行为纳入一个理论框架中，构建治理情境、董事会权力结构、战略参与行为和公司绩效间关系的完整理论体系，以验证董事会权力层级对治理绩效的影响。

本章小结

本章引入委托代理理论、高阶梯队理论、利益相关者理论以及组织层级理论，对治理绩效、董事会战略参与以及企业使命的相关文献进行了系统梳理，旨在为本书提供理论支持与经验研究支持。已有文献大多基于“结构—绩效”的研究范式，直接建立董事会特征对治理绩效的影响关系模型，忽视了董事会治理行为在董事会结构对绩效影响中的中介作用，也欠缺对情境因素影响作用的研究，无法打开董事会治理的“黑箱”，导致实证结果具有偶然性。董事会权力层级并不直接作用于治理绩效，而是通过董事会的战略参与予以实现。因此，基于理论逻辑与现实逻辑，对董事会的研究须纳入董事会治理行为与情境因素，构建在情境因素的影响下，董事会结构、治理行为与治理绩效的完整关系框架，以探讨董事会权力层级对治理绩效的作用机制与效果。

第三章 董事会战略参与对治理绩效的作用分析

本书试图研究董事会权力层级在企业使命的约束下，如何通过对不同战略类型的选择影响国有企业治理绩效。基于企业使命、董事会战略参与对企业价值生成的影响机理与实践逻辑，本书按照如下顺序来建立假设。

一、董事会权力层级对战略选择的影响

（一）董事会正式权力层级对战略选择的影响

董事会参与制定、评估、调整和批准公司战略（Johnson，2004），负责决定公司战略问题，并进一步影响治理绩效（Zhu et al.，2016）。董事能够为公司带来关于公司结构和收购等事项的重要信息，并通过董事会内部的沟通与互动分享相关信息，因此董事会发挥作用的关键在于团队合作（Finkslstein and Mooney，2003；Nielsen and Huse，2010）。董事会团队的运作水平对其战略决策执行的有效性发挥重要作用（Forbes and Milliken，1999；Carter and Lorsch，2004；Johnson，2004；Leblanc and Gillies，2005）。

战略决策的一个重要理论视角涉及权力差异的影响。权力通常意味着高管团队成员对企业资源的不对称控制（Magee and Smith，2013）。高管团队的权力分布决定了企业的资源分布，进而影响企业的战略和绩效（Smith et al.，2006；Hambrick，2007）。类似高管和管理团队，董事会亦面临复杂而模糊的战略决策，董事们需要通过共享信息和资源来共同完成工作。战略决策具有非程

序性和不确定性,常涉及不同行动者之间相异的观点、相互依赖的关系和不确定的结果,正式权力层级被认为在董事会战略参与中发挥关键作用。依据组织层级理论,董事会中由于正式制度安排而形成的董事之间的权力分布被称为董事会的正式权力层级。类似于一般的团队决策,董事会决策的有效性受团队内部冲突、合作和凝聚力等因素的影响(Hoppmann et al., 2019),董事会的治理效率取决于董事会决策过程中的互动(谢永珍等,2017),为了克服有限理性和过度自信可能造成的决策失误,董事会决策依赖全体董事的经验、知识与资源,并共同承担决策风险。董事会的战略活动包含环境分析与评估,设计、执行和评估战略方案,以及为并购和研发等企业战略行为提供服务等方面。董事会建立了企业与外部经济社会环境的联系,通过搜集环境变化、市场复杂性和主要利益相关者的信息,从而在企业战略制定中发挥积极作用。董事长掌握公司一定的控制权(江伟,2011),其领导作用受到关注。已有研究验证了董事长的特征显著影响董事会决策(宋德舜,2004;江伟,2011;肖锋雷等,2011;雷海民等,2012)。董事长的一项主要任务是管理董事会(Bailey and Peck, 2013),其领导技能对董事会会议议程的制定和决策过程的讨论发挥关键作用。担任管理职务的董事往往有着更为丰富的与决策相关的经验和阅历,可以利用自身积累的资源与物质资本为董事会战略决策提供有针对性和建设性的意见,可以为选择激进型战略提供更多基础条件(王洪生和刘德胜,2014)。根据社会资源理论(Lin,2002),个体在权力层级中位置越高,可供支配的资源越多,通过纽带关系,位高权重者不仅能支配个人资源,还能通过这种关系获取其他资源。董事长交往群体的层次越高,其社会参与度越高(胡荣,2003),有利于其通过纽带关系获取更多社会资源和外部支持,有助于提升董事会信息整合能力和对新市场机会的把握,增加采用激进型战略的可能性。

董事长与CEO的关系对于董事会战略制定与战略参与发挥了关键作用(Bailey and Peck, 2013),是董事会正式权力结构的重要研究内容(Dalton, 2007;Gang and Eisenhardt, 2017)。动荡和复杂的外部环境导致董事会和CEO面临的任务极具挑战性(汪金爱和李丹蒙,2017),因此董事会团队的协作决策十分重要(Uhl-Bien et al., 2007)。董事会成员必须了解企业,才能作出创造价值的决策(Kaufman and Englander, 2005)。根据高阶梯队理论,企业高层管理人员的认知、经验和技能对战略决策和战略绩效有着深刻的影响(陶建宏等,2013),他们会利用自身拥有的权力干预董事会与创新相关的决策(周建等,2013),其偏好会抑制或增强董事会对企业战略决策的影响(Boyd,1994)。高管团队的战略领导力是通过不同行动者之间的关系，尤其是董事长与CEO之间的关系实现的。由于战略问题的复杂性和非常规性，董事会对战略问题的参与需要了解组织内部信息，因此会涉及与高层管理人员的互动。处理和整合来自CEO的知识和经验有助于减少董事会有限理性的局限性(Hendry, 2005; Zhang, 2010)，提升董事会战略参与的有效性(Zona and Zattoni, 2007)，对战略问题作出明智的判断(Clark and Maggitti, 2012)。Machold等(2011)研究发现，在董事长和CEO两职合一的情况下，董事长的领导效能与公司战略的积极参与存在相关性。Kakabadse等(2006)考察了董事长和CEO之间的二元关系，研究发现优秀的董事长能够在提出潜在问题方面发挥关键作用，而提出潜在问题是董事会决策过程中的重要环节。这一结论与Kwaadsteniet等(2010)的研究结论具有一定的相似性，他们认为层级制度可以创造一种资源服从的模式，促进组织成员默契地协调。兼任CEO有助于董事长获取履行职责所需的深度洞察力，在一定程度上有利于董事会在动态、复杂、多变的环境中作出合理判断，提升董事会决策的科学性与有效性。董事长领导董事会成员与CEO在公司战略方向上进行更高层次的合作，使公司能够围绕一个共同的愿景努力，制定有利于企业可持续发展的战略。此外，依据霍夫斯泰德的社会文化维度理论，中国社会具有高权力距离的特点(Hofstede,1984)，组织成员为了维持良好的成员关系，往往倾向于遵循组织正式的权力层级结构(魏昕和张志学,2010;段锦云和黄彩云,2013)。这种界限清晰的权力层级有助于促进董事会成员的分工与协作，简化董事会成员之间的交互，进而提升团队内部沟通与董事会战略决策效率(Anderson and Brown, 2010; Van Dijk and Van Engen, 2013)，使董事会成员容易就激进型战略的相关决策达成一致意见。

为适应竞争激烈和不断变化的市场环境，企业需要保持持续创新能力并快速调整战略。因此，高层管理团队应该有更大的行动空间，把握稍纵即逝的创新机会(吴建祖等,2016)。根据委托代理理论，董事与CEO兼任程度高可能会弱化董事会的监督作用(Fama and Jensen, 1983)。因此，当董事长与CEO两职合一时，董事会对高管团队的制约和监督会被削弱(Bosse and Phillips, 2016)，因而以CEO为核心的高管层得以掌握更大的权力，有助于增加其战略决策得到落实的可能性(Rechner and Dalton, 1991)。鉴于此，两职合一有助于增大高管团队的经营自主权(陈守明和唐滨琪,2012)，使高管人员提议的战略方案更容易在团队内部达成共识，并落实到企业的创新实践中。而当董事会正式权力层级较小，即董事与CEO兼任程度较低时，高管团队的经理自主权较小，高管制定或选择的战略有较大可能被否决或搁置,对企业行为的影响程度也会降低。Smith等(1994)研究发现,团队正式权力层级越小,内部成员的态度和行为越难以预料,易降低团队对战略问题讨论的效率,导致贻误战略时机。由此,董事会会议需要在正式组织设计的控制下,使团队成员在有限时间内,集中于战略决策而非秩序的维持,以提高董事会决策的效率与有效性,强化积极的治理行为与治理绩效。

此外,较大的正式权力层级有利于组织成员对层级中的位置达成共识(Anderson and Kilduff, 2009;Gruenfeld and Tiedens, 2010),从而准确地评估自己和他人的层级位置,进而有效地协调问题。因此,较大的正式权力层级有助于形成明确的治理结构,促进组织成员的协调与组织有效的行动,减少组织内部冲突,增加成员之间的合作。处于低权力层级的董事为避免冲突而与处于高层级的成员合作,这既符合他们的短期利益,又符合长期的利益(Halevy et al., 2011)。从工作能力的角度看,最具权力的董事通常最熟悉企业的经营环境,会密切关注政策导向与行业的发展态势,及时调整战略决策的内容与过程,进而制定高质量的决策,提升董事会的治理水平。再者,高权力者会通过在团队内部制造建设性冲突,促进成员介入讨论(Smith et al.,2006),使团队成员致力于战略决策,制定有利于企业可持续发展的战略并作出相应行为。因此,基于高阶梯队理论和现代管家理论,本书认为,董事会正式权力层级越大,越有助于董事会内部的沟通与协调,提高董事会决策的效率,并且发挥高权力董事的资源优势,获取更多与战略决策相关的信息,有助于董事会就激进型战略有关的决策内容达成一致结论。因此,本书提出假设H1a:

假设H1a:随着董事会正式权力层级差异的增大,董事会将由保守型战略逐渐转向激进型战略。

(二)董事会非正式权力层级对战略选择的影响

战略决策是董事会的重要职能之一。由于董事们难以投入很长时间聚在一起,且董事会面临的问题多具有复杂性、高价值性和高风险性,无法通过正式的规则指导(Finkelstein and Mooney,2003),董事们难以在短时间内作出正确的战略决策(Carter and Lorsch, 2004),处理这类问题需要拥有能力、经验和资源优势的成员发挥更大的作用,然而在董事会正式制度下他们的地位难以凸显。作为对正式制度的补充,董事会非正式权力层级对董事会成员之间的沟通协调可能发挥重要作用(Magee and Galinsky, 2008),影响董事会信息整合和战略决策质量(Johnson, 2004)。当董事会内部存在较大的非正式权力层级时,表明董事们受到不同程度的尊重。组织层级理论认为,界限清晰的层级秩序能够为团队成员提供明确的指导。在中国集体主义和高权力距离(马连福等,2019)的文化背景下,权力层级将发挥更大的积极作用(Halevy et al., 2011)。高权力距离决定了人们普遍接受较高的社会层级,愿意与高地位者保持较好的关系,倾向于顺从权威指令(Shao et al., 2013);集体主义文化决定了人们重视团队合作与团队关系,完成团队任务的相互依赖程度较高(卫旭华等,2015)。董事的专业知识及工作技能能够为战略制定与实施、风险管理等系列活动提供指导与支持,确保董事会在合适的时机采取恰当的行动,从而改善企业绩效。Westphal和Shani(2016)研究发现,当与精英人士共事时,董事将产生友好与尊重的感觉,表现出与精英人士相似的行为与偏好。董事职位允许个人通过观察和作为董事会董事间接了解其他公司的战略实践,获取更多的信息和资源,有利于董事识别新的市场机会,提升董事会进行复杂决策和解决问题的能力(Chi et al., 1988; McDonald, 2008)以及风险应对能力(王洪生和刘德胜,2014)。清晰的董事会非正式权力层级为董事们带来清晰的指导方向,有助于董事会灵活应对外部环境,更加有效地探讨企业创新发展的关键性问题(曾江洪和肖涛,2015),有助于董事对创新活动和创新渠道进行更全面的风险评估,从而改进与企业战略相关的决策。董事会非正式权力层级越大,权力分布越不平衡,那些具有更多经验、知识和资源的高层级董事会受到更多的尊重和顺从(Hopkins, 2011; 王凯和常维,2018;张耀伟等,2020),越有可能借助层级秩序,在董事会战略决策中发挥地位优势与影响力,提供更多社会资源和外部支持,推动团队针对问题焦点合力突破,增加董事会采用激进型战略的可能性。

此外,作为一个决策机构,董事会成员间的认知冲突难以避免。认知冲突指关于实现组织目标的观点的差异。战略问题具有复杂性,往往会使董事会内部产生认知冲突。充分的认知冲突有利于促进成员之间的信息交流和沟通(荣鹏飞等,2016),促使董事会成员认真审阅与组织目标相关的信息、考虑和评估替代方案,从而改善团队讨论的质量。但过度的冲突将导致决策效率的下降,致使议而不决,还可能引发情感冲突,抑制董事会成员的认知功能(Roseman et al., 1994),降低团队决策质量(Zhu et al., 2016)。董事会团队非正式权力层级越大,即权力分布越不平衡时,具有较强人格魅力的董事将对组织成员产生重要影响,有助于减少团队分工协作中的矛盾和人际沟通中的冲突(Anderson and Brown, 2010; Van Dijk and Van Engen, 2013),有利于董事会快速作出决策(曾江洪和何苹,2014),简化决策程序(王凯和常维,2018),提升董事会团队治理的有效性(谢永珍等,2017)。董事在商讨决策意见时,每个人受到的尊重和认可程度差异对董事会决策的程序和结果具有重要影响,进而影响团队决策效果(Belliveau et al., 1996)。董事会成员之间的认知冲突可能会引发消极情绪(Nemeth and Straw, 1989)、降低满意度(Jehn, 1995),引发情感冲突,造成董事会成员之间的不良沟通和低信任度,削弱董事会团队凝聚力(Forbes and Milliken, 1999; Summers et al., 1988)。董事之间的关系和董事会团队氛围在战略制定过程中发挥重要作用。相关研究表明,董事会非正式权力层级产生一种协调机制,对董事之间的相互作用产生影响,进而引导推动团队决策进程。当董事会团队内部意见不一致时,具有较大影响力的董事可以发挥其地位优势,促进董事会内部的沟通与协调,从而提升董事会团队合作的有效性(Morgeson et al., 2005),由此,会形成一种协调机制,有助于最小化团队内部中无意义的冲突,将宝贵的时间集中在决策的制定上而非秩序的维持上,使董事会成员更加关注以任务为导向的问题,提升团队互动的效率和有效性,强化积极的治理行为,增加公司进行创新的可能性。具有较大影响力的董事还可以通过制造建设性冲突,激发董事的参与热情,促使董事会成员积极介入讨论,有助于董事会团队聚焦战略决策,整合多样化信息,制定有利于企业可持续发展的战略,提升企业的价值创造能力。

再者,基于组织层级理论,非正式权力层级关系可以为低层级董事提供一种心理依靠,增加董事们的工作安全感和满意度;高层级董事可以为低层级董事提供清晰的方向,有助于董事明确其行为内容,为提升团队目标而共同努力。董事之间非正式权力层级的形成是建立在董事之间相互认可、尊重的基础上(Ridgeway and Walker, 1995),因此董事会成员对非正式权力层级往往具有高度的集体共识(武立东等,2018),有利于公司创新方案的商讨与制定。也正是因为董事会非正式权力层级的集体认同属性,使董事会可以作为一个整体发挥整合功能,进而对企业价值的创造发挥积极的影响作用(He and Huang, 2011)。

相比之下,模糊的非正式权力层级意味着董事所获尊重程度相似(曾江洪和肖涛,2015),董事会成员可能会产生对权力的需求,进而引发身份冲突,容易造成董事之间争夺地位排序的竞争(Overbeck et al.,2005),使工作变得混乱。Bendersky和Heys(2012)认为,身份冲突不利于团队内部的合作与信息的共享,这将抑制董事会团队的创新决策的制定。由于董事们在团队中拥有相似的地位,因此没有董事可以在其中发挥协调作用,这种为了争夺地位的竞争可能会带来破坏性冲突，使董事们无法在有限的时间内专注于实质性问题，损害董事会成员之间相互作用的效率和有效性，董事难以就激进型战略有关的决策达成一致意见，往往会采取保守型战略。因此，本书提出假设H1b：

假设H1b：随着董事会非正式权力层级差异的增大，董事会将由保守型战略逐渐转向激进型战略。

二、企业使命的调节作用

董事会治理的有效性取决于董事个人的能力以及董事会作为一个团队完成工作的能力（Finkelstein and Mooney，2003），董事会的结构和组成对董事会成员的讨论和团队凝聚力的提升至关重要（Forbes and Milliken，1999）。董事会成员的多样化可能导致目标、价值观和规范的多样化（Milliken and Matrins，1996），如果管理不善，可能会造成董事会成员之间的推诿和搭便车行为，降低或完全削弱董事会创造价值的能力（Barroso-Castro et al.，2017）。董事会作为一个团队，没有一个董事会成员能够掌握实现预期目标所需的全部信息和知识，因此，团队合作的效率高于个人的效率（Gabrielsson et al.，2007）。董事会成员因此需要将不同的信息和观点带入董事会，使董事会作出高质量的决策。企业使命揭示了企业长期的愿景（David，1989），在企业使命的感召下，董事会成员可以增加对公司业务的了解，提高对企业总体目标、价值观和战略方向的认同感，有助于集中董事会成员资源、知识和技能的使用，提升董事会的凝聚力与团队合作的效率（Mathieu et al.，2008），扩大董事会的战略贡献（Zhu et al.，2016），为利益相关者创造价值。

企业使命可以唤起成员对组织的感知（Cochran et al.，2008），有效的企业使命会使成员明确组织的发展方向，提升组织成员的责任感与归属感，对组织投入更多时间与精力，因此可在一定程度上缓解董事会与经理层之间的代理问题，提升董事会团队运行的合力。共享心智、群体思维和共享信仰结构等反映组织特征的术语已经被学者用来研究解释组织关键问题如何被概念化，并导致组织对问题公式化、战略决策、组织发展和组织绩效的差异（Klimoski and Mohammed，1994）。共享心智模型强调组织认同与共同的使命，假定董事会成员持有兼容的而非分歧的心智，这些心智带来了共同的期望与愿景（Bailey and Peck，2013）。高阶梯队理论认为管理者的认知框架影响其决策，组织认同有利于董事会成员间形成“共享心智”，促进董事会团队内部的认知交互，减少团队内部冲突,强化团队协同合作能力,有助于提高董事会凝聚力,助力对团队成员差异化知识和资源的获取及利用,提高董事会决策效率。现有关于组织认同如何影响董事会治理过程的文献较少。Bailey和Peck(2013)通过对美国8家上市公司的29名董事和高管的半结构化访谈,发现一些董事更看重的是公司的成功,而不是某个特定的利益相关者的利益。他们通过访谈还发现,董事会和CEO对公司的战略方向有着强烈的使命感。这种期望与共同的使命有利于董事会与CEO的协调一致(Goleman et al., 2002)。当董事会正式权力层级较大时,董事与CEO兼任程度较高。委托代理理论认为,董事与CEO兼任会降低董事会的独立性,增加代理成本。团队信任是董事会成员之间合作的基础,共同的使命与期望促进了董事会成员对群体目标的认同,有利于增进董事会成员的相互信任和顺畅有效的互动,减少董事会内部的抵触和政治行为(Westphal, 1998),使团队成员更加积极地参与战略决策过程,充分共享个体所掌握的资源和条件,增强董事倾听和吸收他人知识的意愿(Tsai and Ghoshal, 1998),使董事会成员容易对与激进型战略有关的决策达成一致意见。此外,董事会成员在相互作用的过程中产生的相互依赖的关系加强了他们对彼此和组织的承诺,有利于团队凝聚力和向心力的提升,有助于董事会活动的顺利进行。不确定性身份理论(Hogg, 2007)也提出,减少不确定性的需要可以促使组织中的个体将自己归类为组织成员,并强烈地认同他们的组织,而组织识别和承诺也进一步提高组织绩效(Riketta, 2005)。Halevy等(2011)认为,组织成员之间的相互依赖创造了组织层级制度的需要,因此缓和了层级制度对组织功能和组织绩效的影响。中华民族文化强调集体主义和权力距离,在这样相互依赖的文化环境中,层级制度会更加有效和有益(Hofstede,1980)。根据社会影响理论(Kelman, 1961)的观点,价值内化机制或价值取向是对人影响最深、最持久的。这意味着组织内部成员将组织的使命与个人的信仰、态度及价值观相结合,形成一种内在一致的世界观。用量子科学哲学的观点来说,以使命为驱动力的组织,有助于促使组织内部成员获得个人目标与组织目标的“同频共振”(Zohar, 2016)。而缺乏企业使命的指引和约束,可能导致董事会成员的态度和行为难以预测,使战略问题的讨论徒劳无益,从而贻误战略时机。

组织层级理论认为,当董事会非正式权力层级比较小时,由于董事之间地位的差异性较小,当团队内部出现意见不一致时,董事之间可能会产生争夺地位的竞争,这种竞争可能会带来破坏性冲突,使董事们无法在有限的时间内专注于实质性问题,使工作变得混乱,损害董事会决策的效率和效果。如果董事会内部的不同个体之间拥有共同愿景，这种共同的目标超越了董事个体和董事会内部小群体利益，共同目标的实现依赖董事会成员的共同努力，则不同个体与小群体之间的敌意会降低，最终呈现为群际和谐（Hogg and Abrams, 1988），有利于董事会成员提升集体共识（武立东等，2018），促进激进型战略的商讨与制定，进而提升企业的可持续发展能力。明确有效的使命要求管理者持续关注员工、股东、供应商和债券持有人等利益相关者的利益，这种关注有助于创新的发生，有助于公司更加有效地竞争，并为利益相关者创造价值。Schein（2010）认为，管理者的决策和行为传达了组织的价值观。在董事会中，董事会成员之间的直接接触并不频繁，清晰、明确、全面的企业使命包含了构建组织承诺的情感元素，可以通过建立一种情感纽带把董事会成员的行动过程与企业的目标结合在一起（Campell and Yeung, 1991）。企业使命作为一种沟通工具，企业的管理理念和经营哲学可以通过它传递给企业内部成员和其他利益相关者（Hirota et al., 2010）。依据利益相关者理论，企业的最高管理者在实现利益相关者利益的协同效应中发挥了核心作用（Tantalo and Priem，2016）。有效的企业使命最重要的特征是其中定义的价值观与员工价值观之间的匹配，这是员工对组织及其使命的情感承诺的来源（Babnik et al., 2014）。因此，本书提出假设H2a和H2b：

假设H2a：企业使命强化了董事会正式权力层级与战略选择的正相关关系，企业使命越明确，董事会越容易由保守型战略逐渐转向激进型战略。

假设H2b：企业使命强化了董事会非正式权力层级与战略选择的正相关关系，企业使命越明确，董事会越容易由保守型战略逐渐转向激进型战略。

三、董事会权力层级与治理绩效

（一）董事会正式权力层级对治理绩效的影响

董事会正式结构是影响治理绩效的重要因素（Johnson et al., 2013），影响企业的价值创造（Andrew, 2018）。董事会的任务需要明确分工和保持高度协调（Halevy et al., 2011），董事会成员角色的不同与其所处的权力层级密切相关。董事会作为一个团体决策机构，其决策包括从提出决策概念到产生决策结果的完整过程。董事会作为一个团队有效运行的能力是保证董事会决策效率的前提条件（Finkelstein and Mooney ，2003；Nielsen and Huse, 2010；Gore et al., 2011),董事会成员之间的相互作用影响着董事会的决策(Carter and Lorsch, 2004;Bazerman,2006)。组织层级理论认为,组织成员在互动的过程中会产生领导者,一些少数核心成员聚集了大部分的资源,由于资源在组织成员中的不均等分布,不同成员被授予不同的职位和角色,形成正式权力层级结构,影响团队绩效。基于这一理论,董事会成员构成的差异对董事会治理绩效产生影响(王凯和常维,2018)。

依据关系契约理论和中国社会阶层的差序格局特性(费孝通,1998),董事会的正式权力作用于战略决策,并进一步影响组织绩效(Harjoto et al., 2018)。功能主义认为,正式权力层级可以促进团队内部协调,有利于团队绩效(Halevy et al., 2011; Ronay et al., 2012)。董事长的一项重要任务是管理董事会(Bailey and Peck, 2013),其领导技能对董事会会议议程的制定和对决策过程的讨论有重大影响。参与式的董事长允许董事会成员之间更开放的讨论和辩论,且可以通过对董事会成员人际关系的动态理解,努力缓解潜在问题,降低董事会内部的情感冲突,从而促进董事会成员之间顺畅、有效的互动,提升董事的认知能力(Roseman et al., 1994),提高董事会成员的互动效率(Jehn, 1995)。此外,董事长通过确保董事会内部的信息流动,促使组织成员表达个人观点并了解组织内外部的情况(Huse, 2007; Zhang, 2010),克服董事之间知识和技能的局限性,因而有利于提高董事会治理水平(Hendry, 2005)。并且,董事长关注决策中成员之间的相互作用关系,因而有利于董事会成员参与和适应董事长实施决策的过程,有助于对董事会成员的地位的肯定,加强董事对彼此和对企业的承诺,提升董事会的凝聚力和团队合力。Dean和Sharfman(1993)认为,团队中的决策制定者通过收集与决策相关的信息并依靠对这些信息的分析来作出决策,因此这种决策过程体现出“程序理性”的风格特点。Balsmeier等(2017)通过实证研究发现,董事会治理有助于提升企业在创新方面的表现。

对董事会正式权力结构的一个重要研究方面是董事会与CEO的关系。董事会对企业的了解是提高其治理水平的基础(Kaufman and Englander, 2005)。处理和整合来自经理人员的信息有助于提升董事会治理的有效性(Wan and Ong, 2005; Zona and Zattoni, 2007)。基于现代管家理论,董事会与首席执行官间建立紧密的关系有利于加强信任、提升董事会成员之间的合作、提高董事会决策效率(Westphal,1998)。Bailey和Peck (2013)研究发现,当董事长拥有团队意识、引导能力,且可以较好地平衡董事会内部成员之间的权力关系时,董事会决策过程往往呈现出程序理性的特性。宋德舜(2004)认为,对国有企业而言，总经理兼任董事作为一种平衡治理的模式，有助于企业运营效率的提升以及决策层和执行层之间有效沟通机制的建立。CEO是董事会的密切战略协作者，董事会为CEO提供建议与咨询。具体而言，两职兼任有助于董事长获取履行职责所需的深度洞察力，从而提升董事会决策的科学性与有效性。董事长领导董事会成员与CEO在公司战略方向上进行更高层次的合作，有助于代理成本的降低，使公司能够围绕一个共同的愿景进行协调。

此外，层级制度简化了社会交往，促进了社会交往的顺利进行（Tiedens et al., 2007; Zitek and Tiedens, 2012）。角色与层级分化在组织中趋向于共同演变（Baron and Pfeffer, 1994; Gruenfeld and Tiedens, 2010），这两种类型的差异都有助于明确分工，使个体明确在何时做什么，从而支持相互依赖的组织成员之间的顺畅和有效的互动（Magee and Galinsky, 2008）。在中国高权力距离的文化背景下，董事会成员之间的权力不平等可以促进董事的角色分化，这种角色分化有助于明确和简化董事会团队内部的分工，促进董事会成员的协调与合作。基于团队生产理论（Blair and Stout, 2001），董事会内部的明确分工与合作有助于建立人际关系，增强信任，并可能影响董事的知识共享能力（Napapiet and Ghoshal, 1998），提升董事会的团队合作效率（Zhu et al., 2016）。

基于上述分析，本书认为，较大的正式权力层级有助于董事长与CEO之间的沟通与合作，提高董事会决策的科学性与有效性，从而有利于企业价值的提升。较大的正式权力层级有利于组织成员准确地评估自己和他人的层级位置（Anderson and Galinsky, 2006），进而有效地协调问题。由此，较大的董事会正式权力层级有助于形成明确的权力结构，有利于促进董事会成员的协调与组织有效的行动，提升董事会决策的科学性与有效性，进而提升企业价值。因此，本书提出假设H3a和H3b：

假设H3a：董事会正式权力层级差异的增大，将有助于企业经济价值的提升。

假设H3b：董事会正式权力层级差异的增大，将有助于企业获得更多的绿色治理绩效。

（二）董事会非正式权力层级对治理绩效的影响

作为一个正式组织，董事会内部也存在影响团队决策的隐性力量。基于组织层级理论，这种隐性力量来源于董事会内部成员依据对他人能力与影响力的评价而自发形成的非正式权力层级（Magee and Galinsky, 2008; He and

Huang, 2011),是一种具有服从顺序的非正式关系网络(杨中伦、冯莉茗和宋增基,2014)。

董事会非正式权力层级可以创造一种资源服从模式,促进组织成员默契的协调(Kwaadsteniet and Van Dijk,2010),有助于提高董事会决策效率和质量,进而促进治理绩效的提升。董事会是一个任务型机构,董事会内部如果缺少界限清晰的层级关系,将会对团队目标的实现产生负面影响(Ridgeway and Johnson, 1990)。企业为了获取更多资源,往往会选用具有丰富经验和较高社会声誉的董事,这是因为这类董事可以为企业带来更多有价值的经验、知识和信息(刘浩等,2012)。当董事会非正式权力层级较大时,层级关系较为清晰,不同董事拥有不同的声望或影响力(Bailey and Peck, 2013),高层级的董事依靠其社会资源和政治联系,可以为公司带来更多有价值的信息和观点,有利于提高决策质量。而有价值的信息也促使其他董事逐渐提升对高层级董事的尊重程度,逐渐形成地位差异。这种差异提供了一个清晰的社会规则,可以为董事决策提供明确的方向和隐性的角色期望,如何时发言和如何发言,这有助于董事更加有效地讨论和决定公司的问题。具有较大影响力的董事的观点可能更容易被其他成员认可并得到尊重(Kelman and Hamilton, 1989; Hogg, 2001)。这表明,无论是解决企业实践问题,抑或在合作时提供针对性意见,清晰的非正式权力层级均有助于董事会成员评估自己和他人的层级位置(Anderson and Galinsky, 2006),对层级位置达成共识(Anderson and Kilduff, 2009;Gruenfeld and Tiedens, 2010),增强董事会团队合力,提升董事会治理水平。低地位的董事通常易受高地位的董事的领导与指挥(Gould, 2002; Overbeck et al., 2005),致使董事会内部产生顺从关系(He and Huang, 2011),减少董事之间的无效争论。因此,清晰的非正式权力层级使高地位的董事可以有足够的时间将有价值的信息引入团队讨论决策中,而董事会团队内部有效的互动与交流也使高地位董事传递的信息被充分扩散和讨论,有助于提升董事会团队决策的科学性,促使董事们在有限的时间内更加关注生产性、创新性等实质问题。相反,若董事所获尊重程度相近,董事会内部非正式秩序相对模糊,董事之间的地位差异相对较小,董事之间的交流可能呈现出低效率的特点,成员之间认知冲突趋向于增多,无法对提升企业价值的相关决策达成一致意见,不利于治理绩效的改善。

此外,非正式权力层级具有自我强化的特性,有助于提升团队合力。一些实证研究证明,组织成员倾向于为维持自身地位或得到更高地位而付出努力。Magee和Glinsky(2008)研究发现,团队成员可以通过自我强化,使其地位在团队中得到逐步稳定和加强。基于组织层级理论，董事会中获得尊重的基础是能力，更准确地说是对某一董事个人能力的判断。由于各种原因，如刻板印象（Roese and Sherman, 2007），董事会成员对彼此的任务表现产生期望，这些期望直接或间接地影响他们对彼此的尊重。社会互动可以通过引导组织成员的行为，以等级强化的方式塑造个体的行动，使其符合所处地位的期望。相关研究证明，具有较高地位的董事往往会更为谨慎地维护其声誉不受损害（Fama, 1980），并且通常会寻求更多机会展示其地位（Anderson and Berdahl, 2002），以影响董事会内部其他成员，尤其是处于低地位的董事。在董事会会议议程中，高地位董事更有可能积极地表明个人观点和态度（Berdahl and Martorana, 2006），而不是附和其他董事的意见（武立东等，2016）。处于更高地位的董事通过努力使期望得到确认，加强了非正式权力层级的稳定性，有利于董事会的团队合作（Magee and Galinsky, 2008），提高董事会决策质量，提升企业经济价值（曾江洪和何苹，2014）。

基于胜任的角度，地位最高的董事通常更为熟悉企业内外部环境，时刻关注政策导向，考虑环境过度污染与资源过度消耗的现实问题与企业的绿色发展和绿色转型的需要，及时调整决策的内容与过程，提升董事会绿色战略的认知与行动，促使董事会关注绿色发展，作出提升企业长期可持续发展能力的决策（Hambrick, 1981）。因此，本书提出假设H3c和H3d：

假设H3c：董事会非正式权力层级差异的增大，将有助于企业经济价值的提升。

假设H3d：董事会非正式权力层级差异的增大，将有助于企业获得更多的绿色治理绩效。

四、董事会战略选择对治理绩效的影响

（一）董事会战略选择对企业经济价值的影响

战略的本质目的在于帮助企业获取有效且可持续的竞争优势（Teece, 2010）。保守型战略倾向于维持现有的组织结构，在一个细分市场中生产有限的产品，对其他竞争者进行防御，以保证自身企业的竞争地位。因此，采取保守型战略的组织会在某一利基市场中进行有限的创新以在有限的程度内开发新的市场。采用保守型战略的企业通过规模经济、成本控制等措施最大限度地利

用资源，从而提高技术效率，从短期来看有助于企业财务绩效的改善。Hambrick（1983）以总资产收益率衡量企业绩效，通过对164个成熟工业生产企业的研究发现，采用低成本战略对绩效有显著正向影响。但保守型战略优势的持久性存在风险，尤其当行业产生技术革命时，先前的学习经验和投资将不再具有价值（郑兵云等，2011），不利于企业长期价值的提升。一些学者通过实证研究发现，采取激进型战略的企业的绩效水平高于采取保守型战略的企业（Dess and Davis, 1984; Kim et al., 2004）。采取激进型战略的企业可以依靠产品或服务的独特性及顾客忠诚度，创造顾客购买转移成本，进而增加企业竞争优势的持久性（刘睿智和胥朝阳，2006；蔺雷和吴贵生，2007；张文忠和王丹，2017），有助于提升企业长期价值。

采取激进型战略的组织会通过积极的创新以开发新产品并拓展新的市场机会，而保守型战略对企业技术创新的依赖性相对较弱。激进型战略倡导对新细分市场的定位、新产品的开发和市场机会的寻求，因此企业会投入大量资金进行市场潜力的探索与持续创新。为了做到这些，企业需要保持技术创新与组织结构的灵活性。研发能力与研发支出是企业寻求新的经济增长机会的内生性因素。相关研究表明，企业创新投入与企业经济价值呈正相关关系。研发投入强度的提高可以提高企业创新能力和持续发展能力，促进企业的可持续发展和企业价值的持续提升（Ehie and Olibe，2010；齐秀辉等，2016；杨婧，2017；范旭和黄业展，2018；许照成和侯经川，2019；Safitri et al.，2020）。创新投入为企业带来高风险与高收益，可以带来更好的财务表现以吸引股东投资（Hay and Morris，1979），如销售收入的增长。企业研发投入是一种增加利润、提升业绩、促进企业成长和实现企业价值最大化的理性行为（田月昕和冯庆花，2014），对企业盈利能力（梁莱歆和张焕凤，2005；王任飞，2005）、市场价值（Gollotto and Kim，2003）和长期增长（Bae and Noh，2001）发挥积极作用。Chan 等（2001）通过探索公司研发费用与股票市场价值的关系，发现从事研发活动的公司的股票历史收益超过不从事研发活动的公司，研发支出高的公司能在权益市场上取得更好的收益。田月昕和冯庆花（2014）以生物医药行业上市公司为样本的研究发现，上市公司研发支出越大，越有利于企业价值的增加。企业研发可以提高产品性能、创造企业竞争优势（王昌荣和李娜，2018），有利于吸引顾客群体，扩大企业市场份额，从而创造更高的经济价值。相关研究也证明，企业采取激进型战略有利于研发创新的投入，进而提升企业长期经济价值（Leonidas and Thomas, 2015; 许照成和侯经川，2019）。因此，本书提出假设H4a：

假设H4a:相较于保守型战略,企业采用激进型战略将获得更多的经济价值。

(二)董事会战略选择对绿色绩效的影响

利益相关者理论认为,企业不能一味强调自身财务绩效,还应关注社会绩效,注重对长期目标的追求和持续发展。自1987年联合国提出可持续发展理念以来,自然资源的承载能力在经济发展中的地位受到了重视(胡鞍钢和周绍杰,2014)。随后,基于绿色GDP(肯尼思·鲍尔丁,1966)等概念的提出,大卫·皮尔斯等提出了“绿色经济”的概念,认为经济与环境相互作用,在资本投资中融合环境因素有助于缓解经济增长与环境的冲突(大卫·皮尔斯等,1996)。到2005年,第五届环境与发展部长会议提出了“绿色增长”的概念,指通过环境持续友好的经济增长方式,提高资源的利用率并减少环境污染(World Bank,2012)。而不同于上述概念,绿色治理理念主张自然环境和人类地位相等,其更关注人类生存和长远发展。绿色治理是治理主体、治理措施与治理架构协调合作的“公共事务性活动”(李维安,2017),它强调生态环境的可承载性、绿色的效果指向和制度性。在我国,生态文明建设已被提升至前所未有的高度,绿色理念将引领中国未来的可持续发展(李维安,2016)。因此,国有企业应选择与我国生态文明建设这一战略环境理念相匹配的企业战略(张毅等,2012;陈收和潘志强,2014),依据绿色治理理念与绿色治理观,不仅要注重经济效益,更要重视绿色治理绩效,增强环境保护意识,承担环境治理责任,保护利益相关者权益,以获得持续竞争优势,促进企业的可持续发展。

企业可以通过产品创新,如使用新型环保材料、采用可降解处理等方式改良既有产品(李俊夫,2022),或研究开发无污染和可回收利用的新型产品取代原产品(赵立雨和张丹,2017)。而绿色产品作为一种特殊资源,无法流动且具有难以复制性(张兆国等,2020),可以为企业带来持久的绿色竞争优势,进而提高企业绿色绩效(李怡娜和叶飞,2013)。此外,在产品设计、改良与创新等过程中结合绿色理念,生产可回收利用的产品,有助于提高资源的利用率、降低经济发展对环境的冲击(Marchi, 2012),有利于提高企业绿色绩效和股东价值(李杰义等,2019)。采取保守型战略的企业的产品线较少,侧重生产运营成本的降低,往往通过提升运营效率和稳定性以适应市场的变化,较少进行新产品的研发,产品创新水平较低,因而会获得较少的绿色绩效。激进型战略着眼于对新技术的探索,新市场机会的发掘,新产品的研究、开发、生产与新市场的开拓,这要求企业具备一定的创新能力,并且这种创新能力要具备持续性(Miles et al., 1978),因为面对不断变化的、激烈的市场竞争环境与经济环境,采取激进型战略的企业需要持续不断创新以保持企业的持续发展态势。随着社会经济的发展和人们环境保护意识的不断增强,消费者愿意支付额外的代价购入"绿色产品"(石泓和付滨,2014)。因此,这类企业可以通过持续不断的创新向市场提供比竞争对手更具吸引力的绿色产品和服务,从而在市场占有、环境保护和可持续发展等方面获得竞争优势,提高价值创造能力和绿色绩效水平。学者对企业绿色创新行为与环境绩效关系进行的研究发现,绿色创新有助于提升环境绩效水平(Ziegler et al., 2007; Berchicci et al., 2012)。如莫似影等(2016)针对企业绿色创新能力对环境绩效的作用机制的研究发现,企业增强绿色创新能力可以显著提升环境绩效水平。杨冬云和谢杨(2019)通过对我国2011—2016年A股上市公司的研究进一步证明了企业绿色创新能力与环境绩效之间显著正相关。李冬伟和张春婷等(2017)以绿色形象衡量企业环境绩效水平,研究发现,企业通过实施合理的绿色创新战略能显著促进环境绩效水平的提升。

采用激进型战略的企业不仅对现在所处市场竞争环境进行分析并投入资源与能力,还会不断地挖掘新的市场机会。为了挖掘并抓住新的市场潜力与机会,企业需要发展并保持一种环境扫描能力,这就需要企业对其所处社会经济环境、市场需求变化趋势和影响市场发展的重大事项保持持续的观察。Lanoie等(2011)研究认为,国家出台的绿色创新政策显著激发企业的绿色创新积极性,提高了企业的环保投入,即国家政策强化了绿色创新对企业环境绩效的正向促进作用。对这类企业来说,面对变动的市场环境而不断作出调整是打败竞争对手的主要方式。为了保持这种竞争能力与创新优势,企业需要结合市场环境不断地调整企业内部管理系统并进行技术优化,以满足环境保护的要求,向市场提供符合绿色质量标准的产品和服务,从而提升企业经济价值与绿色价值。区别于采取保守型战略的企业,采用激进型战略的企业不会长期主要依赖于一种技术或一种技术性流程,而往往会开发多种技术,以适应不断变化的市场环境,保持在现有市场竞争领域的优势地位。因此企业的组织流程设计具有有机性,在内部进行资源与能力的合理调配以保持不同业务单元的运作并协调整体。技术创新能减少污染排放、降低产品成本,从而有助于企业改善形象和开拓市场(Bansal and Roth, 2000)。Ziegler等(2007)针对欧洲上市公司绿色创新行为对环境绩效的影响研究发现,企业对产品和生产工艺的绿色创新有助于提高社会关注度,使企业能以相对较低的成本获得更多的社会融资,因而可以投入更多资金进行环境保护，持续改善企业环境绩效。Berchicci等(2012)以美国制造业上市企业为观测样本，认为企业进行绿色创新有利于提高社会关注度并获得政府关于环保的优惠政策，提高企业提升环保投入强度的积极性，进而提高企业的工艺水平和管理效率。采取激进型战略的企业在管理、制造和销售过程中，可以通过使用新工艺、新设备或新的管理与组织方法提高企业生产技术水平、产品质量和生产效率。根据可持续发展理论，企业只有通过工艺创新才能实现绿色生产，达到提高效率、减少排污、节约资源的目的，进而提高企业绿色绩效。国有企业资本雄厚、资源丰富，采用激进型战略的企业可以通过新技术的引进等方式提升企业创新效率和环境绩效，减少环境污染风险(徐莉萍等，2018)。因此，本书提出假设H4b：

假设H4b：相较于保守型战略，企业采用激进型战略将获得更多的绿色绩效。

五、董事会战略选择的中介作用

传统"结构—绩效"的研究范式将董事会结构的某一特征作为输入变量，以公司绩效为被解释变量，来观察二者之间的投入产出关系。但这种研究未能证明其间董事会行为过程及其作用机制(Pettigrew，1992)，忽视了董事会运作的过程，导致研究结论的偶然性(Davis and Useem 2002；Aguilera and Jackson 2003)。目前，针对董事会战略参与的研究已有突破，但研究董事会实际战略参与行为的依然较少。探究董事会发挥作用的过程变量是打开董事会治理的"黑箱"，揭示董事会对价值创造的作用机理的关键。

董事会对企业可持续发展负责(Ingley，2008；Jamali et al.，2008)，在公司战略决策中发挥着重要的作用(Bailey and Peck，2013)。董事会是一个群体决策机构，其成员构成的差异会对董事会治理效果产生影响(王凯和常维，2018)。董事会的正式权力及基于能力与人格魅力而形成的非正式权力共同作用于战略决策，并进一步影响组织绩效(李长娥和谢永珍，2017；Dong et al.，2019)。完善的董事会结构有助于董事之间的信息交流与协作，避免董事会成员在战略制定中的无效行为，从而推动治理行为的实施，进而促进治理绩效的提升。组织层级理论认为，当存在明确的等级制度时，个体的权威与责任界定清晰，上级拥有合法的权威来命令下级，劳动分工和服从模式减少了冲突，促进了协调，并最终提高了团队绩效(Ronay et al.，2012)。当没有明确的等级制度时，竞争、冲突和缺乏明确的角色区分会损坏团队的协调和绩效。

董事会通过会议行使战略职能，董事之间信息的交流、沟通和积极的讨论有助于董事会掌握企业内外部环境变化情况，合理配置企业的资源和条件，寻求更加合理的决策方案，如创新战略决策，提高企业经济价值和绿色绩效（牛建波和李胜楠，2008；Brick and Chidambaran，2010），从而更好地维护利益相关者的利益。由于战略决策具有复杂性，因此需要董事们通过共享信息和资源以共同完成工作。而董事会成员必须了解企业才能作出提升企业价值的决策。基于高阶梯队理论，企业高管人员的认知、经验和技能对战略决策具有重要影响（陶建宏等，2013），因此，处理和整合来自CEO的知识和经验有助于降低董事会成员有限理性的局限性。当董事会正式权力层级较大时，两职兼任程度较大，有助于董事与经理人员的信息交流，使董事会获取更多与企业运营相关的信息，有利于董事会对战略决策相关内容进行更加充分的讨论。高阶梯队理论认为，董事会特征通过产品创新等战略间接作用于企业绩效（Hambrick and Mason，1984）。相关研究发现，战略行为在董事会结构与企业绩效之间具有显著的中介效应（Miller et al.， 2009； 李小青，2012；邵毅平和王引晟，2015）。李小青（2012）研究发现，创新战略在董事会任期异质性、职能一致性与企业价值之间发挥中介作用。袁德利等（2017）的研究也表明，董事会结构通过提升企业研发投入水平而对企业经济价值发挥积极作用。

当董事在其他公司兼任董事或高管时，他们拥有相对较多的战略信息，因而在董事会议事和决策中更具影响力并受到更多尊重，可以为管理者制定战略提供资源支持，进而作出明智的战略决策。Zahra和Pearch（1989）等学者基于资源依赖理论，对董事会为公司提供核心资源的能力与企业成长的关系进行的研究发现，董事可以利用自身的资源帮助管理者制定和实施战略。Pearce（1995）等学者基于认知行为理论，认为董事会的职能是参与公司战略制定和实施的整个过程，董事的个人认知、董事行为和董事之间的互动关系影响公司的战略，董事会职能“中介”了董事会成员特征和公司绩效的关系。这一结论也得到了其他许多学者的研究支持。如宋增基等（2008）采用多元回归方法，分段研究了董事会治理结构与行为以及行为与绩效之间的关系。也有研究证明，董事会的治理行为对公司的经济绩效有重大影响（王楠、何娇和黄静，2017；孙烨等，2018；张维今等，2018）。杨青等（2011）采用结构方程，验证了董事会权力通过薪酬监控职能间接影响公司业绩和通过战略咨询职能直接影响公司业绩的双重路径。李长娥和谢永珍（2017）基于创新战略的中介作用，采用非线性的检验方式,验证了董事会权力层级通过企业创新战略对企业成长的影响效应。

因此,本书提出假设H5a、H5b、H5c、H5d:

假设H5a:战略选择在董事会正式权力层级与企业经济价值之间发挥中介作用。

假设H5b:战略选择在董事会非正式权力层级与企业经济价值之间发挥中介作用。

假设H5c:战略选择在董事会正式权力层级与绿色绩效之间发挥中介作用。

假设H5d:战略选择在董事会非正式权力层级与绿色绩效之间发挥中介作用。

本章小结

本章依据企业使命、董事会权力层级、战略选择和治理绩效的作用机理与实践逻辑,采用“结构—行为—绩效”的研究范式,结合了企业使命的调节效应,建立董事会权力层级—战略选择—治理绩效的理论框架(如图3-1所示),并提出如下研究假设。

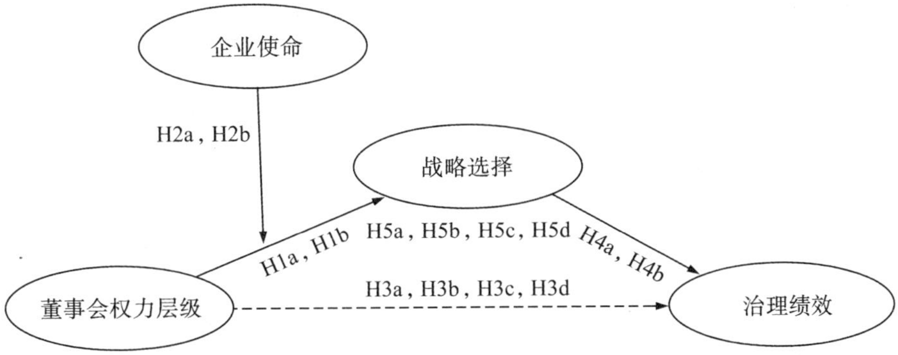

图3-1　董事会权力层级、战略选择与治理绩效的逻辑机理与研究假设

假设H1a:随着董事会正式权力层级差异的增大,董事会将由保守型战略逐渐转向激进型战略。

假设H1b:随着董事会非正式权力层级差异的增大,董事会将由保守型战略逐渐转向激进型战略。

假设H2a:企业使命强化了董事会正式权力层级与战略选择的正相关关

系，企业使命越明确，董事会越容易由保守型战略逐渐转向激进型战略。

假设H2b：企业使命强化了董事会非正式权力层级与战略选择的正相关关系，企业使命越明确，董事会越容易由保守型战略逐渐转向激进型战略。

假设H3a：董事会正式权力层级差异的增大，将有助于企业经济价值的提升。

假设H3b：董事会正式权力层级差异的增大，将有助于企业获得更多的绿色治理绩效。

假设H3c：董事会非正式权力层级差异的增大，将有助于企业经济价值的提升。

假设H3d：董事会非正式权力层级差异的增大，将有助于企业获得更多的绿色治理绩效。

假设H4a：相较于保守型战略，企业采用激进型战略将获得更多的经济价值。

假设H4b：相较于保守型战略，企业采用激进型战略将获得更多的绿色绩效。

假设H5a：战略选择在董事会正式权力层级与企业经济价值之间发挥中介作用。

假设H5b：战略选择在董事会非正式权力层级与企业经济价值之间发挥中介作用。

假设H5c：战略选择在董事会正式权力层级与绿色绩效之间发挥中介作用。

假设H5d：战略选择在董事会非正式权力层级与绿色绩效之间发挥中介作用。

第四章　研究设计

为深入探究在企业使命约束下，董事会权力层级如何通过战略选择影响国有企业治理绩效，本章将详细介绍样本选择与数据来源。同时，明确界定并测量关键变量，包括企业经济价值、绿色绩效、董事会权力层级、企业战略及企业使命。基于此，构建包含主效应、企业使命调节效应以及董事会战略选择中介效应的理论模型，旨在系统分析各变量间的内在联系与作用机制。

一、样本选择与数据来源

本书以中国2012—2017年沪深两市的A股国有企业为初始样本。首先，对样本数据进行剔除。借鉴国内研究普遍的做法，对样本作出如下调整：①剔除财务数据异常的ST公司（被特别处理的上市公司），②剔除金融保险业公司样本，③剔除缺少董事会权力层级、企业使命、经济价值和绿色绩效的公司，④剔除数据资料严重缺失的公司。处理后得到903个样本点。

此外，登录全国认证认可信息公共服务平台、上海证券交易所和深圳证券交易所等网站及国泰安CSMAR数据库，手动收集整理企业使命[①]、绿色绩效相关数据，通过文本分析与赋值，得到相关评价值。通过对国泰安高管数据库中的数据进行计算（部分数据通过查阅新浪财经网和巨潮网获得），获得变异系数与基尼系数，作为董事会权力层级代理指标。其他数据均根据国泰安数据库基础数据计算获得。

① 此处感谢谢永珍教授团队的曹琳君、文雯、殷子炫、李鑫和王贺宁在企业使命和绿色绩效数据收集与整理工作中的辛勤付出。

二、变量选取

(一)被解释变量

1.企业经济价值

本书借鉴史富莲等(2012)、方心童和高诚昊(2015)的研究,采用经济增加值(EVA)比率来衡量企业经济价值。EVA指税后净利润减去全部投入资本成本的值,可用于考察公司经营者使用资本和创造价值的成效,这也是公司的经营目标,可以相对准确地体现出公司经营业绩。在经济增加值的理念下,衡量公司业绩的标准取决于公司盈利超出资本成本的数额,而非公司盈利的高低。经济增加值是在会计利润的基础上进行一系列的调整后计算出来的,可以更加准确地反映企业的价值(李刚,2017)。

EVA=税后经营净利润-资本×加权平均资本成本

其中,税后经营净利润=净利润+(利息支出+研究开发费用调整项)×(1-企业所得税税率)。本书选用经济增加值比率来衡量企业经济价值,其计算方法如下:

经济增加值比率=经济增加值/企业总资产

2.绿色绩效

考虑到中国情境的特殊性和指标选取的科学性,本书借鉴了李维安牵头制定的《绿色治理准则》、张倩(2017)和Dong等(2019)的研究,结合中国上市公司绿色治理指数指标体系,以二手数据为基础,构建了本书的绿色治理绩效模型。具体而言,本书采用企业绿色认证作为衡量企业绿色绩效的标准,在全国认证认可信息公共服务平台(http://cx.cnca.cn/CertECloud/result/skipResultList?certItemOne=A)上核查企业获得证书的时间。在2012—2017年,如果企业当年通过ISO14000体系认证或在认证使用期内,则赋值为1,否则赋值为0,以此得到董事会绿色治理绩效评价值。

(二)解释变量

1.董事会正式权力层级

正式权力来源于组织制度的设计,即董事长与CEO的关系。当董事长兼任CEO时,会发挥更大的影响作用(Johnson et al., 2013)。He和Huang(2011)

采用CEO的二元性来代表董事会正式结构特征。本书借鉴Harrison等(1988)的处理方法,对样本企业董事会正式权力赋值:将不是CEO、董事长或副董事长的董事会成员赋值为1,将是副董事长的董事会成员赋值为2,将是CEO或者董事长的董事会成员赋值为3,将兼任CEO与董事长的董事会成员赋值为4。随后计算得到董事会正式权力分布的均值与标准差,并确定其变异系数。采用变异系数描述董事会正式权力层级的多样性,体现了不对称性,而这种不对称性是将多样性概念化为差异的基础(Harrison and Klein, 2007)。这种差异既反映了单位成员之间的距离,也反映了资源的集中程度。在董事会团队中,董事长与其他董事会成员的距离越远,变异系数的分子会越大,表明单位内权力差异越大,董事会成员权力分布的不平等程度越高。

2.董事会非正式权力层级

董事会的非正式权力层级是确立在董事之间相互尊重的基础之上的。依据Harrison和Klein(2007)的研究,层级反映了团队成员之间的距离和资源的集中度。既有研究大多采用基尼系数(Gini Coefficient)作为代理变量来衡量董事之间的非正式权力层级关系(He and Huang, 2011;张耀伟等,2015;谢永珍等,2017;武立东等,2018)。当董事会中所有董事的资源分布均匀时,基尼系数为0,表示董事会团队内部不存在非正式层级结构;伴随基尼系数的增大,董事会成员非正式权力层级凸显。根据Rindova(1999)和Mcnulty等(1999)的观点,董事能根据自身职业经验,在分析和解决战略问题的过程中提供经验支持。本书将董事会非正式权力层级操作化定义为董事在上市公司董事会及高管团队中的兼职数,以此作为核心变量,这是因为这些兼职能带来独特的信息和知识,可以代表董事的能力(李长娥和谢永珍,2017)。基尼系数作为一种集中度比率在财经领域被广泛使用。基尼系数的计算公式如下:

$$G=\frac{2\mathrm{COV}(y,r_y)}{N\bar{y}}$$

其中:G表示董事会非正式权力层级的基尼系数;y是某企业中每名董事执掌的高管职务数量;r_y代表董事兼职数在某企业中的排序数;$\mathrm{COV}(y,r_y)$表示y与r_y的协方差;N代表某企业董事会的规模;$\bar{y}$是y的平均值。基尼系数取值越大,表示董事会内部地位差异越明显,由此形成的董事会内部非正式权力层级越大。

(三)调节变量

目前,国内外对于企业使命陈述的测度方法主要有David的九要素法(David, 1989)、Baetz的十要素法(Baetz and Bart, 1996)、Bart的二十五要素法(Bart, 1997)等,国内学者也大多采用David提出的九要素方法展开研究。David的九要素法是其他两种测度方法的基础,既包含了企业使命的核心要素,也涉及了利益相关者,涵盖内容相对广泛,因此得到较多学者的认可(康嘉欣等, 2017)。本书采取David的九要素方法对企业使命进行衡量。

本书主要通过企业公开发布的年报获得企业使命的数据。具体而言,本书下载了所有样本企业在2012—2017年的年报,并通过手工查阅企业官方网站中的相关信息进行补充。为获取企业使命的详细描述,本书借鉴林泉等(2010)的研究,将企业对使命与宗旨的相关阐述均归为企业使命的内容。获得企业使命陈述后,通过Nvivo12软件,采用内容分析法对各企业使命陈述进行文本分析,借鉴David(1989)、郇金宝(2010b)和Dong等(2019)的研究,凡是企业年报中的关键性语句体现出David九要素中某个要素或清楚地表达出相关特征者,则赋值为1,否则赋值为0,具体衡量标准如表4-1所示。最后统计该企业各要素得分情况,作为该企业的企业使命总得分。

表4-1　企业使命测度

企业使命要素	衡量标准
顾客	是否明确指出公司的顾客群体是谁,包括公司的主要目标市场顾客群,或者公司的战略顾客群。将“顾客”“客户”和“消费者”确定为顾客。若明确提出相关概念或清楚地表达出相关特征(如“公司主要销售客户为某某单位”,“为某某提供服务、产品或价值”等),赋值为1,否则赋值为0
产品或服务	是否明确指出公司主要提供的产品与服务是什么。若明确提出相关概念或清楚地表达出相关特征(如“公司主要生产某某产品”,“公司经营范围包括提供某某服务”,“本公司为某产品研发与制造企业”,“本公司主营业务为某产品”,“以某产品为核心业务”等),赋值为1,否则赋值为0
技术	是否明确指出公司经营发展的核心技术是什么。若明确提出相关概念或清楚地表达出相关特征(如“主要依托某技术”,“核心技术为某技术/工艺”,“拥有某专利技术以提升核心竞争力”,“掌握与业务相关的某核心技术”等),赋值为1,否则赋值为0
市场	是否明确指出公司主要在哪些地域经营业务,或将要在哪些地域扩展业务。这里主要指地理上的地域概念。若明确提出相关概念或清楚地表达出相关特征(如“主要在某地区经营业务”,“某产品的国内销售”,“成为国内最大的某业务服务商”,“注重国际市场的开发”,“走出华东、遍布全国”,“开拓国内和国际市场”等),赋值为1,否则赋值为0

续表

企业使命要素	衡量标准
对生存、增长与盈利的关心	是否明确指出公司为实现业务的增长与良好的财务状况作出努力。若明确提出公司为实现业务的增长与良好的财务状况作出努力或清楚地表达出相关特征(如“公司发展战略为……”,“公司经营计划为……”“与客户和供应商保持长期稳定的合作关系”,“打造创新研究中心”,“加速产品升级和产品创新”,“通过……打造差异化竞争优势”,“通过……提升运营能力”,“通过……实现价值增长”,“通过……提升市场竞争力”,“通过……加快企业发展”,“做大做强”等),赋值为1,否则赋值为0
对员工的关心	是否明确指出公司将员工视作资产,并关心员工的生活与发展。将“员工”“职工”“雇员”和“劳动力”确定为员工。若明确提出相关概念或清楚地表达出相关特征(如“提升员工基础素质和技能”,“员工福利”,“员工培训计划”,“薪酬政策”,“关心员工健康成长”,“吸引、培养、使用、凝聚人才”,“企业与员工共同发展”),赋值为1,否则赋值为0
对公众形象的关心	是否明确指出公司对社会、所在社区的发展和对环境保护的关心,或承担相应社会责任和作出的贡献。将“社会”“媒体”“社会目标”和“民族经济”确定为社会。若明确提出相关概念或清楚地表达出相关特征(如“树立和提升某某产品/品牌/企业形象”,“履行社会责任”,“保护利益相关者权益”,“构建和谐的投资者关系”,“与环境共存”,“环保治理”等),赋值为1,否则赋值为0
自我认知	是否明确指出公司独特的能力或核心竞争优势,或是否对公司的竞争优势和劣势进行评价。若明确提出相关概念或清楚地表达出相关特征(如“核心竞争力是……”,“公司最重要的资产是……”,“低成本”,“自主创新能力”,“技术/品牌/质量控制优势”,“发展潜力是……”,“竞争优势是……”,“竞争劣势是……”等),赋值为1,否则赋值为0
公司哲学	是否明确指出公司的经营理念、价值观或道德倾向等反映公司哲学的表达。“关爱”“和谐”“道德”“诚信”“公平”“责任感”等词均指企业价值观。若明确提出相关概念或清楚地表达出相关特征(如“落实……的工作理念”,“和谐发展”,“绿色发展”,“公司的价值观为……”,“企业文化是……”,“以……为企业宗旨”,“以……为使命”,“在……原则的指导下”,“以……为己任”,“发扬……的企业精神”,“致力于成为……的企业”,“国有资产保值增值”,“做……的价值提升者”,“满足人民对美好生活的向往”,“报效国家、服务祖国”,“宏则龙腾沧海,达则兼济天下”等),赋值为1,否则赋值为0

(四)中介变量

探讨董事会权力结构对企业绿色治理绩效的影响路径应纳入过程变量(Jaffar and Amran,2017)。基于Miles和Snow(1978)对企业战略类型的划分,本书借鉴Bently等(2013)的方法测量企业的战略类型。使用这一测量方法需要收集企业财务以及员工的相关信息,具体包含以下六个方面:①研究开发支出与销售收入之比,②员工人数与销售收入之比,③总销售收入的变化率,④销售费用和管理费用之和与销售收入之比,⑤员工人数变动率,⑥固定资产与总资产之比。基于这六个指标,本书对同一年度—行业的企业按照数值大小进行排序,并平均分为五组;对指标①至⑤,按照从小到大的顺序依次赋值为1、2、3、4、5,对指标⑥,则按照从大到小的顺序依次赋值为1、2、3、4、5(Bently et al., 2013)。最后,借鉴孙健等(2016)对企业战略的衡量方法,对每一个“公司—年”样本,将6个变量的分组得分相加,得到处于6—30分的企业战略类型评分。战略类型得分越高,表明企业战略越激进;战略类型得分越低,意味着企业战略越保守。

选取这些指标的原因有如下几点:第一,研究开发支出与销售收入之比体现了企业对新产品开发的倾向性。根据Miles和Snow(1978)对企业不同战略类型内涵的界定,采取激进型战略的企业会不断进行技术创新与新产品开发,以拓展新的市场竞争领域,这种对创新的关注要求这类企业为多样化的产品组合开发多种技术,技术的灵活性使这类企业能够应对变化并作出迅速的反应,因此有较多的研发支出(Hambrick, 1983)。而采取保守型战略的企业则倾向于维持现有市场中的竞争程度,只在非常有限的范围内进行适度创新,而不是追求新的产品和市场机会,这也限制了这类企业的产品开发。第二,员工人数与销售收入之比可以体现出企业在生产和销售产品及服务方面的能力。采取激进型战略的企业需要配置一定的人力来进行潜在的市场机会的挖掘与新产品的开发、生产、销售,因此每一单位销售收入所需的人员更多,这一指标的数值会相对较高;而采用保守型战略的企业为了在现有市场中保持竞争优势,会更加关注员工效率的提高,并减少员工人数,造成这一指标相对较低。第三,总销售收入的变化率体现了公司的增长。采取激进型战略的企业为了适应快速变化的市场环境,会不断寻求创新与市场突破,因此通常有更强的成长能力,成长速度较快。而采用保守型战略的企业通过市场渗透谨慎而渐进地增长,因此表现出缓慢而稳定的成长。第四,销售费用和管理费用之和与销售收入的比值,体现了对新产品或服务开发的重视程度。采取激进型战略的企业为了开辟新的市场,需要投入资金,对用户需求等方面进行市场调研,做好市场定位、新产品的开发和生产,因此会产生较高的销售费用和管理费用;而采用保守型战略的企业由于更加关注对既有市场竞争优势的维持与发展,产品变动较小,生产与销售环节相对成熟,因此会产生相对较低的销售费用和管理费用。第五,员工人数变动率体现出组织的稳定性。采取激进型战略的企业通常会有较弱的组织稳定性和较短的员工任期(Miles and Snow,2003)。采用保守型战略的企业的主要经营业务相对变化速度较慢,对员工的知识和业务能力更新的要求相对较小,员工更有可能适应这种变化以满足要求,因此员工的变动性相对较小。第六,固定资产与总资产之比体现了资本的密集程度。采取保守型战略的企业为了降低不确定性,会尽量对生产过程标准化,更有可能使用机器替代人工,因此资本密集程度一般较高。而采取激进型战略的企业为了提高组织的灵活性,在标准化程度上相对较低,更加重视人的作用,因此资本密集程度较低。

(五)控制变量

借鉴既有的相关研究(郑兵云等,2011;He and Huang, 2011;李小青,2012;王洪生和刘德胜,2014;张耀伟等,2015;刘行,2016;谢永珍等,2017;孟庆斌等,2018;张蕊和王洋洋,2019等),本书纳入了董事会层面、企业层面和环境层面的控制变量以验证假设。

1.董事会层面

董事会层面的控制变量有以下几个:①独立董事比例(Indr):用独立董事的数量与董事会成员总数量的比值来衡量。②董事会规模(Bsize):用董事会总人数来衡量。③董事会薪酬(Ince):用前三名董事薪酬的自然对数进行衡量。④董事会会议次数(BMF):以年度内董事会会议次数来衡量。⑤董监高薪酬(SA):以董事、监事和高管薪酬总额的自然对数来衡量。⑥董事领取薪酬比例(RS):以领取薪酬的董事与董事会总人数之比来衡量。⑦董事长学历(BPE):以董事长的最高学历来衡量。博士取值为5,硕士取值为4,本科取值为3,大专取值为2,中专及中专以下取值为1。⑧董事长持股比例(BPRH):以董事长持股数量与公司总股本之比来衡量。

2.企业层面

企业层面的控制变量有以下几个:企业资本结构以资产负债率来衡量,资产负债率(ALR)以期末负债总额与期末资产总额的比值来衡量。企业的成长性以可持续增长率、账面市值比和市盈率来衡量。可持续增长率(SGR)的计算公式为:可持续增长率=净资产收益率×收益留存率/(1-净资产收益率×收益留存率)。账面市值比(BM)以总资产与市值的比值来衡量。市盈率(PER)的计算公式为:市盈率=今收盘价当期值/(净利润上年年报值/实收资本本期期末值)。资本密集度(CI)以总资产与营业收入的比值来衡量。财务杠杆(FL)的计算公式为:财务杠杆=(净利润+所得税费用+财务费用)/(净利润+所得税费用)。代理成本(AC)的计算公式为:代理成本=(管理费用+销售费用+财务费用)/营业收入。委员会是作为组织执行其职能的正式机构而设立的。董事会通常至少设有审计委员会、薪酬委员会和治理委员会。委员会设立(NC)以企业设置的委员会的个数来衡量。股权制衡度(ERR)以第一大股东持股数量与第二到第五大股东持股数量之和的比值来衡量。两权分离度(DIV)以控制权与所有权之间的差值来衡量。S指数(SI)用公司第二大股东至第十大股东持股比例之和来衡量。股权集中度(OWC)以公司第一大股东持股比例来衡量。公司成立年限(Age)以公司注册年份至研究样本设定的时间的持续年数。股东大会召开次数(SM)以公司当年股东大会会议次数来衡量。业务复杂度(COM)以企业期末存货加期末应收账款之和与期末总资产的比值来衡量。

3.环境层面

本书选取行业差异和时间因素作为环境层面的控制变量。不同行业竞争的激烈程度不同,在同等条件下,行业水平会影响企业获取超额收益的能力,因此,选取行业作为控制变量。如果企业属于某一行业,其行业(Ind)取值为1,否则,取值为0。本书的样本包含6年的数据,处于经济转轨时期的市场和制度环境在不断变化,因此年度可能会对治理绩效产生影响。因此,本书选取年度(Year)作为控制变量,如果企业处于某一特定年份,则年度取值为1,否则,取值为0。

基于上述分析,本书相关变量的简称、具体指标与测度以及参考文献如表4-2所示。

表4-2 主要变量

变量	变量简称	具体指标与测度	参考文献
被解释变量——治理绩效			
企业经济价值	EVA	经济增加值/企业总资产	史富莲等(2012),方心童和高诚昊(2015),吴一丁和吕芝兰(2019)
绿色绩效	Green	采用企业绿色认证作为衡量企业绿色绩效的标准。如果企业当年通过ISO14000体系认证或在认证使用期内,则赋值为1,否则赋值为0	李维安《绿色治理准则》,张倩(2017)和Dong, Xie and Cao(2019)

续表

变量	变量简称	具体指标与测度	参考文献
解释变量——董事会权力层级			
董事会正式权力层级	FP	董事会权力结构的变异系数： 董事会正式权力分布的标准差/董事会正式权力分布的平均值	Harrison et al.(1988), Finkelstein(1992), Henderson and Fredrickson(2001), Harrison and Klein(2007), 卫旭华等(2015),李长娥和谢永珍(2017)
董事会非正式权力层级	IP	董事会成员兼职数量的基尼系数： $G=\frac{2COV(y, r_y)}{N\bar{y}}$	He and Huang(2011),谢永珍等(2015),张耀伟等(2015),谢永珍等(2017),武立东等(2018),刘振杰等(2019)
调节变量			
企业使命	CM	依据David(1989)的九要素法,凡是在企业使命陈述中有顾客,产品或服务,技术,市场,对生存、增长与盈利的关心,企业哲学,自我认知,对公众形象的关心和对员工的关心这九个要素中的任何一个,赋值为1,否则赋值为0。最后统计该企业各要素得分情况,作为该企业的企业使命总得分	David(1989),饶远立和邵冲(2005),林泉等(2010),寻金宝(2010b), David et al.(2014), Dong et al.,(2019)
中介变量			
战略选择	STRA	计算以下六个指标:①研究开发支出与销售收入之比;②员工人数与销售收入的比值;③总销售收入的变化率;④销售费用和管理费用之和与销售收入的比值;⑤员工人数变动率;⑥固定资产与总资产之比。基于这六个指标,对同一年度一行业的企业按照数值大小进行排序,并平均分为五组,对指标①—⑤,按照从小到大的顺序依次赋值为1、2、3、4、5;对指标⑥则按照从大到小的顺序进行排列,并依次赋值为1、2、3、4、5。最后,对每一个"公司—年"样本,将6个变量的分组得分相加,得到处于6—30分的企业战略类型评分	Miles and Snow (1978), Bently等(2013),孙健等(2016),刘行(2016),孟庆斌等(2018),张蕊和王洋洋(2019)

续表

变量	变量简称	具体指标与测度	参考文献
		控制变量	
独立董事比例	Indr	独立董事的人数与董事会总人数的比值	郑兵云等(2011),李小青(2012),周建等(2013),马连福和冯慧群(2014),王洪生和刘德胜(2014),谢永珍等(2015),Sun et al.,(2016),刘行(2016),武立东等(2016),Benjamin et al.,(2016),李文贵等(2017),孟庆斌等(2018),王凯和常维(2018),季浩等(2019);张蕊和王洋洋(2019)等
董事会规模	Bsize	董事会总人数	
董事会薪酬	Ince	前三名董事薪酬的自然对数	
董事会会议次数	BMF	年度内召开的董事会会议次数	
董监高薪酬	SA	董事、监事和高管薪酬总额的自然对数	
董事领取薪酬比例	RS	领取薪酬的董事人数/董事会总人数	
董事长学历	BPE	董事长的最高学历	
董事长持股比例	BPRH	董事长持股数量/公司总股本	
资产负债率	ALR	期末负债总额/期末资产总额	
可持续增长率	SGR	净资产收益率×收益留存率/(1−净资产收益率×收益留存率)	
账面市值比	BM	总资产/市值	
市盈率	PER	今收盘价当期值/(净利润上年年报值/实收资本本期期末值)	
资本密集度	CI	总资产/营业收入	
财务杠杆	FL	(净利润+所得税费用+财务费用)/(净利润+所得税费用)	
代理成本	AC	(管理费用+销售费用+财务费用)/营业收入	
委员会设立	NC	企业设置的委员会的个数	
股权制衡度	ERR	第一大股东持股数量/第二到第五大股东持股数量之和	
两权分离度	DIV	控制权与所有权之间的差值	
S指数	SI	公司第二大股东至第十大股东持股比例之和	
公司成立年限	Age	公司注册年份至研究样本设定的时间的持续年数	

续表

变量	变量简称	具体指标与测度	参考文献
股权集中度	OWC	公司第一大股东持股比例	
股东大会召开次数	SM	公司当年股东大会会议次数	
业务复杂度	COM	(企业期末存货＋期末应收账款)/期末总资产	
行业	Ind	行业虚拟变量	
年度	Year	年度虚拟变量	

三、理论模型

(一)董事会权力层级作用于战略选择的理论模型

根据前文提出的假设H1a和H1b,董事会正式权力层级与战略选择呈正相关关系,董事会非正式权力层级与战略选择呈正相关关系。本书构建如下模型对假设进行进一步检验:

$$STRA = a_0 + a_1 FP + a_2 IP + \lambda_i \sum_{i=1}^{n} Controls_i + \varepsilon \qquad \text{(模型 4-1)}$$

其中,$STRA$表示战略选择,FP表示董事会正式权力层级,IP表示董事会非正式权力层级,$Controls$表示控制变量,ε表示随机扰动项。

(二)调节效应模型

依据实践逻辑,董事会权力的发挥受到企业使命的约束。为了探究企业使命对董事会战略参与的调节效应,根据假设H2a和H2b,建立如下模型以进一步验证:

$$STRA = a_0 + a_1 FP + a_2 IP + a_3 CM + a_4 FP \times CM + a_5 IP \times CM + \lambda_i \sum_{i=1}^{n} Controls_i + \varepsilon$$

(模型 4-2)

其中,$STRA$表示战略选择,FP表示董事会正式权力层级,IP表示董事会非正式权力层级,CM表示企业使命,$FP \times CM$表示董事会正式权力层级与企业使命的交互项,$IP \times CM$表示董事会非正式权力层级与企业使命的交互项,$Controls$表示控制变量,ε表示随机扰动项。

(三)董事会权力层级作用于治理绩效的理论模型

1.董事会权力层级作用于企业经济价值的理论模型

根据前文提出的假设H3a和H3c,董事会正式权力层级与企业经济价值呈正相关关系,董事会非正式权力层级与经济价值呈正相关关系。依据实践逻辑,董事会权力的发挥受到企业使命的约束,由此,本书构建如下模型对假设进行检验:

$$EVA = a_0 + a_1 FP + a_2 IP + a_3 CM + a_4 FP \times CM + a_5 IP \times CM + \lambda_i \sum_{i=1}^{n} Controls_i + \varepsilon$$

(模型4-3)

其中,EVA表示企业经济价值,FP表示董事会正式权力层级,IP表示董事会非正式权力层级,CM表示企业使命,$FP \times CM$表示董事会正式权力层级与企业使命的交互项,$IP \times CM$表示董事会非正式权力层级与企业使命的交互项,$Controls$表示控制变量,ε表示随机扰动项。

2.董事会权力层级作用于企业绿色绩效的理论模型

根据前文提出的假设H3b和H3d,董事会正式权力层级与企业绿色绩效呈正相关关系,董事会非正式权力层级与绿色绩效呈正相关关系。本书构建如下模型对假设进行检验:

$$\mathrm{Ln}\left[\frac{P(Green)}{1-P(Green)}\right] = a_0 + a_1 FP + a_2 IP + a_3 CM + a_4 FP \times CM + a_5 IP \times CM + \lambda_i \sum_{i=1}^{n} Controls_i + \varepsilon$$

(模型4-4)

其中,$Green$表示绿色绩效,FP表示董事会正式权力层级,IP表示董事会非正式权力层级,CM表示企业使命,$FP \times CM$表示董事会正式权力层级与企业使命的交互项,$IP \times CM$表示董事会非正式权力层级与企业使命的交互项,$Controls$表示控制变量,ε表示随机扰动项。

(四)董事会战略选择作用于治理绩效的理论模型

1.董事会战略选择对经济价值影响的理论模型

根据假设H4a,采用激进型战略的企业会获得更多的经济价值,采用保守型战略的企业会获得较少的经济价值,因此构建如下模型对假设进行进一步检验:

$$EVA = a_0 + a_1 STRA + \lambda_i \sum_{i=1}^{n} Controls_i + \varepsilon \quad \text{（模型 4-5）}$$

其中，EVA 表示企业经济价值，$STRA$ 表示战略选择，$Controls$ 表示控制变量，ε 表示随机扰动项。

2. 董事会战略选择对绿色绩效影响的理论模型

根据假设 H4b，采用激进型战略的企业会获得更多的绿色绩效。由于绿色绩效是 0，1 变量，因此采用逻辑回归模型对假设进行进一步检验（Pregibon，1981；温忠麟和叶宝娟，2014）：

$$\mathrm{Ln}\left[\frac{P(Green)}{1 - P(Green)}\right] = a_0 + a_1 STRA + \lambda_i \sum_{i=1}^{n} Controls_i + \varepsilon \quad \text{（模型 4-6）}$$

其中，$Green$ 表示绿色绩效，$STRA$ 表示战略选择，$Controls$ 表示控制变量，ε 表示随机扰动项。

（五）企业使命、董事会战略参与作用于治理绩效的全要素模型

1. 企业使命、董事会战略参与作用于经济价值的理论模型

根据假设 H5a 和 H5b，战略选择在董事会权力层级与企业经济价值之间发挥中介作用，因此构建如下模型进行检验：

$$EVA = a_0 + a_1 FP + a_2 IP + a_3 CM + a_4 FP \times CM + a_5 IP \times CM + a_6 STRA + \lambda_i \sum_{i=1}^{n} Controls_i + \varepsilon$$

（模型 4-7）

其中，EVA 表示企业经济价值，FP 表示董事会正式权力层级，IP 表示董事会非正式权力层级，CM 表示企业使命，$FP \times CM$ 表示董事会正式权力层级与企业使命的交互项，$IP \times CM$ 表示董事会非正式权力层级与企业使命的交互项，$STRA$ 表示战略选择，$Controls$ 表示控制变量，ε 表示随机扰动项。

2. 企业使命、董事会战略参与作用于绿色绩效的理论模型

根据假设 H5c 和 H5d，战略选择在董事会权力层级与绿色绩效之间发挥中介作用，因此构建如下模型进行检验：

$$\mathrm{Ln}\left[\frac{P(Green)}{1-P(Green)}\right] = a_0 + a_1 FP + a_2 IP + a_3 CM + a_4 FP \times CM + a_5 IP \times CM + a_6 STRA + \lambda_i \sum_{i=1}^{n} Controls_i + \varepsilon$$

（模型 4-8）

其中，$Green$ 表示绿色绩效，FP 表示董事会正式权力层级，IP 表示董事会非正式权力层级，CM 表示企业使命，$FP \times CM$ 表示董事会正式权力层级与企业

使命的交互项，$IP \times CM$ 表示董事会非正式权力层级与企业使命的交互项，$STRA$ 表示战略选择，$Controls$ 表示控制变量，ε 表示随机扰动项。

本章小结

在本章中，选取董事会权力结构的变异系数和董事会成员兼职数量的基尼系数分别作为董事会正式权力层级和非正式权力层级的代理变量；以经济增加值与总资产的比率衡量经济价值；以企业在报告期内是否通过绿色认证来衡量绿色绩效；采用研发支出占销售收入的比重、员工人数与销售收入的比值、总销售收入的变化率、销售费用与管理费用之和与销售总收入的比值、员工人数波动率以及固定资产与总资产的比值这六个指标来构建公司战略类型指数；以顾客，产品或服务，技术，市场，对生存、增长与盈利的关心，对员工的关心，对公众形象的关心，自我认知以及公司哲学九个要素来构建企业使命评价值。此外，从董事会层面、企业层面和环境层面选取了相关控制变量。本书依据"董事会权力层级—战略选择—治理绩效"的理论框架，以董事会权力层级（正式权力层级和非正式权力层级）为解释变量，以治理绩效（经济价值和绿色绩效）为被解释变量，以企业使命为调节变量，以战略选择为中介变量，结合研究假设，设计了主效应、企业使命的调节效应以及董事会战略选择的中介效应的理论研究模型。

第五章　董事会战略参与对治理绩效的作用效应检验与结果分析

本章旨在探讨企业使命、董事会权力层级、战略选择与治理绩效之间的关系。本章将以企业使命为调节变量，以董事会权力层级为解释变量，以治理绩效为被解释变量，以战略选择为中介变量，通过多元回归方法来验证国有企业董事会在企业使命的影响下，如何通过战略参与影响治理绩效。为了确保研究结果的稳健性，还将进行稳健性检验以验证模型拟合结果的可靠性。

一、企业使命、董事会战略参与对经济价值的作用效应

（一）主要变量描述统计与相关分析

1.主要变量的描述统计

表5-1是本书所使用的主要变量的描述性统计与年度比较，表中给出了各个主要变量的描述性统计结果与方差分析，包括样本数、均值、标准差、最小值、最大值与方差分析。本书以董事会权力层级为解释变量，包括董事会正式权力层级与非正式权力层级这两个指标。从表5-1中可以看出，2012—2017年度国有企业董事会正式权力层级的总体最小值为0.3878，总体最大值为0.7540，不同年份之间平均值和标准差有所差异，表明国有企业间的董事会正式权力层级存在差异，不同企业的董事与CEO兼任程度存在差异。董事会非正式权力层级这一指标在年度之间不存在显著变化（$p=0.6610$）。总体最小值为0.0278，总体最大值为0.4921，均值和标准差在不同年份之间有所差异，这说明不同董事

会之间的非正式权力层级存在差异，董事会非正式权力层级较小。此外，中国国有企业董事会非正式权力层级的均值为0.1764，低于美国上市公司（基尼系数为0.210）（He and Huang, 2011）。这表明我国国有企业董事会成员之间地位差异较小。

企业使命作为调节变量，在不同年度之间存在较大差异（p=0.0000）。根据表5-1，企业使命总体最小值为5，总体最大值为9，表明企业使命在中国国有企业之间差异较大。企业使命的总体平均值为8.3400，具体而言，企业使命的平均值从2012年的8.0700，增长至2017年的8.5300，这说明我国国有企业越来越重视企业使命的建设。

本书的中介变量是战略选择。基于Mile和Snow（1978）的研究，本书通过计算得到处于6—30分的企业战略类型评分，评分介于6—12分的战略被称为保守型战略，评分介于13—23分的战略被称为分析型战略，评分介于24—30分的战略被称为激进型战略。战略类型评分越高，表明企业的战略越激进，评分越低，意味着企业战略越保守。根据表5-1，保守型战略得分最小为7，最大为12，总体标准差为1.3060；分析型战略得分介于13分与23分之间，总体标准差为2.8289；激进型战略得分最小为24，最大为29，总体标准差为1.4868，表明不同企业之间的战略类型与激进或保守程度存在差异。

企业经济价值在不同年份之间存在较大差异（p=0.0100）。由表5-1可知，企业经济价值先减后增，2012—2015年的平均值分别为0.0157、0.0104、0.0092、0.0062，2016年总体平均值为0.0040，达到最小值，此后开始上升，直至2017年的0.0196。可能的原因是我国证券市场的不完善导致对国有企业市场价值的低估，而随着证券市场逐渐规范，投资者逐渐回归理性，由此国有企业的经济增加值逐渐趋于理性。

表5-1　主要变量的描述性统计与年度比较

指标	年度	观测值	平均值	标准差	最小值	最大值	方差分析
董事会正式权力层级（系数）	2012	156	0.5275	0.0496	0.4049	0.7540	0.3270
	2013	154	0.5289	0.0462	0.4227	0.6928	
	2014	139	0.5173	0.0433	0.4082	0.6603	
	2015	145	0.5255	0.0479	0.3878	0.6603	
	2016	160	0.5267	0.0523	0.3910	0.7276	
	2017	149	0.5287	0.0484	0.4428	0.6928	
	总计	903	0.5259	0.0482	0.3878	0.7540	

续表

指标	年度	观测值	平均值	标准差	最小值	最大值	方差分析
董事会非正式权力层级（系数）	2012	156	0.1843	0.0685	0.0278	0.3990	0.6610
	2013	154	0.1768	0.0727	0.0278	0.4127	
	2014	139	0.1704	0.0651	0.0513	0.3690	
	2015	145	0.1742	0.0733	0.0408	0.4921	
	2016	160	0.1767	0.0666	0.0510	0.3935	
	2017	149	0.1755	0.0682	0.0504	0.4167	
	总计	903	0.1764	0.0691	0.0278	0.4921	
企业使命（系数）	2012	156	8.0700	0.9840	5.0000	9.0000	0.0000
	2013	154	8.2100	0.8630	6.0000	9.0000	
	2014	139	8.3200	0.8430	5.0000	9.0000	
	2015	145	8.3600	0.7960	5.0000	9.0000	
	2016	160	8.5600	0.6890	6.0000	9.0000	
	2017	149	8.5300	0.7220	5.0000	9.0000	
	总计	903	8.3400	0.8380	5.0000	9.0000	
保守型战略（系数）	2012	17	10.8240	1.1311	9.0000	12.0000	0.6970
	2013	21	10.9520	1.2836	8.0000	12.0000	
	2014	11	10.6360	1.5667	7.0000	12.0000	
	2015	20	11.1500	1.0894	8.0000	12.0000	
	2016	14	10.4290	1.7415	7.0000	12.0000	
	2017	9	10.6670	1.1180	9.0000	12.0000	
	总计	92	10.8260	1.3060	7.0000	12.0000	
分析型战略（系数）	2012	122	18.5900	2.8219	13.0000	23.0000	0.3870
	2013	114	18.2810	2.8580	13.0000	23.0000	
	2014	109	18.3490	2.9325	13.0000	23.0000	
	2015	102	18.6370	2.6506	13.0000	23.0000	

续表

指标	年度	观测值	平均值	标准差	最小值	最大值	方差分析
分析型战略（系数）	2016	127	17.8980	2.8252	13.0000	23.0000	0.3870
	2017	129	18.3020	2.8576	13.0000	23.0000	
	总计	703	18.3310	2.8289	13.0000	23.0000	
激进型战略（系数）	2012	17	25.0000	0.9354	24.0000	27.0000	0.2470
	2013	19	25.2630	1.4848	24.0000	29.0000	
	2014	19	25.0000	1.4142	24.0000	29.0000	
	2015	23	25.0430	1.2239	24.0000	28.0000	
	2016	19	25.9470	1.8401	24.0000	29.0000	
	2017	11	25.7270	1.9540	24.0000	29.0000	
	总计	108	25.2960	1.4868	24.0000	29.0000	
经济价值（系数）	2012	156	0.0157	0.0442	−0.0583	0.2188	0.0100
	2013	154	0.0104	0.0383	−0.0474	0.2083	
	2014	139	0.0092	0.0384	−0.0655	0.1894	
	2015	145	0.0062	0.0417	−0.1117	0.1580	
	2016	160	0.0040	0.0396	−0.1193	0.1525	
	2017	149	0.0196	0.0450	−0.0443	0.1998	
	总计	903	0.0108	0.0416	−0.1193	0.2188	

注：基于Mile和Snow（1978）的研究，本书通过计算得到处于6—30分的企业战略类型评分，评分介于6—12分的战略被称为保守型战略，评分介于13—23分的战略被称为分析型战略，评分介于24—30分的战略被称为激进型战略。各年度战略类型评分总计903个样本。

除了主要变量之外，控制变量方面，独立董事比例在各年度内没有显著的变化（$p=0.9520$）。总体最低为23.08%，最高为66.67%，均值为36.67%，标准差为0.0537，这表明独立董事比例在公司之间的差异较小，并且平均值略高于证监会所要求的董事会成员1/3的要求，这体现出我国国有企业的董事会设置的合规性。董监高薪酬在年度内存在着显著的差异（$p=0.0110$），董监高薪酬先减少后增加，这说明国有企业开始逐渐重视对高层管理团队的激励，因为薪酬激励能促使高层管理团队积极地履行职责。董事领取薪酬比例在年度内没有显著变化($p=0.9340$)，总体均值为0.6896，总体标准差为0.1766，表明不同企业的董事会激励水平与激励结构差异较小。董事长持股比例会影响董事会的团队决策，是一项重要的激励指标。这一指标在年度内不存在显著变化($p=0.6720$)，总体标准差为0.0300，表明董事长持股比例在各年度内较为稳定。董事会会议次数过低，存在董事会不作为之嫌；但会议次数过高，也可能存在董事会议而不决或过度干预管理层的现象，这均导致治理成本的增加。董事会会议次数在年度内存在着显著的差异($p=0.0100$)，总体均值大致呈先减后增趋势，在2013年达到最小值(8.6200次)，此后逐年上升。其中，董事会会议最少召开3次，最多召开33次。说明不同国有企业之间董事会履职强度存在一定差异，但都能通过一定程度的会议次数来保证其勤勉义务的履行。董事长学历在年度内不存在显著差异($p=0.6180$)，但在不同企业之间差异较大，该指标总体均值为3.9200，表明大多数国有企业的董事长的学历水平在本科以上。教育背景反映出董事长的知识水平、技能水平和价值观等(Hambrick, 1984)，受教育水平越高，表明董事长具有更高的认知复杂度，可以在一定程度上使董事长在动态、复杂、多变的环境中作出合理判断。

资产负债率各年没有明显变化($p=0.9150$)，均为49.92%左右，表明负债水平相对较高，但并没有高于警戒线(一般认为企业的资产负债率不高于55%即可)(刘美芬，2017)。财务杠杆在各年度之间不存在显著变化($p=0.3130$)，均在1.8233左右。总体最小值为-0.1035，总体最大值为34.7216，表明企业之间的财务杠杆差异较大，有的企业筹资风险或者财务风险较高。可持续增长率在年度内不存在显著的差异($p=0.4360$)，可持续增长率整体呈现先减少后增加的趋势，总体均值在2017年达到12.67%。这表明样本企业的资产经营规模扩张的速度逐渐增强，企业的发展能力逐渐得到提升。账面市值比在年度内存在着显著的差异($p=0.0000$)，呈现先减少后增加的趋势，表明企业的成长性在近年得到提升，企业有了较多的潜在增长机会，未来获得超额报酬的能力得到增强。代理成本在各年度内没有显著的变化($p=0.5290$)。总体最小值为0.0135，最大值为0.9324，均值为0.1538，标准差为0.1100，表明我国国有企业的代理成本存在差异。股权制衡度在不同年度之间不存在差异($p=0.1120$)，整体稍有回落，由2012年的6.1556减少到2017年的5.0485。表明我国国有企业的股权制衡度逐渐增大，第二到第五大股东持有的股份逐渐增多，权力由相对集中转为分散的趋势。股东大会召开次数在年度内存在差异($p=0.0110$)，表明国有企业之间股东大会会议次数差异较大，最高会议次数为14次，最低仅为1次，但均达到了法律规定的最低要求。公司业务复杂程度在年度内不存在显著差异（$p=0.7310$），总体最小值为0.0018，总体最大值为0.8632，表明我国国有企业之间的业务复杂程度存在一定差异。不同国有企业的成立年限存在差异，最短时间为8年，最长为27年。

2.主要变量的相关分析

通常在实证检验假设前，需要分析主要变量的相关性，以分析变量间的相关关系强弱程度。本书对董事会权力层级、战略选择、经济价值以及主要控制变量进行相关分析。表5-2汇总了本书主要变量的Pearson相关系数。

根据吴明隆（2003）的观点，若两个变量的相关系数小于0.75，则表明这两个变量间不存在共线性问题。结合表5-2，各个变量之间的相关系数的绝对值都小于0.75，说明本书所选的变量之间不存在共线性问题。大部分变量间的相关系数较小，表明这些变量的相关程度较低。变量间的相关系数会受到如抽样误差和样本量等因素的影响，因此相关的显著性以及相关程度具有不确定性。相关系数仅粗略地表示变量间的关系，进一步地深入了解需要进行多元统计分析。

为了进一步避免主要变量之间可能存在的多重共线性对回归结果产生影响，本书对主要变量的方差膨胀因子（VIF）进行了检验，检验结果如表5-3所示。由表5-3可以看出，VIF的最大值为2.0600，最小值为1.0400，远低于标准值10，这表明本书的回归模型不存在严重的多重共线性问题。

表 5-2　相关系数

	1	2	3	4	5	6	7	8	9	10	11	12	13	14	15	16	17	18	19	20
1	1																			
2	0.259***	1																		
3	0.060*	−0.004	1																	
4	0.005	0.071**	0.146***	1																
5	0.071**	0.044	−0.014	0.076**	1															
6	0.032	−0.009	0.175***	0.099***	0.070**	1														
7	−0.151***	−0.215***	−0.075**	−0.023	0.058*	0.035	1													
8	−0.255***	−0.158***	−0.047	−0.082**	−0.014	−0.047	0.357***	1												
9	0.668***	0.073**	0.049	−0.017	0.087***	0.042	0.193***	−0.206***	1											
10	−0.260***	−0.426***	−0.080**	0.009	−0.001	0.119***	0.470***	0.190***	−0.074**	1										
11	−0.013	0.323***	0.094***	0.056	0.029	−0.01	−0.21***	0.025	−0.121***	−0.280***	1									
12	−0.101***	−0.183***	−0.025	0.017	−0.007	0.067**	0.153***	0.155***	−0.014	0.220***	−0.170***	1								

续表

	1	2	3	4	5	6	7	8	9	10	11	12	13	14	15	16	17	18	19	20
13	0.282***	0.164***	−0.058*	0.037	0.114***	0.057*	0.021	−0.218***	0.225***	0.056*	−0.014	−0.159***	1							
14	0.071**	−0.035	0.178***	−0.011	0.036	0.252***	0.013	0.076**	0.037	0.071**	0.079**	0.000	0.110***	1						
15	−0.099***	0.048	−0.048	−0.031	0.004	0.062*	0.228***	0.058*	−0.032	0.197***	0.019	−0.051	0.220***	−0.026	1					
16	−0.102***	−0.001	−0.014	−0.029	−0.029	0.016	0.245***	0.132***	−0.01	0.200***	0.002	−0.005	0.036	0.029	0.479***	1				
17	−0.019	0.258***	0.037	0.018	0.009	0.013	0.348***	0.009	0.062*	0.019	−0.131***	−0.019	0.137***	−0.082**	0.175***	0.102***	1			
18	−0.141***	−0.201***	0.058*	−0.059*	−0.042	0.025	0.132***	0.089***	0.011	0.194***	0.035	0.059*	0.008	−0.011	0.101***	−0.014	−0.025	1		
19	−0.012	0.048	−0.004	−0.018	0.019	−0.009	0.096***	−0.023	−0.024	0.071**	−0.044	0.000	0.024	−0.034	0.047	0.061*	0.075**	−0.061*	1	
20	0.182***	0.166***	0.256***	0.066**	0.037	0.022	−0.123***	−0.039	0.057*	−0.154***	0.181***	−0.091***	−0.013	0.199***	−0.051	−0.032	−0.028	−0.141***	0.147***	1

注：*、**、***分别表示在0.1、0.05、0.01的水平上显著；1.经济价值；2.战略选择；3.董事会正式权力层级；4.董事会非正式权力层级；5.企业使命；6.独立董事比例；7.资产负债率；8.财务杠杆；9.可持续增长率；10.账面市值比；11.代理成本；12.股权制衡度；13.董监高薪酬；14.董事领取薪酬比例；15.董事会会议次数；16.股东大会召开次数；17.业务复杂度；18.公司成立年限；19.董事长学历；20.董事长持股比例。

表 5-3 主要变量的 VIF 值

变量	VIF	1/VIF
战略选择	1.6300	0.6122
董事会正式权力层级	1.1900	0.8387
董事会非正式权力层级	1.0600	0.9398
企业使命	1.0400	0.9628
资产负债率	2.0600	0.4845
账面市值比	1.7500	0.5709
董事会会议次数	1.4700	0.6797
业务复杂度	1.4400	0.6936
财务杠杆	1.3800	0.7231
股东大会召开次数	1.3800	0.7257
代理成本	1.3300	0.7513
可持续增长率	1.3100	0.7629
董监高薪酬	1.2800	0.7793
董事长持股比例	1.2300	0.8155
董事领取薪酬比例	1.2000	0.8354
独立董事比例	1.1400	0.8788
公司成立年限	1.1400	0.8798
股权制衡度	1.1300	0.8881
董事长学历	1.0700	0.9373

(二)多元回归分析

为了进一步探究在企业使命的约束下,董事会通过战略参与对企业经济价值的影响程度和影响方向,基于企业使命、董事会权力层级、战略选择对企业价值生成的影响机理与实践逻辑,本书借助多元回归方法展开分析。

1. 董事会权力层级对战略选择的影响及企业使命的调节效应检验

根据表 5-4,在模型 1 中,董事会正式权力层级与战略选择的系数为 −0.0783,在模型 2 中加入董事会正式权力层级与董监高薪酬水平的交互项后,董事会正式权力层级与战略选择的系数变为 1.2836,且在 0.05 的水平上显著。依据相关分析可知,董事会正式权力层级与董监高薪酬水平呈显著的负相关关系,董事会权力层级对战略选择的作用可能会受到董监高薪酬水平的影响。在模型2中,董事会正式权力层级与董监高薪酬的交互项系数为－1.5097,且在0.05的水平上显著,这表明董监高薪酬发挥了显著的负向调节作用,使董事会正式权力层级与战略选择的作用关系由负相关变为显著的正相关。

表5-4　董事会权力层级、企业使命与战略选择

	模型1	模型2	模型3
被解释变量	战略选择	战略选择	战略选择
常数项	0.1131	0.1433	0.1664
	(0.5647)	(0.7198)	(0.8375)
董事会正式权力层级	－0.0783***	1.2836**	1.0676**
	(－2.9209)	(2.3932)	(1.9638)
董事会非正式权力层级	0.0474*	0.0448*	0.0356
	(1.9459)	(1.8483)	(0.9155)
企业使命	—	—	－0.7294***
	—	—	(－2.6586)
董事会正式权力层级×企业使命	—	—	0.7260***
	—	—	(2.6598)
董事会非正式权力层级×企业使命	—	—	0.0246
	—	—	(0.3265)
独立董事比例	0.0503*	0.0480*	0.0462*
	(1.8269)	(1.7412)	(1.6694)
资产负债率	－0.1120***	－0.1069***	－0.1019***
	(－3.0413)	(－2.9134)	(－2.7847)
财务杠杆	－0.0315	－0.0292	－0.0329
	(－0.9949)	(－0.9238)	(－1.0436)
可持续增长率	0.0575**	0.0549**	0.0439
	(2.0505)	(1.9669)	(1.5831)
账面市值比	－0.2822***	－0.2823***	－0.2803***
	(－7.6956)	(－7.7238)	(－7.6569)
代理成本	0.2498***	0.2517***	0.2504***
	(8.2694)	(8.4136)	(8.4333)

续表

	模型1	模型2	模型3
股权制衡度	−0.0104	−0.0093	−0.0115
	(−0.3764)	(−0.3380)	(−0.4114)
董监高薪酬	0.1269***	0.8778***	0.8075***
	(4.0804)	(2.9316)	(2.6798)
董事会正式权力层级×董监高薪酬	—	−1.5097**	−1.3499**
	—	(−2.5419)	(−2.2579)
董事领取薪酬比例	−0.0140	−0.0151	−0.0179
	(−0.5121)	(−0.5557)	(−0.6612)
董事会会议次数	0.0185**	0.0169**	0.0163**
	(2.4743)	(2.2625)	(2.1944)
股东大会召开次数	0.0216	0.0252	0.0292
	(1.1949)	(1.3925)	(1.6195)
业务复杂度	0.3509***	0.3554***	0.3485***
	(11.4407)	(11.4668)	(11.3320)
公司成立年限	−0.0236***	−0.0249***	−0.0255***
	(−4.5912)	(−4.8488)	(−4.9580)
董事长学历	0.0563**	0.0542**	0.0490*
	(2.0345)	(1.9678)	(1.7856)
董事长持股比例	2.1139**	1.6343*	1.3965*
	(2.0736)	(1.8591)	(1.7312)
年度	控制	控制	控制
行业	控制	控制	控制
观测值	903	903	903
R^2	0.4120	0.4160	0.4200
调整的R^2	0.3950	0.3990	0.4010
F	29.8600***	29.4400***	26.6000***

注：*、**、***分别表示在0.1、0.05、0.01的水平上显著。

董监高薪酬对于董事会的战略参与发挥了重要的调节作用。依据委托代理理论，董事会在股东的授权下负责执行日常决策和监督企业的管理层，企业的管理层专注执行和运营工作，向董事会负责，二者是依据分工与协作的委托代理关系。董事会作为监督经理层的重要机制(Fama and Jensen, 1983),负责聘用、监督、评估和解聘CEO,并制定CEO薪酬计划。代理理论认为,信息不对称和不同的风险偏好导致经理层机会主义行为,使管理者可能制定有损于股东价值的决策,进而对公司资源的配置情况和公司价值产生影响。依据管理霸权理论的观点,CEO具有较大控制权时,会通过提名董事会成员操纵董事会的运行,致使企业战略决策更加关注管理层利益的保障而不是企业价值的提升(李小青和胡朝霞,2016)。因此,董事与CEO兼任程度高可能会弱化董事会的监督作用,使CEO权力膨胀,进而采取获取私利的机会主义行为,后果之一即降低了董事会决策的效率。经营失败会影响CEO的声誉,使其承受较大的连带损失,因而CEO往往愿意规避风险相对较高的项目,保持企业稳健的运营状况。由于激进型战略涉及较多创新活动,相对风险较高,且难以在短期内获得收益的大幅增长,因而CEO为维持个人声誉和最大化个人短期财富,往往倾向于短期业务的增长,利用其权力干扰董事会有关激进型战略决策的制定。Jensen和Meckling(1976)认为,董事和管理层的报酬有助于使他们与企业目标保持一致。相关研究表明,对高管进行薪酬激励有助于提高高管的风险承担意识和解决由于高管追求个人利益、规避经营风险等行为而产生的代理问题(刘振,2014),使高管在实现公司目标的同时获得个人利益(柴才等,2017)。根据最优契约理论,董事会成员薪酬的提升有助于激发董事的工作热情与战略参与积极性,提高董事的履职强度。依据谢永珍等(2017)的研究,董监高薪酬作为一项正式激励制度,有利于提升董事会成员和高管参与治理、进行企业长期价值创造的积极性,有助于提升治理绩效。由于董监高薪酬对董事会正式权力层级发挥重要的牵制作用,当董监高薪酬制衡机制与高管团体的薪酬激励因素形成协同作用时,方能有效激活公司治理架构中的权力制衡功能,从而更好地发挥董事会正式权力层级的作用。因此,依据崔友洋等(2019)的研究,有必要将二者的交互项引入回归分析模型中进行检验。因此,在模型2中,随着董事会正式权力层级的增大,董事会更可能采取激进型战略,表明假设H1a考虑董监高薪酬的作用以及控制其他影响因素的条件下成立。这与李长娥等(2017)、张蔚虹和王牌(2020)的研究结果存在相似之处。根据信息不对称理论,企业高管掌握企业经营的内部信息,董事会需通过高管了解企业经营状况,因此与高管之间存在较大信息不对称。董事会对战略问题的参与需要了解组织内部环境,收集和处理公司内部信息,并将其整合至董事会的知识库中(Forbes and Milliken, 1999),因此会涉及与高层管理人员的互动。董事会正式权力层级较大时，董事与CEO兼职程度较大，有助于减少这种信息不对称程度（Eisenhardt et al.，1997）。董监高薪酬有利于提升董事会成员和高管参与治理、进行企业长期价值创造的积极性，有助于董事会与企业高管层的建设性对话，有利于提升企业战略决策的质量（Kor, 2006）。因此，董监高薪酬通过促进董事会与CEO的沟通、合作与良好关系的建立，提升了董事会的战略参与程度（纪成君和张爽，2015）。此外，董事会建立了企业与外部经济、社会环境的联系，通过搜集企业所处环境的变化、市场的复杂性和重要利益相关者的信息，在企业的战略制定中发挥积极作用。董事会决策依赖全体董事的经验、知识和资源。根据社会资源理论（Lin et al., 2001），个体在权力层级中的位置越高，可以调动的资源越多，且还能借助纽带关系获得更多其他外部资源。董事会正式权力层级越大，越有助于担任管理职务的董事利用自身积累的关系资源与物质资本为董事会战略决策提供针对性和建设性意见，越有助于提升董事会信息整合能力和对新市场机会的把握，增加采用激进型战略的可能性。

在模型1中，董事会非正式权力层级与战略选择的回归系数为0.0474，且在0.1的水平上显著。这表明，随着董事会非正式权力的增大，董事会将由保守型战略逐渐转向激进型战略。在复杂变动的企业经营环境中，有效的内部沟通对董事会战略决策至关重要。基于管理认知视角，组织成员的认知交互影响组织运行的效率与效果（余浩等，2020）。依据社会文化维度理论，中国社会具有高权力距离的特点（Hofstede，1984），低地位个体对团队内部权力分配不均等的接受水平较高，组织成员为了维持良好的成员关系，往往倾向于遵循组织正式的权力层级结构（魏昕和张志学，2010；段锦云和黄彩云，2013）；受儒家文化影响的组织成员通常对地位更敏感，更易接纳组织对成员间权力以及组织内部资源的部署（马连福等，2019）。当在决策过程中董事会成员之间存在意见不一致或者冲突时，较大的非正式权力层级有助于促进董事会成员的分工以及协同合作，简化董事会成员间的互动，进而提升团队内部沟通效率与董事会战略决策效率（Anderson and Brown, 2010; Van Dijk and Van Engen, 2013），使董事会成员容易就激进型战略的相关决策达成一致意见。处于高地位或受尊重程度高的董事会成员脱颖而出，发挥协调与沟通作用，减少董事会决策过程中的冲突，促进董事会内部的良性互动，避免贻误战机，提高决策效率。此外，高地位的董事还可以根据其社会联系为董事会提供与战略决策相关的高质量的知识和经验（Preffer and Salancik, 1978），促进董事会对企业外部环境的认知和对战略机会的识别及利用（周建等，2013），有助于提高董事会战略决策的有效性。因此，假设H1b得到验证。

在模型3中，企业使命和董事会正式权力层级的交互项与战略选择的系数为0.7260，且在0.01的水平上显著，表明企业使命越清晰、明确，董事会越容易由保守型战略逐渐转向激进型战略。这一结果与Dong等(2019)的结论存在相似之处。这表明完备、明确的企业使命弱化了董事会成员之间的对立以及董事会高管的控制权威，使董事会采取更激进的战略。负责任的企业使命有利于董事会与CEO的协调一致，减少董事会内部的抵触行为和政治行为，有助于董事会活动的顺利进行，从而提升企业绩效。董事会团队成员需要将不同的信息和观点带入董事会，使董事会作出高质量的决策。不确定身份理论(Hogg, 1988)认为，减少不确定性的需要可以促使组织中的个体强烈地认同他们的组织，提升组织成员之间的相互依赖程度(Halevy et al., 2011)。根据社会影响理论(Kelman, 2006)，内化的价值取向是对人影响最深、最持久的。这意味着在企业使命的感召下，董事会成员可以增进对公司业务的了解，强化对企业总体目标、价值观和战略的承诺与认同感(Cochran et al., 2008; Bailey and Peck, 2013)。用量子科学哲学观的观点来说，以使命为驱动力的组织，有助于使成员获得个人目标与组织目标的“同频共振”(Zohar, 2016)。因此，这种明确的、共同的企业使命有助于提升董事会的凝聚力与团队合作的效率(Mathieu et al., 2008)，为利益相关者创造价值。因此，假设H2a得到验证。

在模型3中，董事会非正式权力层级与企业使命的交互项系数为0.0246，但不显著，因此假设H2b没有得到验证。在社会认同过程中，群体成员在角色与地位上相互依赖(Tuener et al., 1979)，在企业使命的感召下，群体之间的群集敌意被弱化，而表现为群际和谐(Hogg and Abrams, 1988;武立东,2018)。较大的非正式权力层级有助于最小化董事会中无意义的冲突，增进董事会成员的协调，相较于企业使命的作用，这种由层级结构本身的特性而产生的协调作用更显著。

2.董事会战略参与对企业经济价值的影响

结合表5-5，在模型4中，董事会正式权力层级与经济价值的回归系数为0.8618，且在0.1水平上显著相关，表明董事会正式权力层级的增大，将有助于企业经济价值的提升，假设H3a得到验证。在模型5中，战略选择与企业经济价值的回归系数为0.0866，在0.01水平上显著相关。这表明相比于保守型战略，采用激进型战略的企业将获得更多的经济价值。因此，假设H4a得到了验证。

模型6加入了战略选择后,正式权力层级与经济价值也保持了显著的正相关关系。表明董事会正式权力层级通过战略选择影响企业经济价值,战略选择在董事会正式权力层级与企业经济价值之间发挥部分中介作用,因此假设H5a得到了验证。根据中国社会阶层的差序格局特性(费孝通,1988),“差”表示信息分布的差异,“序”表示个体权威的差距,这二者是影响董事之间缔约的关键因素。随着社会资本差距的增大,董事会成员之间的信任差异随之增大,致使董事会内部信息传递出现“序”的结构,有助于提高低地位成员的沟通意愿和权威人员的观点的受重视程度,减少董事会内部的矛盾和权力冲突,促进董事会内部的和谐和互动,提升战略决策的质量(Baglia et al., 1996;许为宾和周建,2014)。根据关系契约理论,董事会的正式权力层级作用于战略决策,并进一步影响组织绩效(Harjoto et al., 2018)。董事会成员之间的信任程度影响其互动交流(Useem and Zelleke, 2006)。基于现代管家理论,董事会与CEO之间建立紧密的关系有利于加强相互信任、提升董事会成员之间的合作,二者的权力配置影响企业的价值创造(Kor, 2006; 周建等,2013)。董事会对企业的了解是提高其治理水平的基础(Kaufman and Englander, 2005),CEO是董事会的密切战略协作者,董事会正式权力层级较大时,董事与CEO的兼职程度较高,有助于促进董事会与CEO的信息沟通(李国栋和薛有志,2011),处理和整合来自CEO的信息有助于提升董事会治理的有效性(Westphal, 1998;龚红,2004;Zona and Zattoni, 2007),也有助于董事会成员和CEO在公司战略方向上进行更高层次的合作,降低代理成本,使企业能够围绕一个共同的愿景努力,提升企业的价值。回归结果表明,企业使命与企业经济价值的相关性较弱,与Desmidt等(2011)的研究结论存在相似之处。既有研究对企业使命影响企业绩效的作用效果尚无定论。如David(1989)认为,企业使命对企业绩效不存在显著影响。康嘉欣等(2017)研究发现,企业使命正向影响企业绩效,但这种影响不显著。可能的原因是企业使命包含的不同要素对绩效影响的作用路径存在差异(彭涛和王凯,2014)。企业使命中与竞争导向相关的要素可能会影响企业的资源配置,进一步影响企业的成长性,而企业使命中与员工行为导向有关的内容可能会发生作用,并进一步影响企业绩效。因此,进一步的研究可以从企业资源配置和员工行为等角度(彭涛和王凯,2014)探索企业使命对企业绩效的影响机理与作用效果。

此外,由表5-5的回归结果可知,董事会非正式权力层级对企业经济价值不存在显著影响,因此假设H3c和H5b没有得到验证。董事会作为一个整体发挥其作用。本书将董事会权力层级分为正式权力层级和非正式权力层级两个层次，但这两个层次并不孤立存在，而是共同发挥作用(Magee and Galinsky, 2008;李长娥和谢永珍,2017)。任何组织内部都存在层级差异。对于一个组织而言，在任何一个时期，存在一个主要的层次结构发挥主导作用(Magee and Galinsky, 2008)。结合表5-5的回归结果可知，相对于董事会非正式权力层级，董事会正式权力层级在对经济价值的影响中发挥主导作用。这一回归结果与张耀伟等(2015)的研究结果存在相似之处，即董事会非正式权力层级差异越大，企业将获得越多财务绩效，而高层级董事与CEO兼职程度越高，这种正相关关系越弱，当高层级董事兼任CEO或同时兼任董事长和CEO时，这种正相关关系不显著。因此，董事会正式权力层级与非正式权力层级可能并非简单的替代关系或互补关系，进一步的研究可以从董事会权力(正式权力层级)与地位(非正式权力层级)的匹配性及背离性的角度来探索董事会权力结构对战略类型选择和治理绩效的影响。

表5-5 企业使命、董事会战略参与对企业经济价值的回归

	模型4	模型5	模型6
被解释变量	经济价值	经济价值	经济价值
常数项	0.4636***	0.4283***	0.4496***
	(3.6124)	(3.3586)	(3.5037)
董事会正式权力层级	0.8618*	—	0.7716*
	(1.8244)	—	(1.6853)
董事会非正式权力层级	−0.0219	—	−0.0249
	(−0.7922)	—	(−0.8955)
企业使命	0.0436	—	0.1053
	(0.2200)	—	(0.5368)
董事会正式权力层级×企业使命	−0.0835	—	−0.1448
	(−0.4047)	—	(−0.7099)
董事会非正式权力层级×企业使命	0.0469	—	0.0448
	(0.9116)	—	(0.8701)
战略选择	—	0.0866***	0.0845***
	—	(3.7228)	(3.6135)

续表

	模型 4	模型 5	模型 6
独立董事比例	0.0151	0.0111	0.0112
	(0.8850)	(0.6617)	(0.6553)
资产负债率	−0.1491***	−0.1418***	−0.1405***
	(−3.7098)	(−3.5799)	(−3.5075)
财务杠杆	0.0139	0.0163	0.0167
	(0.5774)	(0.6794)	(0.6985)
可持续增长率	0.4974***	0.4928***	0.4937***
	(10.2901)	(10.3033)	(10.2799)
账面市值比	−0.0919***	−0.0688**	−0.0682**
	(−2.9083)	(−2.1868)	(−2.1860)
代理成本	−0.0112	−0.0353	−0.0323
	(−0.5225)	(−1.6382)	(−1.5099)
股权制衡度	−0.0032	−0.0030	−0.0022
	(−0.2159)	(−0.2084)	(−0.1557)
董监高薪酬	0.6084**	0.1239***	0.5402**
	(2.3219)	(5.1579)	(2.1277)
董事会正式权力层级×董监高薪酬	−0.9533*	—	−0.8393*
	(−1.8269)	—	(−1.6598)
董事领取薪酬比例	0.0187	0.0208	0.0202
	(1.0560)	(1.1771)	(1.1453)
董事会会议次数	−0.0029	−0.0034	−0.0043
	(−0.6153)	(−0.7445)	(−0.9125)
股东大会召开次数	−0.0107	−0.0143	−0.0132
	(−1.0718)	(−1.4387)	(−1.3143)
业务复杂度	0.0095	−0.0256	−0.0199
	(0.5767)	(−1.4313)	(−1.0932)
公司成立年限	−0.0143***	−0.0112***	−0.0121***
	(−3.7223)	(−2.8579)	(−3.0711)
董事长学历	0.0128	0.0089	0.0087
	(0.6941)	(0.4975)	(0.4848)

续表

	模型4	模型5	模型6
董事长持股比例	1.8127	1.9370*	1.6947
	0.0151	0.0111	0.0112
年度	控制	控制	控制
行业	控制	控制	控制
观测值	903	903	903
R^2	0.5860	0.5910	0.5930
调整的R^2	0.5720	0.5790	0.5790
F	20.5800***	24.7100***	20.8500***

注：*、**、***分别表示在0.1、0.05、0.01的水平上显著。

二、企业使命、董事会战略参与对绿色绩效的作用效应

（一）主要变量描述统计与相关分析

1.主要变量的描述统计

表5-6给出了各个主要变量的描述性统计结果与方差分析，包括样本数、均值、标准差、最小值、最大值与方差分析。董事会权力层级、企业使命、战略选择与部分控制变量的描述性统计结果与前文一致，此处不赘述。

不同国有企业的绿色绩效存在差异。绿色治理绩效就年度变化而言，总体均值呈逐年增加趋势，总体标准差为0.4680，这表明我国国有企业逐渐重视绿色治理，通过一定的方式使得绿色治理绩效呈现稳定增长。此外，对绿色绩效进行频数分析，发现70.55%的企业绿色绩效评价值为0，仅29.45%的企业绿色绩效评价值为1，这表明大部分国有企业对绿色治理不够重视。

表5-6　主要变量的描述性统计与年度比较

指标	年度	观测值	平均值	标准差	最小值	最大值	方差分析
董事会正式权力层级（系数）	2012	156	0.5275	0.0496	0.4049	0.7540	0.3270
	2013	154	0.5289	0.0462	0.4227	0.6928	
	2014	139	0.5173	0.0433	0.4082	0.6603	

续表

指标	年度	观测值	平均值	标准差	最小值	最大值	方差分析
董事会正式权力层级(系数)	2015	145	0.5255	0.0479	0.3878	0.6603	0.3270
	2016	160	0.5267	0.0523	0.3910	0.7276	
	2017	149	0.5287	0.0484	0.4428	0.6928	
	总计	903	0.5259	0.0482	0.3878	0.7540	
董事会非正式权力层级(系数)	2012	156	0.1843	0.0685	0.0278	0.3990	0.6610
	2013	154	0.1768	0.0727	0.0278	0.4127	
	2014	139	0.1704	0.0651	0.0513	0.3690	
	2015	145	0.1742	0.0733	0.0408	0.4921	
	2016	160	0.1767	0.0666	0.0510	0.3935	
	2017	149	0.1755	0.0682	0.0504	0.4167	
	总计	903	0.1764	0.0691	0.0278	0.4921	
企业使命(系数)	2012	156	8.0700	0.9840	5.0000	9.0000	0.0000
	2013	154	8.2100	0.8630	6.0000	9.0000	
	2014	139	8.3200	0.8430	5.0000	9.0000	
	2015	145	8.3600	0.7960	5.0000	9.0000	
	2016	160	8.5600	0.6890	6.0000	9.0000	
	2017	149	8.5300	0.7220	5.0000	9.0000	
	总计	903	8.3400	0.8380	5.0000	9.0000	
保守型战略(系数)	2012	17	10.8240	1.1311	9.0000	12.0000	0.6970
	2013	21	10.9520	1.2836	8.0000	12.0000	
	2014	11	10.6360	1.5667	7.0000	12.0000	
	2015	20	11.1500	1.0894	8.0000	12.0000	
	2016	14	10.4290	1.7415	7.0000	12.0000	
	2017	9	10.6670	1.1180	9.0000	12.0000	
	总计	92	10.8260	1.3060	7.0000	12.0000	
分析型战略(系数)	2012	122	18.5900	2.8219	13.0000	23.0000	0.3870
	2013	114	18.2810	2.8580	13.0000	23.0000	

续表

指标	年度	观测值	平均值	标准差	最小值	最大值	方差分析
分析型战略(系数)	2014	109	18.3490	2.9325	13.0000	23.0000	0.3870
	2015	102	18.6370	2.6506	13.0000	23.0000	
	2016	127	17.8980	2.8252	13.0000	23.0000	
	2017	129	18.3020	2.8576	13.0000	23.0000	
	总计	703	18.3310	2.8289	13.0000	23.0000	
激进型战略(系数)	2012	17	25.0000	0.9354	24.0000	27.0000	0.2470
	2013	19	25.2630	1.4848	24.0000	29.0000	
	2014	19	25.0000	1.4142	24.0000	29.0000	
	2015	23	25.0430	1.2239	24.0000	28.0000	
	2016	19	25.9470	1.8401	24.0000	29.0000	
	2017	11	25.7270	1.9540	24.0000	29.0000	
	总计	108	25.2960	1.4868	24.0000	29.0000	
绿色绩效(0,1)	2012	156	0.2700	0.4450	0.0000	1.0000	0.2820
	2013	154	0.2800	0.4500	0.0000	1.0000	
	2014	139	0.3200	0.4700	0.0000	1.0000	
	2015	145	0.3400	0.4750	0.0000	1.0000	
	2016	160	0.3600	0.4800	0.0000	1.0000	
	2017	149	0.3800	0.4860	0.0000	1.0000	
	总计	903	0.3200	0.4680	0.0000	1.0000	

注：基于Mile和Snow(1978)的研究，本书通过计算得到处于6—30分的企业战略类型评分，评分介于6—12分的战略被称为保守型战略，评分介于13—23分的战略被称为分析型战略，评分介于24—30分的战略被称为激进型战略。各年度战略类型评分总计903个样本。

除前文提及的控制变量外，董事会规模在年度内不存在显著的差异($p=0.6740$)，总体均值大致呈先增后减趋势，总体均值在2014年达到最大值(9.6000)。董事会薪酬在年度内存在着显著的差异($p=0.0050$)，该指标在年度内先减少后增加，总体均值由2012年的14.1110减少至2014年的14.0909，此后该指标逐年上升，直至2017年的14.4124。这说明国有企业开始逐渐重视对董事会的激励。两权分离度在各年度内没有显著的变化($p=0.9800$)，总体最小值为0，总体最大值为35.4900%，总体均值为6.4378%。国有企业的实际控制人通常控制不止一家企业，且通常间接控制企业，致使对企业的控制环节较多，易产生较为繁复的金字塔结构，因而两权分离度较大。股权集中度在年度内不存在显著变化（$p=0.4880$），总体均值为38.8964，表明我国国有企业第一大股东在年度内持股比例相对比较稳定。S指数在年度内不存在显著差异（$p=0.1400$），总体均值大致呈递增趋势，总体均值为19.3902，表明我国国有企业第二到第十大股东持有的股份逐渐增多，权力逐渐呈现分散的趋势。资本密集度在年度内没有显著变化（$p=0.1380$），表明国有企业的资产营运能力在各年度内没有较大差异。市盈率在年度内存在较大差异（$p=0.0060$），在统计期间，整体呈现递增的趋势。总体均值为117.1811，总体最小值为3.4275，总体最大值为12269.7559，表明企业之间市盈率存在差异，有的企业市盈率较大，可能存在股票价值被高估的现象。委员会设置总数各年均值没有明显的变化（$p=0.9630$），均为3.92个左右，表明虽然样本企业都设置了委员会，但存在一定的差异，多则6个委员会，少则1个委员会。一些公司专业委员会设置的数量较少，不利于董事会治理效率的改善。

2.主要变量的相关分析

本书对董事会权力层级、战略选择、绿色绩效以及主要控制变量进行相关分析。表5-7汇总了本书主要变量的Pearson相关系数。各个变量之间的相关系数的绝对值都小于0.75，说明本书所选的变量之间不存在共线性问题。大部分变量间的相关系数较小，表明这些变量的相关程度较低。

表 5-7 相关系数

	1	2	3	4	5	6	7	8	9	10	11	12	13	14	15	16	17	18	19	20	21	22	23
1	1																						
2	0.016	1																					
3	−0.087***	−0.004	1																				
4	−0.047	0.071**	0.146***	1																			
5	−0.021	0.044	−0.014	0.076**	1																		
6	−0.008	−0.215***	−0.075**	−0.028	0.058*	1																	
7	−0.024	−0.426***	−0.080**	0.009	−0.001	0.470***	1																
8	0.008	0.323***	0.094***	0.056*	0.029	−0.210***	−0.280***	1															
9	−0.045	−0.183***	−0.025	0.017	−0.007	0.153***	0.220***	−0.170***	1														
10	−0.123***	0.048	−0.048	−0.031	0.004	0.228***	0.197***	0.019	−0.051	1													
11	−0.058*	−0.001	−0.014	−0.029	−0.029	0.245***	0.200***	0.002	−0.005	0.479***	1												
12	−0.051	0.258***	0.037	0.018	0.009	0.348***	0.019	−0.131***	−0.019	0.175***	0.102***	1											
13	−0.032	−0.201***	0.058*	−0.059*	−0.042	0.132***	0.194***	0.035	0.059*	0.101***	−0.014	−0.025	1										

续表

	1	2	3	4	5	6	7	8	9	10	11	12	13	14	15	16	17	18	19	20	21	22	23
14	0.004	0.048	−0.004	−0.018	0.019	0.096***	0.071**	−0.044	0.000	0.047	0.061*	0.0750**	−0.0610*	1									
15	−0.062*	0.166***	0.256***	0.066**	0.037	−0.123***	−0.154***	0.181***	−0.091***	−0.051	−0.032	−0.028	−0.141***	0.147***	1								
16	−0.040	0.077**	−0.037	−0.020	0.100***	0.065*	0.116***	−0.004	−0.110***	0.206***	0.083**	0.093***	0.008	−0.009	−0.005	1							
17	0.068**	−0.049	−0.412***	−0.281***	−0.114***	0.069**	0.041	−0.065*	−0.043	0.067**	0.013	−0.054	0.006	0.050	−0.123***	0.169***	1						
18	0.112***	0.024	−0.020	−0.062*	−0.028	−0.054	−0.028	−0.016	0.075**	−0.030	0.046	−0.030	0.071**	−0.116***	−0.117***	0.038	0.047	1					
19	−0.036	0.195***	0.027	−0.017	0.008	−0.080**	−0.066**	0.119***	−0.612***	0.096***	0.055	−0.014	−0.117***	0.088***	0.159***	0.160***	0.058*	−0.092***	1				
20	−0.048	−0.008	0.112***	−0.003	−0.006	0.049	0.102***	0.387***	−0.044	0.226***	0.139***	0.073**	0.055*	−0.008	0.069**	0.039	−0.096***	−0.038	0.042	1			
21	0.067**	0.015	0.054	−0.036	−0.041	−0.078**	−0.247***	0.205***	−0.008	−0.060*	−0.005	−0.074**	0.076**	−0.023	0.008	−0.200***	−0.020	−0.011	−0.052	0.170***	1		
22	−0.083**	−0.033	−0.057*	0.035	−0.031	0.107***	0.101***	−0.051	−0.033	0.085**	0.067**	0.106***	−0.034	0.110***	0.031	−0.034	0.039	−0.104***	0.000	0.008	−0.080**	1	
23	−0.072**	−0.237***	−0.095***	0.033	0.078**	0.113***	0.267***	−0.305***	0.530***	−0.024	−0.015	0.004	−0.093***	0.057*	−0.159***	−0.053	0.053	0.096***	−0.429***	−0.132***	−0.138***	−0.013	1

注：*、**、***分别表示在0.1、0.05、0.01的水平上显著；1.绿色绩效；2.战略选择；3.董事会正式权力层级；4.董事会非正式权力层级；5.企业使命；6.资产负债率；7.账面市值比；8.代理成本；9 股权制衡度；10.董事会会议次数；11.股东大会召开次数；12.业务复杂度；13.公司成立年限；14.董事长学历；15.董事长持股比例；16.董事会薪酬；17.董事会规模；18.两权分离度；19.S指数；20.资本密集度；21.市盈率；22.委员会设立；23.股权集中度。

为了进一步避免主要变量之间可能存在的多重共线性对回归结果产生影响，本书对主要变量的方差膨胀因子（VIF）进行了检验，检验结果如表5-8所示。由表5-8可以看出，VIF的最大值为2.0200，最小值为1.0700，远低于标准值10，且变量的Tolerance值均大于0.1，表明本书的回归模型不存在严重的多重共线性问题。

表5-8　主要变量的VIF值

变量	VIF	Tolerance
战略选择	1.7000	0.5870
董事会正式权力层级	1.3500	0.7390
董事会非正式权力层级	1.1200	0.8968
企业使命	1.0700	0.9310
资产负债率	1.6600	0.6040
账面市值比	1.9000	0.5269
代理成本	1.6000	0.6233
股权制衡度	2.0200	0.4957
董事会会议次数	1.5700	0.6363
股东大会召开次数	1.4200	0.7048
业务复杂度	1.4900	0.6704
公司成立年限	1.2000	0.8327
董事长学历	1.1000	0.9115
董事长持股比例	1.2300	0.8112
董事会薪酬	1.1900	0.8380
董事会规模	1.4000	0.7156
两权分离度	1.0900	0.9202
S指数	1.9500	0.5136
资本密集度	1.3500	0.7433
市盈率	1.2300	0.8149
委员会设立	1.1100	0.9019
股权集中度	1.8000	0.5563

（二）多元回归分析

为了进一步探究在企业使命的约束下，董事会通过战略参与对企业绿色绩效的影响程度和影响方向，基于企业使命、董事会权力层级、战略选择对绿色绩效生成的影响机理与实践逻辑，本书借助多元回归方法展开分析。

1.董事会权力层级对战略选择的影响以及企业使命的调节效应检验

由表5-9可知，在模型7中，董事会正式权力层级与战略选择的系数为−0.0893，在模型8中加入董事会正式权力层级与委员会设立、董事会正式权力层级与董事会规模的交互项后，董事会正式权力层级与战略选择的系数变为0.8842，且在0.05的水平上显著。依据相关分析可知，董事会正式权力层级与委员会设立、董事会正式权力层级与董事会规模均呈显著的负相关关系，初步表示董事会正式权力层级对战略选择的作用可能会受到董事会规模和委员会设立情况的影响。在模型8中，董事会正式权力层级与董事会规模的交互项系数为−1.0054，且在0.01的水平上显著，这表明董事会规模发挥了显著的负向调节作用，董事会正式权力层级与委员会设立的交互项系数为−0.0272，这表明在董事会规模与专业委员会的共同作用下，董事会正式权力层级与战略选择的作用关系由负相关变为显著的正相关。

表5-9 董事会权力层级、企业使命与战略选择

	模型7	模型8	模型9
被解释变量	战略选择	战略选择	战略选择
常数项	0.2282	0.3321	0.3700
	(0.9725)	(1.4207)	(1.5743)
董事会正式权力层级	−0.0893***	0.8842**	0.7157**
	(−2.9897)	(2.5156)	(2.0076)
董事会非正式权力层级	0.0606**	0.0618**	0.0692*
	(2.1775)	(2.2443)	(1.7398)
企业使命	—	—	−0.6973**
	—	—	(−2.4392)
董事会正式权力层级×企业使命	—	—	0.7485***
	—	—	(2.6888)

续表

	模型7	模型8	模型9
董事会非正式权力层级×企业使命	—	—	−0.0138
	—	—	(−0.1717)
资产负债率	−0.1146***	−0.1113***	−0.1149***
	(−3.3287)	(−3.2136)	(−3.3366)
账面市值比	−0.2852***	−0.2859***	−0.2784***
	(−7.1013)	(−7.1581)	(−6.9642)
代理成本	0.2641***	0.2771***	0.2743***
	(7.5889)	(8.1303)	(7.9712)
股权制衡度	0.0806**	0.0882**	0.0921**
	(2.2319)	(2.4279)	(2.5076)
董事会会议次数	0.0151*	0.0141*	0.0145*
	(1.7991)	(1.6818)	(1.7248)
股东大会召开次数	0.0324*	0.0346*	0.0379**
	(1.7626)	(1.8861)	(2.0795)
业务复杂度	0.3415***	0.3466***	0.3432***
	(10.9841)	(11.3048)	(11.2801)
公司成立年限	−0.0167***	−0.0180***	−0.0188***
	(−2.9879)	(−3.2419)	(−3.3709)
董事长学历	0.0592**	0.0488*	0.0442
	(2.0089)	(1.6726)	(1.5271)
董事长持股比例	1.6180*	0.6595	0.4405
	(1.7128)	(1.0019)	(0.7208)
董事会薪酬	0.0777***	0.0748**	0.0748**
	(2.5847)	(2.4856)	(2.4453)
董事会规模	−0.0428	0.8391***	0.7681***
	(−1.2566)	(3.5151)	(3.1824)
董事会正式权力层级×董事会规模	—	−1.0054***	−0.9207***
	—	(−3.7916)	(−3.4401)
两权分离度	0.0400	0.0380	0.0391
	(1.4336)	(1.3463)	(1.3838)

续表

	模型7	模型8	模型9
S指数	0.1390***	0.1506***	0.1537***
	(4.0390)	(4.4094)	(4.4859)
资本密集度	−0.0813**	−0.1003***	−0.1039***
	(−2.3351)	(−2.8803)	(−2.9772)
市盈率	−0.0417	−0.0453	−0.0399
	(−1.4169)	(−1.5531)	(−1.3630)
委员会设立	−0.0411	−0.0154	−0.0324
	(−1.3780)	(−0.0538)	(−0.1163)
董事会正式权力层级×委员会设立	—	−0.0272	−0.0113
	—	(−0.0826)	(−0.0353)
股权集中度	−0.0048**	−0.0052**	−0.0057**
	(−2.1561)	(−2.3701)	(−2.5436)
年度	控制	控制	控制
行业	控制	控制	控制
观测值	819	819	819
R^2	0.4220	0.4320	0.4380
调整的R^2	0.4010	0.4100	0.4140
F	25.3800***	26.2900***	24.5800***

注：(1)*、**、***分别表示在0.1、0.05、0.01的水平上显著。(2)此表是董事会通过战略参与影响绿色治理绩效而进行的前半段的检验。(3)决定经济价值和绿色治理绩效的因素是有差别的，因此除了本书涉及的主要变量以外，在控制变量的选取方面存在差别。因此对绿色绩效进行回归时，在原回归变量的基础上，加入了两权分离度和市盈率等变量，这些变量信息有部分缺失，故样本量不是903，而是819。

董事会规模对董事会的战略参与(马连福和冯慧群，2014；卫旭华等，2015；周建等，2015；武立东等，2018)及其效果(张耀伟等2015)产生重要作用。董事会是群体决策机构，权力层级的产生本就与董事会团队的规模密切相关。虽然董事会规模的增大可能会造成董事会团队内部更高的协调成本(李国栋和薛有志，2008)，降低董事会决策效率，但根据资源依赖理论(Hillman and Dalziel，2003)，董事会规模越大，董事越可以为企业带来更多的资源、知识和技能，有助于拓展企业的资源平台，获取更多的发展机会，有助于创新投入的增加(刘建华等，2019；张蔚虹和王牌，2020)和企业价值的提升

(Masulis and Mobbs, 2014；黄业德和张鑫，2020)。较大的董事会规模有助于不同董事会成员职业背景、专业知识、信息和技术的互补(曾江洪和肖涛，2015)，使董事会凝聚更多成员的专业知识和技能，有利于董事会在决策中全方位考虑，更好地评估特定决策的后果(McDonald et al., 2008)，减少决策失误。此外，董事会专业委员会的设置也对董事会正式权力层级作用的发挥产生影响(谢永珍等，2017)。依据现有研究，董事会薪酬委员会、审计委员会与提名委员会等专业委员会的强化和完善有助于强化对经理层的监督和指导，从而支持战略的决策与执行(刘鑫和薛有志，2015)，在董事会正式权力层级较大时，有助于减少决策过程中的政治性干预，保证董事会信息交流的充分性，增强董事会对战略的认知，进而提升董事会战略决策的科学性，并获得较好的治理效果。由于董事会规模与委员会设置对董事会正式权力层级发挥重要的牵制作用，在考虑二者的作用下，董事会正式权力层级才能更好地发挥作用，因此，依据崔友洋等(2019)的研究，需要将二者的交互项引入回归分析模型来进行检验。因此，在模型8中，随着董事会正式权力层级的增大，董事会更可能采取激进型战略，表明假设H1a在考虑董事会规模与专业委员会设置以及其他控制变量的作用下成立。当董事会正式权力层级较大时，董事与CEO的兼任程度较大，有助于董事会与CEO的利益趋于一致，有利于董事会采取更加激进的战略，增加企业应对环境的灵活性。较大的董事会规模有助于赋予董事会中位高权重者更大的相对权力，有助于组织成员对正式权力层级中的位置达成共识，使高权力者在董事会决策中更好地发挥引导作用，有助于提升董事会团队成员的信息交换与互动，提高董事会决策的效率。董事会规模越大，越有助于董事为企业带来更多的资源和战略信息，促使董事在团队会议中更加积极地讨论战略机会；较大的董事会规模还有助于促使位高权重者发挥资源优势，在董事会团队内部形成资源服从模式，提升董事会战略决策的时效性以及科学性(Dalton et al., 1999；陈可喜和李珍珍，2017)。此外，专业委员会的设置和完善有助于通过强化对CEO的监督，在董事会正式权力层级较大时，减少董事会团队内部的冲突，促使董事之间信息的交流与对战略问题的讨论。而相比于专业委员会对董事会正式权力层级作用于战略选择的影响，董事会规模可能发挥了更直接的作用。

在模型9中，董事会正式权力层级与企业使命的交互项与战略选择的回归系数为0.7485，且在0.01的水平上显著，表明企业使命越明确，董事会越容易由保守型战略逐渐转向激进型战略，进一步验证了假设H2a。当董事会正式权力层级差异较大时，尤其当高层级成员兼任董事长与CEO时，董事会更容易被CEO操纵。创新投资有长周期、高不确定性以及高风险等特性（王玉霞和孙治一，2019），高管存在风险规避行为，通常会减少创新投资（Holmstrom，1989），不利于企业的新产品的研发以及新市场的拓展。而企业使命有助于促进董事会团队内部和谐，共同的企业使命约束着董事会成员的行为，促进董事会成员对群体目标的认同，增进董事之间的相互信任和顺畅有效的互动，有助于董事会成员对与激进型战略有关的决策达成一致意见。

在模型7中，董事会非正式权力层级与战略选择的回归系数为0.0606，且在0.05的水平上显著。这表明，随着董事会非正式权力层级的增大，董事会将由保守型战略逐渐转向激进型战略，进一步验证了假设H1b。在模型9中，非正式权力层级与企业使命的交互项系数不显著，因此假设H2b没有得到验证，与前文一致。

2.董事会权力层级通过战略参与对绿色绩效的影响

由于绿色绩效采用的是二元变量，因此本书选用逻辑回归模型进行回归分析。相较于回归系数，考察逻辑回归的发生比率比（Odds Ratio）更为合理，也可以更好地解释回归结果。由于逻辑回归的被解释变量是对数发生比，并不是连续变量，所以解释变量的估计系数为该变量对对数发生比的作用。通常将对数发生比进行转换后进行解释，对回归模型的等式两侧取自然对数，可得出发生比。比较两组发生比的恰当方式是通过除法获得发生比率比。鉴于此，本书在逻辑回归中汇总发生比率比，以此来理解解释变量对事件概率的作用（Morgan and Teachman，1988）。解释变量与被解释变量的关系应当依据发生比率比的规则来判定，如果发生比率比大于1，表示解释变量对事件概率发挥正向作用；如果发生比率比小于1，表示解释变量对事件概率发挥负向作用。

根据表5-10，在模型10中，董事会正式权力层级与绿色绩效的发生比率比为9.6426，且在0.05水平上显著相关，表明董事会正式权力层级差异的增大，将有助于企业绿色绩效的提升，因此假设H3b得到验证。在模型11中，战略选择与绿色绩效的发生比率比为1.2466，大于1，且在0.05水平上显著相关。这表明战略选择与绿色绩效存在正相关关系，采用激进型战略的企业将获得更多的绿色绩效。因此，假设H4b得到了验证。表5-10的回归结果表明董事会通过战略参与正向影响企业绿色绩效，企业战略在董事会正式权力层级与企业绿色绩效之间发挥部分中介作用，因此假设H5c得到了验证。这一结论与Dong等(2019)的结论一致。在模型12中,将战略选择加入模型后,董事会正式权力层级与绿色绩效依然为显著的正相关。利益相关者理论认为,企业在强调财务绩效的同时还应关注社会绩效,提升企业可持续发展水平。董事会正式权力层级越大,董事与CEO的兼职程度越高,越有助于董事会与经理层之间建立紧密的关系,有利于增进董事会成员间的相互信任和顺畅有效的互动,提升董事会成员之间的合作与团队凝聚力以及董事会为战略决策提供建议的积极性(许为宾和周建,2014),促使董事会关注绿色发展,提升企业绿色绩效。董事会通过战略参与,将绿色理念融入产品设计,有助于减少企业对自然资源的浪费,降低对环境的威胁与冲击,提高企业股东价值和绿色治理绩效(Berchicci et al., 2012)。在国家政策的指导下,如绿色创新政策,采用激进型战略的企业还可以通过挖掘新的市场潜力与机会,结合市场环境不断调整内部管理系统和优化技术,以满足环境保护的需求,向市场提供符合绿色标准的产品和服务,从而提升企业绿色价值(Paul et al., 2011)。回归结果表明,企业使命对绿色绩效发挥正向影响,与康嘉欣等(2017)的研究结论存在相似之处。但结合既有研究,企业使命对绩效的作用方向尚无定论。可能的原因是企业使命包含的不同要素对绩效影响的作用路径存在差异(彭涛和王凯,2014)。如康嘉欣等(2017)研究发现,企业使命正向影响企业绩效,但这种影响不显著。郇金宝(2010a)研究发现,企业使命的完备性与企业绩效呈U形关系。企业使命中与竞争导向相关的要素可能会影响企业的资源配置,进一步影响企业的成长性,而企业使命中与员工行为导向有关的内容可能影响企业绩效。因此,企业使命对各个企业内部资源的分配、企业战略和企业绩效的作用路径与作用效果可能存在差异。一些研究尝试从企业的资源分配(Bart and Baetz, 1998)、领导(Collins et al., 1996)、员工行为(Bartkus et al., 2000; Bart et al., 2001; Desmidt et al., 2011)、对利益相关者的管理行为(Bartkus et al.,2006)等角度解释企业使命对绩效的影响路径与作用效果,虽尚未得出一致结论,但为进一步的研究提供了思路。

结合表5-10的回归结果可知,董事会非正式权力层级与绿色绩效的发生比率比不显著,表明董事会非正式权力层级并未对企业绿色绩效发挥显著影响,因此假设H3d和H5d没有得到验证。这表明董事会正式权力层级和非正式权力层级并不孤立存在,而是共同发挥作用(Magee and Galinsky, 2008;李长娥和谢永珍,2017)。对董事会而言,在任何时间内,存在一个主要的层次结构发挥主导作用(Magee and Galinsky, 2008)。与董事会权力层级对企业经济价值的影响相类似,董事会正式权力层级在对绿色绩效的影响中发挥主导作用。

表 5-10　企业使命、董事会战略参与对企业绿色绩效的回归

	模型 10	模型 11	模型 12
被解释变量	绿色绩效	绿色绩效	绿色绩效
常数项	1.8970	1.5738	1.7094
	(0.8700)	(0.6400)	(0.7200)
董事会正式权力层级	9.6426**	—	7.9778*
	(2.1200)	—	(1.9500)
董事会非正式权力层级	0.9317	—	0.9172
	(−0.5200)	—	(−0.6400)
企业使命	9.7000**	—	11.1968***
	(2.4700)	—	(2.6200)
董事会正式权力层级×企业使命	0.0791***	—	0.0675***
	(−2.7200)	—	(−2.8800)
董事会非正式权力层级×企业使命	1.2387	—	1.2421
	(0.8100)	—	(0.8200)
战略选择	—	1.2466**	1.2561**
	—	(2.0400)	(2.0500)
资产负债率	1.0663	1.0582	1.0896
	(0.6100)	(0.5500)	(0.8200)
账面市值比	1.1783	1.3050**	1.2561*
	(1.3300)	(2.1700)	(1.7800)
代理成本	1.1934	1.1155	1.1165
	(1.4700)	(0.9000)	(0.8700)
股权制衡度	0.8064	0.8019*	0.7982
	(−1.5500)	(−1.6800)	(−1.6500)
董事会会议次数	0.9334**	0.9355**	0.9299**
	(−2.3200)	(−2.3100)	(−2.4300)
股东大会召开次数	0.9380	0.9526	0.9353
	(　1.0400)	(−0.8000)	(−1.0900)

续表

	模型 10	模型 11	模型 12
业务复杂度	0.8262	0.7564**	0.7667**
	(−1.6100)	(−2.3300)	(−2.1400)
公司成立年限	0.9746	0.9787	0.9792
	(−1.4600)	(−1.2400)	(−1.1800)
董事长学历	1.0828	1.0692	1.0693
	(0.8900)	(0.7700)	(0.7500)
董事长持股比例	0.0001**	0.0001***	0.0001**
	(−2.3600)	(−2.6800)	(−2.3100)
董事会薪酬	0.9212	0.9087	0.9030
	(−0.9000)	(−1.0500)	(−1.1000)
董事会规模	4.1936*	1.1634*	3.4455
	(1.8600)	(1.7700)	(1.6000)
董事会正式权力层级×董事会规模	0.2192*	—	0.2792
	(−1.7200)	—	(−1.4400)
两权分离度	1.2862***	1.2623***	1.2751***
	(2.900)	(2.7200)	(2.8300)
S 指数	0.7055***	0.6857***	0.6822***
	(−2.8500)	(−3.1600)	(−3.1100)
资本密集度	0.6606***	0.6752***	0.6748***
	(−3.3400)	(−3.2200)	(−3.1200)
市盈率	1.1357	1.1812*	1.1427
	(1.3300)	(1.7100)	(1.3900)
委员会设立	2.2132	0.8486*	2.2390
	(0.9300)	(−1.8900)	(0.9300)
董事会正式权力层级×委员会设立	0.3297	—	0.3293
	(−1.1200)	—	(−1.1100)
股权集中度	0.9720***	0.9732***	0.9731***
	(−3.7200)	(−3.7500)	(−3.5500)
年度	控制	控制	控制

续表

	模型 10	模型 11	模型 12
行业	控制	控制	控制
观测值	819	819	819
Pseudo R^2	0.1497	0.1426	0.1535
Wald Chi^2	100.6100***	94.7400***	106.3200***

注：(1)*、**、***分别表示在0.1、0.05、0.01的水平上显著。(2)表中报告的结果是绿色绩效发生比率比(Odds Ratio)，而非回归系数；括号中的数值为z值而非t值。(3)表中汇报了Pseudo R^2(即伪R^2)而不是线性回归中的R^2，原因是逻辑回归的被解释变量是非连续变量，不可直接计算R^2。(4)此表是董事会通过战略参与影响绿色治理绩效而进行的前半段的检验。(5)决定经济价值和绿色治理绩效的因素是有差别的，因此除了本书涉及的主要变量以外，在控制变量的选取方面存在差别。因此对绿色绩效进行回归时，在原回归变量的基础上，加入了两权分离度和市盈率等变量，这些变量信息有部分缺失，故样本量不是903，而是819。

三、稳健性检验

(一)增加控制变量

依据曹裕(2014)、李胜会和宗洁(2018)、武立东等(2018)等研究，本书通过在模型中增加控制变量以进一步验证前文回归结果的稳健性。本书选用赫芬达尔指数作为控制变量，该指标反映了市场集中程度(庄仲乔，2019)。该指数越小，说明市场竞争强度越大(许新亮，2019)。市场竞争程度影响企业的战略选择。市场竞争在一定程度上增强了对管理者的监督，从而降低了企业的代理成本，有助于强化对管理者的激励(蒋荣和陈丽蓉，2007)。此外，经理人市场的信誉机制能借助产品市场竞争对经理人的行为发挥更有效的约束作用，节省大量代理和交易成本。

根据表5-11、表5-12、表5-13的回归结果可以看出，董事会正式权力层级与企业战略选择呈显著的正相关关系，表明随着董事会正式权力层级差异的增大，董事会将由保守型战略逐渐转向激进型战略，且企业使命强化了董事会正式权力层级与战略选择的正相关关系，这与正文的回归结果一致。董事会非正式权力层级也正向影响企业战略选择。此外，回归结果还表明，在企业使命的感召下，董事会正式权力层级通过企业战略影响企业经济价值和绿色绩效，企业战略在董事会正式权力层级与企业经济价值、董事会权力层级与绿色绩效之间均发挥中介作用。

回归结果表明，赫芬达尔指数的纳入未使其他主要解释变量回归结果的方向和显著性发生改变，由此表示原模型的拟合结果具备较好的稳健性。

表 5-11　企业使命、董事会战略参与对企业经济价值的回归

	模型 13	模型 14	模型 15	模型 16	模型 17	模型 18
被解释变量	战略选择	战略选择	战略选择	经济价值	经济价值	经济价值
常数项	0.1077	0.1341	0.1500	0.4099***	0.3758***	0.3974***
	(0.5212)	(0.6514)	(0.7320)	(3.0917)	(2.8576)	(3.0058)
董事会正式权力层级	−0.0783***	1.2884**	1.0742**	0.8833*	—	0.7932*
	(−2.9192)	(2.4093)	(1.9810)	(1.8737)	—	(1.7349)
董事会非正式权力层级	0.0475*	0.0449*	0.0359	−0.0210	—	−0.0240
	(1.9468)	(1.8500)	(0.9208)	(−0.7521)	—	(−0.8565)
企业使命	—	—	−0.7382***	0.0147	—	0.0766
	—	—	(−2.6723)	(0.0733)	—	(0.3874)
董事会正式权力层级×企业使命	—	—	0.7349***	−0.0543	—	−0.1160
	—	—	(2.6774)	(−0.2616)	—	(−0.5644)
董事会非正式权力层级×企业使命	—	—	0.0244	0.0460	—	0.0439
	—	—	(0.3224)	(0.8920)	—	(0.8520)
战略选择	—	—	—	—	0.0865***	0.0839***
	—	—	—	—	(3.7251)	(3.5982)
独立董事比例	0.0501*	0.0476*	0.0454	0.0127	0.0089	0.0089
	(1.8153)	(1.7226)	(1.6383)	(0.7462)	(0.5328)	(0.5225)
资产负债率	−0.1119***	−0.1066***	−0.1013***	−0.1472***	−0.1404***	−0.1387***
	(−3.0402)	(−2.9091)	(−2.7731)	(−3.6618)	(−3.5415)	(−3.4615)
财务杠杆	−0.0316	−0.0293	−0.0332	0.0129	0.0153	0.0157
	(−0.9987)	(−0.9292)	(−1.0548)	(0.5325)	(0.6355)	(0.6526)

续表

	模型13	模型14	模型15	模型16	模型17	模型18
可持续增长率	0.0576**	0.0550**	0.0440	0.4976***	0.4934***	0.4939***
	(2.0570)	(1.9752)	(1.5898)	(10.2998)	(10.3126)	(10.2879)
账面市值比	−0.2819***	−0.2819***	−0.2795***	−0.0891***	−0.0662**	−0.0657**
	(−7.6954)	(−7.7197)	(−7.6396)	(−2.8000)	(−2.0857)	(−2.0910)
代理成本	0.2498***	0.2517***	0.2504***	−0.0112	−0.0352	−0.0322
	(8.2676)	(8.4148)	(8.4383)	(−0.5191)	(−1.6267)	(−1.4956)
股权制衡度	−0.0106	−0.0095	−0.0119	−0.0045	−0.0042	−0.0035
	(−0.3803)	(−0.3451)	(−0.4250)	(−0.3041)	(−0.2930)	(−0.2451)
董监高薪酬	0.1269***	0.8804***	0.8118***	0.6223**	0.1239***	0.5542**
	(4.0789)	(2.9493)	(2.7016)	(2.3794)	(5.1522)	(2.1857)
董事会正式权力层级×董监高薪酬	—	−1.5152***	−1.3582**	−0.9805*	—	−0.8666*
	—	(−2.5583)	(−2.2777)	(−1.8823)	—	(−1.7158)
董事领取薪酬比例	−0.0139	−0.0150	−0.0176	0.0197	0.0218	0.0212
	(−0.5074)	(−0.5480)	(−0.6490)	(1.1086)	(1.2317)	(1.1959)
董事会会议次数	0.0185**	0.0170**	0.0163**	−0.0028	−0.0033	−0.0042
	(2.4760)	(2.2645)	(2.1976)	(−0.5869)	(−0.7057)	(−0.8816)
股东大会召开次数	0.0216	0.0251	0.0291	−0.0111	−0.0149	−0.0135
	(1.1929)	(1.3888)	(1.6138)	(−1.1049)	(−1.4879)	(−1.3439)
业务复杂度	0.3511***	0.3558***	0.3491***	0.0116	−0.0233	−0.0177
	(11.4214)	(11.4603)	(11.3354)	(0.7039)	(−1.2973)	(−0.9658)
公司成立年限	−0.0236***	−0.0249***	−0.0255***	−0.0142***	−0.0111***	−0.0121***
	(−4.5762)	(−4.8344)	(−4.9463)	(−3.7003)	(−2.8238)	(−3.0539)
董事长学历	0.0562**	0.0540*	0.0486*	0.0115	0.0079	0.0074
	(2.0314)	(1.9622)	(1.7716)	(0.6247)	(0.4403)	(0.4154)
董事长持股比例	2.1164**	1.6368*	1.3991*	1.8213	1.9625*	1.7039
	(2.0764)	(1.8641)	(1.7403)	(1.5573)	(1.7067)	(1.5088)

续表

	模型 13	模型 14	模型 15	模型 16	模型 17	模型 18
赫芬达尔指数	0.0136	0.0235	0.0425	0.1389*	0.1331*	0.1353*
	(0.1223)	(0.2106)	(0.3810)	(1.9384)	(1.8828)	(1.8786)
年度	控制	控制	控制	控制	控制	控制
行业	控制	控制	控制	控制	控制	控制
观测值	903	903	903	903	903	903
R^2	0.4120	0.4160	0.4200	0.5880	0.5920	0.5950
调整的 R^2	0.3950	0.3980	0.4010	0.5740	0.5810	0.5800
F	28.6700***	28.3300***	25.7000***	20.9500***	24.7000***	21.0100***

注：*、**、***分别表示在0.1、0.05、0.01的水平上显著。

表 5-12　董事会权力层级、企业使命与战略选择

	模型 19	模型 20	模型 21
被解释变量	战略选择	战略选择	战略选择
常数项	0.2179	0.3126	0.3451
	(0.9126)	(1.3143)	(1.4444)
董事会正式权力层级	−0.0890***	0.8932**	0.7226**
	(−2.9729)	(2.5384)	(2.0243)
董事会非正式权力层级	0.0609**	0.0624**	0.0703*
	(2.1840)	(2.2615)	(1.7639)
企业使命	—	—	−0.7146**
	—	—	(−2.4916)
董事会正式权力层级×企业使命	—	—	0.7658***
	—	—	(2.7466)
董事会非正式权力层级×企业使命	—	—	−0.0143
	—	—	(−0.1776)
资产负债率	−0.1142***	−0.1106***	−0.1138***
	(−3.3231)	(−3.1945)	(−3.3100)
账面市值比	−0.2848***	−0.2851***	−0.2773***
	(−7.0913)	(−7.1444)	(−6.9435)

续表

	模型19	模型20	模型21
代理成本	0.2638***	0.2767***	0.2738***
	(7.5684)	(8.1145)	(7.9541)
股权制衡度	0.0808**	0.0886**	0.0926**
	(2.2349)	(2.4383)	(2.5204)
董事会会议次数	0.0151*	0.0141*	0.0145*
	(1.7981)	(1.6804)	(1.7243)
股东大会召开次数	0.0323*	0.0343*	0.0376**
	(1.7570)	(1.8741)	(2.0663)
业务复杂度	0.3421***	0.3478***	0.3447***
	(10.9677)	(11.3184)	(11.3027)
公司成立年限	−0.0167***	−0.0179***	−0.0187***
	(−2.9765)	(−3.2291)	(−3.3628)
董事长学历	0.0588**	0.0481	0.0431
	(1.9966)	(1.6459)	(1.4882)
董事长持股比例	1.6247*	0.6623	0.4407
	(1.7215)	(1.0122)	(0.7247)
董事会薪酬	0.0777***	0.0749**	0.0752**
	(2.5857)	(2.4880)	(2.4544)
董事会规模	−0.0421	0.8500***	0.7801***
	(−1.2270)	(3.5470)	(3.2230)
董事会正式权力层级×董事会规模	—	−1.0162***	−0.9325***
	—	(−3.8224)	(−3.4774)
两权分离度	0.0402	0.0384	0.0397
	(1.4424)	(1.3627)	(1.4041)
S指数	0.1394***	0.1514***	0.1548***
	(4.0437)	(4.4271)	(4.5121)
资本密集度	−0.0813**	−0.1005***	−0.1042***
	(−2.3312)	(−2.8788)	(−2.9771)
市盈率	−0.0416	−0.0450	−0.0394
	(1.4104)	(−1.5430)	(−1.3475)

续表

	模型 19	模型 20	模型 21
委员会设立	−0.0412	−0.0183	−0.0374
	(−1.3808)	(−0.0638)	(−0.1344)
董事会正式权力层级×委员会设立	—	−0.0240	−0.0058
	—	(−0.0728)	(−0.0180)
股权集中度	−0.0048**	−0.0053**	−0.0057**
	(−2.1610)	(−2.3849)	(−2.5628)
赫芬达尔指数	0.0309	0.0616	0.0793
	(0.2670)	(0.5334)	(0.6856)
年度	控制	控制	控制
行业	控制	控制	控制
观测值	819	819	819
R^2	0.4220	0.4320	0.4380
调整的 R^2	0.4000	0.4100	0.4140
F	24.4900***	25.4700***	23.8700***

注：(1)*、**、***分别表示在0.1、0.05、0.01的水平上显著。(2)此表是董事会通过战略参与影响绿色治理绩效所进行的前半段的检验。(3)决定经济价值和绿色治理绩效的因素是有差别的，因此除了本书涉及的主要变量以外，在控制变量的选取方面存在差别。因此对绿色绩效进行回归时，在原回归变量的基础上，加入了两权分离度和市盈率等变量，这些变量信息有部分缺失，故样本量不是903，而是819。

表 5-13　企业使命、董事会战略参与对企业绿色绩效的回归

	模型 22	模型 23	模型 24
被解释变量	绿色绩效	绿色绩效	绿色绩效
常数项	1.5302	1.2423	1.3877
	(0.5700)	(0.3000)	(0.4300)
董事会正式权力层级	10.9387**	—	9.0036**
	(2.2400)	—	(2.0600)
董事会非正式权力层级	0.9457	—	0.9317
	(−0.4200)	—	(−0.5300)
企业使命	8.3173**	—	9.5893**
	(2.2800)	—	(2.4300)

续表

	模型22	模型23	模型24
董事会正式权力层级×企业使命	0.0928**	—	0.0793***
	(−2.5200)	—	(−2.6800)
董事会非正式权力层级×企业使命	1.2300	—	1.2324
	(0.7900)	—	(0.8000)
战略选择	—	1.2436**	1.2465**
	—	(2.0300)	(1.9800)
资产负债率	1.0737	1.0658	1.0954
	(0.6700)	(0.6200)	(0.8600)
账面市值比	1.1908	1.3161***	1.2658*
	(1.4200)	(2.2400)	(1.8500)
代理成本	1.1900	1.1143	1.1160
	(1.4500)	(0.8900)	(0.8700)
股权制衡度	0.8139	0.8067	0.8057
	(−1.4500)	(−1.6000)	(−1.5500)
董事会会议次数	0.9322**	0.9342**	0.9289**
	(−2.3600)	(−2.3600)	(−2.4600)
股东大会召开次数	0.9359	0.9501	0.9335
	(−1.0700)	(−0.8400)	(−1.1200)
业务复杂度	0.8393	0.7690**	0.7807**
	(−1.4800)	(−2.2100)	(−2.0100)
公司成立年限	0.9758	0.9802	0.9803
	(−1.3800)	(−1.1400)	(−1.1100)
董事长学历	1.0720	1.0615	1.0600
	(0.7800)	(0.6900)	(0.6500)
董事长持股比例	0.0001**	0.0001***	0.0001**
	(−2.3800)	(−2.6300)	(−2.3400)
董事会薪酬	0.9231	0.9115	0.9056
	(−0.8700)	(−1.0200)	(−1.0700)

续表

	模型 22	模型 23	模型 24
董事会规模	4.9573**	1.1823*	4.0562*
	(2.0700)	(1.9400)	(1.8000)
董事会正式权力层级×董事会规模	0.1851*	—	0.2364
	(−1.9100)	—	(−1.6300)
两权分离度	1.2952***	1.2720***	1.2840***
	(2.9900)	(2.8100)	(2.9100)
S 指数	0.7132***	0.6910***	0.6902***
	(−2.7400)	(−3.0800)	(−3.0000)
资本密集度	0.6554***	0.6711***	0.6694***
	(−3.3800)	(−3.2400)	(−3.1600)
市盈率	1.1431	1.1873*	1.1497
	(1.3800)	(1.7600)	(1.4400)
委员会设立	2.1285	0.8471*	2.1493
	(0.8800)	(−1.9200)	(0.8800)
董事会正式权力层级×委员会设立	0.3438	—	0.3438
	(−1.0700)	—	(−1.0600)
股权集中度	0.9707***	0.9721***	0.9719***
	(−3.8600)	(−3.8900)	(−3.6900)
赫芬达尔指数	2.0459**	2.0672**	2.0021**
	(2.0900)	(2.1900)	(2.0300)
年度	控制	控制	控制
行业	控制	控制	控制
观测值	819	819	819
Pseudo R^2	0.1538	0.1470	0.1573
Wald Chi^2	104.7000***	97.0000***	108.7100***

注:(1)*、**、***分别表示在0.1、0.05、0.01的水平上显著。(2)表中报告的结果是绿色绩效发生比率比(Odds Ratio),而非回归系数;括号中的数值为z值而非t值。(3)表中汇报了Pseudo R^2(即伪R^2)而不是线性回归中的R^2,原因是逻辑回归的被解释变量是非连续变量,不可直接计算R^2。(4)此表是董事会通过战略参与影响绿色治理绩效所进行的前半段的检验。(5)决定经济价值和绿色治理绩效的因素是有差别的,因此除了本书涉及的主要变量以外,在控制变量的选取方面存在差别。因此对绿色绩效进行回归时,在原回归变量的基础上,加入了两权分离度和市盈率等变量,这些变量信息有部分缺失,故样本量不是903,而是819。

（二）检验非线性关系

根据张耀伟等（2015）、谢永珍等（2017）、武立东等（2018）的研究，考虑到董事会非正式权力层级与公司绩效间可能存在非线性关系，本书引入董事会非正式权力层级平方项进行回归分析。功能主义认为，非正式权力层级可以促进团队内部协调，有利于团队绩效（Halevy et al., 2012; Ronay et al., 2012）。因为董事会成员往往投入很少的时间聚在一起，且董事会的任务存在模糊性，难以借助正式的规则加以指导（Finkelstein et al., 2003），非正式权力层级能够对董事会成员间的沟通与协调发挥较大作用（Magee and Galinsky, 2008）。当董事会的非正式权力层级较大时，各董事受尊重的程度存在明显差异。清晰的非正式权力层级排序，能为董事提供明确的指导（李长娥和谢永珍，2017）。但功能障碍主义认为，权力层级会引发团队内部冲突，使组织内部产生竞争性行为，阻碍组织信息的分享和学习能力，不利于团队绩效的改善（Bloom, 1999）。处于较低层级的董事会被边缘化，在决策中表现为“沉默”等消极行为（Finkslstein and Mooney, 2003），从而减少信息的共享，作出非明智的战略选择（Smith et al., 2006）。因此董事会非正式权力层级与公司绩效可能存在U形关系。

根据表5-14的回归结果，在模型25中，董事会非正式权力层级的一次项、二次项与战略选择的回归系数分别为0.1425和−0.1002，虽然符号相反，但不显著；在模型28和模型30中，董事会非正式权力层级的一次项、二次项与经济价值的系数也不显著，这表明董事会非正式权力层级与战略选择、经济价值的U形关系不成立。

表5-14　企业使命、董事会战略参与对企业经济价值的回归

	模型25	模型26	模型27	模型28	模型29	模型30
被解释变量	战略选择	战略选择	战略选择	经济价值	经济价值	经济价值
常数项	0.1042	0.1350	0.1592	0.4722***	0.4283***	0.4587***
	(0.5202)	(0.6781)	(0.8019)	(3.6876)	(3.3586)	(3.5844)
董事会正式权力层级	−0.0786***	1.2621**	1.0522*	0.8854*	—	0.7955*
	(−2.9266)	(2.3491)	(1.9279)	(1.8774)	—	(1.7423)
董事会非正式权力层级	0.1425	0.1284	0.1130	−0.1337*	—	−0.1434*
	(1.3750)	(1.2367)	(1.0521)	(−1.6850)	—	(−1.8251)

续表

	模型 25	模型 26	模型 27	模型 28	模型 29	模型 30
董事会非正式权力层级平方	−0.1002	−0.0881	−0.0860	0.1245	—	0.1319*
	(−0.9678)	(−0.8450)	(−0.7789)	(1.5578)	—	(1.6522)
企业使命	—	—	−0.7570***	0.0428	—	0.1074
	—	—	(−2.7194)	(0.2156)	—	(0.5485)
董事会正式权力层级×企业使命	—	—	0.7284***	−0.0911	—	−0.1533
	—	—	(2.6550)	(−0.4433)	—	(−0.7543)
董事会非正式权力层级×企业使命	—	—	0.0612	0.0655	—	0.0603
	—	—	(0.6390)	(0.9904)	—	(0.9172)
董事会非正式权力层级平方×企业使命	—	—	−0.0174	−0.0231	—	−0.0216
	—	—	(−0.4192)	(−0.8691)	—	(−0.7895)
战略选择	—	—	—	—	0.0866***	0.0854***
	—	—	—	—	(3.7228)	(3.6481)
独立董事比例	0.0500*	0.0478*	0.0457*	0.0150	0.0111	0.0111
	(1.8157)	(1.7327)	(1.6494)	(0.8755)	(0.6617)	(0.6456)
资产负债率	−0.1106***	−0.1057***	−0.1009***	−0.1510***	−0.1418***	−0.1424***
	(−3.0094)	(−2.8858)	(−2.7592)	(−3.7011)	(−3.5799)	(−3.5018)
财务杠杆	−0.0314	−0.0292	−0.0332	0.0141	0.0163	0.0169
	(−0.9995)	(−0.9284)	(−1.0611)	(0.5841)	(0.6794)	(0.7084)
可持续增长率	0.0568**	0.0543*	0.0432	0.4982***	0.4928***	0.4945***
	(2.0267)	(1.9461)	(1.5612)	(10.1918)	(10.3033)	(10.1799)
账面市值比	−0.2830***	−0.2830***	−0.2805***	−0.0912***	−0.0688**	−0.0672**
	(−7.7152)	(−7.7390)	(−7.6513)	(−2.8583)	(−2.1868)	(−2.1323)
代理成本	0.2489***	0.2509***	0.2499***	−0.0101	−0.0353	−0.0315
	(8.2548)	(8.3969)	(8.4369)	(−0.4737)	(−1.6382)	(−1.4700)

续表

	模型25	模型26	模型27	模型28	模型29	模型30
股权制衡度	−0.0111	−0.0099	−0.0125	−0.0027	−0.0030	−0.0016
	(−0.4003)	(−0.3598)	(−0.4463)	(−0.1793)	(−0.2084)	(−0.1116)
董监高薪酬	0.1275***	0.8667***	0.8004***	0.6205**	0.1239***	0.5522**
	(4.1017)	(2.8895)	(2.6465)	(2.3719)	(5.1579)	(2.1810)
董事会正式权力层级×董监高薪酬	—	−1.4863**	−1.3333**	−0.9789*	—	−0.8650*
	—	(−2.4976)	(−2.2216)	(−1.8791)	—	(−1.7156)
董事领取薪酬比例	−0.0109	−0.0123	−0.0144	0.0160	0.0208	0.0172
	(−0.3932)	(−0.4487)	(−0.5259)	(0.8905)	(1.1771)	(0.9623)
董事会会议次数	0.0191**	0.0176**	0.0169**	−0.0037	−0.0034	−0.0051
	(2.5393)	(2.3213)	(2.2494)	(−0.7636)	(−0.7445)	(−1.0727)
股东大会召开次数	0.0206	0.0242	0.0280	−0.0098	−0.0143	−0.0122
	(1.1342)	(1.3346)	(1.5480)	(−0.9650)	(−1.4387)	(−1.1984)
业务复杂度	0.3505***	0.3549***	0.3483***	0.0100	−0.0256	−0.0198
	(11.4021)	(11.4316)	(11.2948)	(0.6012)	(−1.4313)	(−1.0824)
公司成立年限	−0.0234***	−0.0247***	−0.0253***	−0.0145***	−0.0112***	−0.0123***
	(−4.5359)	(−4.7928)	(−4.9221)	(−3.7742)	(−2.8579)	(−3.1216)
董事长学历	0.0561**	0.0540*	0.0488*	0.0131	0.0089	0.0090
	(2.0248)	(1.9602)	(1.7748)	(0.7106)	(0.4975)	(0.5006)
董事长持股比例	2.1370**	1.6620*	1.4187*	1.8078	1.9370*	1.6867
	(2.0918)	(1.8802)	(1.7558)	(1.5277)	(1.6762)	(1.4784)
年度	控制	控制	控制	控制	控制	控制
行业	控制	控制	控制	控制	控制	控制
观测值	903	903	903	903	903	903
R^2	0.4130	0.4160	0.4210	0.5870	0.5910	0.5940
调整的R^2	0.3950	0.3980	0.4000	0.5720	0.5790	0.5790

续表

	模型 25	模型 26	模型 27	模型 28	模型 29	模型 30
F	28.6700***	28.3300***	24.8400***	19.3900***	24.7100***	19.7000***

注：*、**、***分别表示在0.1、0.05、0.01的水平上显著。

此外，借鉴Hayes和Preacher(2010)、赵琳(2014)、李长娥(2017)对非线性中介效应的检验方法，采用SPSS的加载宏MEDCURVE，通过瞬间间接效应*d*来进行检验，*d*值是中介变量(STRA)对解释变量(IP)的偏导数与被解释变量(EVA)对中介变量(STRA)偏导数的乘积。通过执行bootstrap获取置信区间，如果在低置信区间和高置信区间中不包含数字0，那么表明中介变量对解释变量与被解释变量的中介作用显著，反之，则中介效应不显著。表5-15显示了董事会非正式权力层级通过战略类型的选择影响企业经济价值的瞬间间接效应。本书通过Bias corrected bootstrap method的方法获取置信区间，选取95%的置信区间重复抽样1000次得到数据结果。设置解释变量(IP)的较低值(样本均值减标准差)、适中值(样本均值)和较高值(样本均值加标准差)，基于每个值计算瞬间间接效应THETA值，并通过执行Bootstrap获取置信区间。根据Hayes等(2010)和赵琳(2014)等的观点，当董事会非正式权力层级取值为－1.0000(均值减去标准差)，董事会非正式权力层级通过战略类型的选择影响企业经济价值的瞬间间接效应的数值是0.0057，而且在置信区间为95%时包括0；当董事会非正式权力层级取值为1.0000(均值加上标准差)，董事会非正式权力层级通过战略类型的选择影响企业经济价值的瞬间间接效应的数值是0.0017，在置信区间为95%时包括0。因此，瞬间间接效应没有通过检验，这表明董事会非正式权力层级与公司绩效不存在U形关系，也进一步支撑了前文的研究结论。

表5-15　董事会非正式权力层级通过战略选择影响企业经济价值的瞬间间接效应

	IP→STRA→EVA		
XVAL	－1.0000	0.0000	1.0000
LowerCI	－0.0047	－0.0031	－0.0089
THETA	0.0057	0.0037	0.0017
UpperCI	0.0219	0.0129	0.0110

注：(1)XVAL表示解释变量的取值，分别指较低值、适中值和较高值。(2)THETA是董事会非正式权力层级在一定取值下经战略类型选择对经济价值影响的瞬间间接效应，LowerCI与UpperCI分别表示

在95%置信水平下采用Bias corrected bootstrap method获取的置信区间的低值与高值。

在表5-16中，董事会非正式权力层级的一次项、二次项与战略选择的系数虽然符号相反，但不显著。因此董事会非正式权力层级与战略选择的U形关系不成立。在表5-17中，在模型34和模型36中，董事会非正式权力层级的一次项与绿色绩效的发生比率比分别为0.5857和0.5562，非正式权力层级的二次项与绿色绩效的发生比率比分别为1.6631和1.7293，且均不显著，这表明董事会非正式权力层级与经济价值的U形关系不成立。虽然董事间的顺从行为可能导致董事会决策质量低下的风险，但从整体上看这种风险较低。董事会是一个集体民主决策机构，非正式权力层级协调功能的发挥取决于其他董事的尊重或顺从，但这种顺从行为并非盲目的，而是基于董事自身的理性判断，原因在于其他董事会成员会考虑自身职业以及声誉等因素(张耀伟等，2015)。由于董事会的任务具有模糊性，且董事成员聚在一起的时间有限，董事会团队在进行决策时会发生过程耗损，无主导力量的长时间讨论或许可以产生较多意见和观点，然而更有可能导致无法得出有效决策的风险(Nielson and Huse, 2010)。由此，董事会团队中一定程度的非正式权力层级关系有助于凸显董事会集体决策职能以及民主集中制的优势，提升董事会团队决策的效率。

表5-16 董事会权力层级、企业使命与战略选择

	模型31	模型32	模型33
被解释变量	战略选择	战略选择	战略选择
常数项	0.2197	0.3255	0.3689
	(0.9400)	(1.4008)	(1.5792)
董事会正式权力层级	−0.0883***	0.9335***	0.7494**
	(−2.9458)	(2.6652)	(2.1085)
董事会非正式权力层级	0.1982	0.2508**	0.1820
	(1.5379)	(1.9888)	(1.0522)
董事会非正式权力层级平方	−0.1466	−0.2014	−0.1228
	(−1.0840)	(−1.5172)	(−0.6650)
企业使命	—	—	−0.7466**
	—	—	(−2.5200)

续表

	模型31	模型32	模型33
董事会正式权力层级×企业使命	—	—	0.7495***
	—	—	(2.6885)
董事会非正式权力层级×企业使命	—	—	0.0592
	—	—	(0.4377)
董事会非正式权力层级平方×企业使命	—	—	−0.0434
	—	—	(−0.5336)
资产负债率	−0.1150***	−0.1116***	−0.1158***
	(−3.3417)	(−3.2306)	(−3.3728)
账面市值比	−0.2849***	−0.2856***	−0.2778***
	(−7.0817)	(−7.1400)	(−6.9242)
代理成本	0.2637***	0.2772***	0.2744***
	(7.5966)	(8.1564)	(7.9891)
股权制衡度	0.0810**	0.0891**	0.0928**
	(2.2512)	(2.4678)	(2.5274)
董事会会议次数	0.0158*	0.0149*	0.0154*
	(1.8677)	(1.7722)	(1.8151)
股东大会召开次数	0.0310*	0.0328*	0.0359**
	(1.6834)	(1.7891)	(1.9693)
业务复杂度	0.3417***	0.3472***	0.3436***
	(10.9629)	(11.3012)	(11.2497)
公司成立年限	−0.0164***	−0.0176***	−0.0185***
	(−2.9337)	(−3.1800)	(−3.3412)
董事长学历	0.0591**	0.0483*	0.0437
	(2.0046)	(1.6524)	(1.5051)
董事长持股比例	1.6729*	0.6909	0.4675
	(1.7579)	(1.0599)	(0.7777)
董事会薪酬	0.0799***	0.0778***	0.0783**
	(2.6663)	(2.5943)	(2.5702)

续表

	模型31	模型32	模型33
董事会规模	−0.0388	0.8855***	0.8048***
	(−1.1334)	(3.7288)	(3.3514)
董事会正式权力层级×董事会规模	—	−1.0521***	−0.9568***
	—	(−3.9912)	(−3.5935)
两权分离度	0.0395	0.0373	0.0382
	(1.4137)	(1.3176)	(1.3477)
S指数	0.1389***	0.1509***	0.1541***
	(4.0317)	(4.4140)	(4.4877)
资本密集度	−0.0812**	−0.1010***	−0.1042***
	(−2.3369)	(−2.9105)	(−2.9929)
市盈率	−0.0412	−0.0448	−0.0394
	(−1.3945)	(−1.5277)	(−1.3397)
委员会设立	−0.0440	−0.0142	−0.0390
	(−1.4635)	(−0.0488)	(−0.1385)
董事会正式权力层级×委员会设立	—	−0.0331	−0.0074
	—	(−0.0995)	(−0.0228)
股权集中度	−0.0048**	−0.0054**	−0.0059***
	(−2.2004)	(−2.4408)	(−2.6330)
年度	控制	控制	控制
行业	控制	控制	控制
观测值	819	819	819
R^2	0.4230	0.4340	0.4400
调整的R^2	0.4010	0.4110	0.4140
F	24.5200***	25.7800***	23.5400***

注:(1)*、**、***分别表示在0.1、0.05、0.01的水平上显著。(2)此表是董事会通过战略参与影响绿色治理绩效所进行的前半段检验。(3)决定经济价值和绿色治理绩效的因素是有差别的,因此除了本书涉及的主要变量以外,在控制变量的选取方面存在差别。因此对绿色绩效进行回归时,在原回归变量的基础上,加入了两权分离度和市盈率等变量,这些变量信息有部分缺失,故样本量不是903,而是819。

表 5-17 企业使命、董事会战略参与对企业绿色绩效的回归

	模型 34	模型 35	模型 36
被解释变量	绿色绩效	绿色绩效	绿色绩效
常数项	1.9222	1.5738	1.7158
	(0.8800)	(0.6400)	(0.7300)
董事会正式权力层级	8.3450*	—	6.7716*
	(1.9500)	—	(1.7500)
董事会非正式权力层级	0.5857	—	0.5562
	(−1.0000)	—	(−1.0800)
董事会非正式权力层级平方	1.6631	—	1.7293
	(0.8800)	—	(0.9300)
企业使命	10.2644**	—	12.0575***
	(2.4500)	—	(2.6000)
董事会正式权力层级×企业使命	0.0779***	—	0.0659***
	(−2.7200)	—	(−2.8800)
董事会非正式权力层级×企业使命	1.1714	—	1.1589
	(0.3800)	—	(0.3500)
董事会非正式权力层级平方×企业使命	1.0136	—	1.0200
	(0.0500)	—	(0.0800)
战略选择	—	1.2466**	1.2694**
	—	(2.0400)	(2.1200)
资产负债率	1.0712	1.0582	1.0966
	(0.6500)	(0.5500)	(0.8700)
账面市值比	1.1727	1.3050**	1.2524*
	(1.2900)	(2.1700)	(1.7700)
代理成本	1.1946	1.1155	1.1141
	(1.4900)	(0.9000)	(0.8600)
股权制衡度	0.8039	0.8019*	0.7952*
	(−1.5600)	(−1.6800)	(−1.6700)
董事会会议次数	0.9306**	0.9355**	0.9265**
	(−2.4100)	(−2.3100)	(−2.5400)

续表

	模型 34	模型 35	模型 36
股东大会召开次数	0.9422	0.9526	0.9399
	(−0.9700)	(−0.8000)	(−1.0100)
业务复杂度	0.8214*	0.7564**	0.7588**
	(−1.6600)	(−2.3300)	(−2.2200)
公司成立年限	0.9736	0.9787	0.9784
	(−1.5100)	(−1.2400)	(−1.2200)
董事长学历	1.0853	1.0692	1.0721
	(0.9100)	(0.7700)	(0.7800)
董事长持股比例	0.0001**	0.0001***	0.0001**
	(−2.3800)	(−2.6800)	(−2.3300)
董事会薪酬	0.9137	0.9087	0.8936
	(−0.9900)	(−1.0500)	(−1.2100)
董事会规模	3.6282	1.1634*	2.9210
	(1.6300)	(1.7700)	(1.3400)
董事会正式权力层级×董事会规模	0.2549	—	0.3319
	(−1.5100)	—	(−1.2100)
两权分离度	1.2883***	1.2623***	1.2773***
	(2.9100)	(2.7200)	(2.8300)
S 指数	0.7036***	0.6857***	0.6793***
	(−2.8700)	(−3.1600)	(−3.1400)
资本密集度	0.6635***	0.6752***	0.6790***
	(−3.2800)	(−3.2200)	(−3.0400)
市盈率	1.1313	1.1812*	1.1379
	(1.2700)	(1.7100)	(1.3400)
委员会设立	2.2430	0.8486*	2.2759
	(0.9300)	(−1.8900)	(0.9300)

续表

	模型 34	模型 35	模型 36
董事会正式权力层级×委员会设立	0.3283	—	0.3273
	(−1.1100)	—	(−1.1000)
股权集中度	0.9725***	0.9732***	0.9737***
	(−3.6600)	(−3.7500)	(−3.4800)
年度	控制	控制	控制
行业	控制	控制	控制
观测值	819	819	819
Pseudo R^2	0.1515	0.1426	0.1557
Wald Chi^2	101.8100***	94.7400***	106.7000***

注：(1)*、**、***分别表示在 0.1、0.05、0.01 的水平上显著。(2)表中报告的结果是绿色绩效发生比率比(Odds Ratio)，而非回归系数；括号中的数值为 z 值而非 t 值。(3)表中汇报了 Pseudo R^2(即伪 R^2)而不是线性回归中的 R^2，原因是逻辑回归的被解释变量是非连续变量，不可直接计算 R^2。(4)决定经济价值和绿色治理绩效的因素是有差别的，因此除了本书涉及的主要变量以外，在控制变量的选取方面存在差别。因此对绿色绩效进行回归时，在原回归变量的基础上，加入了两权分离度和市盈率等变量，这些变量信息有部分缺失，故样本量不是 903，而是 819。

(三)采用替代变量

由于企业经济价值的水平和变化可能受到外部行业的影响，而不同行业之间存在差异，因此本书借鉴刘星和吴先聪(2011)、牛建波等(2012)、姜付秀等(2014)、胡国柳和胡珺(2014)、李辰颖(2016)的研究，采用行业调整的经济价值作为经济价值的替代变量，以减少存在于行业水平间潜在的同时性偏差(刘星等，2011)和联动性偏差(吴先聪，2012)。经过行业调整的企业经济价值等于某一企业同一年度的经济价值减去该企业所在行业当年该指标的平均值。

结合表 5-18，在模型 37 中，董事会正式权力层级与行业调整后的经济价值的回归系数为 0.8693，且在 0.1 的水平上显著；在模型 38 中，战略选择与行业调整后的经济价值的回归系数为 0.0874，且在 0.01 的水平上显著；在模型 39 中，董事会正式权力层级、战略选择与行业调整后的经济价值也呈显著正相关。这一结果表明，将企业经济价值进行行业调整后，没有使其他核心解释变量的回归结果的方向和显著性产生显著改变，董事会正式权力层级、战略选择与企业经济价值的回归系数略微变大，说明原回归模型的拟合结果有较好的稳健性。

表 5-18　企业使命、董事会战略参与对企业经济价值的回归

	模型 37	模型 38	模型 39
被解释变量	行业调整的经济价值	行业调整的经济价值	行业调整的经济价值
常数项	0.4481***	0.4125***	0.4339***
	(3.4616)	(3.2069)	(3.3529)
董事会正式权力层级	0.8693*	—	0.7783*
	(1.8244)	—	(1.6853)
董事会非正式权力层级	−0.0221	—	−0.0252
	(−0.7922)	—	(−0.8955)
企业使命	0.0440	—	0.1062
	(0.2200)	—	(0.5368)
董事会正式权力层级×企业使命	−0.0842	—	−0.1460
	(−0.4047)	—	(−0.7099)
董事会非正式权力层级×企业使命	0.0473	—	0.0452
	(0.9116)	—	(0.8701)
战略选择	—	0.0874***	0.0852***
	—	(3.7228)	(3.6135)
独立董事比例	0.0153	0.0112	0.0113
	(0.8850)	(0.6617)	(0.6553)
资产负债率	−0.1504***	−0.1430***	−0.1417***
	(−3.7098)	(−3.5799)	(−3.5075)
财务杠杆	0.0140	0.0164	0.0168
	(0.5774)	(0.6794)	(0.6985)
可持续增长率	0.5017***	0.4970***	0.4979***
	(10.2901)	(10.3033)	(10.2799)
账面市值比	−0.0927***	−0.0694**	−0.0688**
	(−2.9083)	(−2.1868)	(−2.1860)
代理成本	−0.0113	−0.0356	−0.0326
	(　0.5225)	(　1.6382)	(　1.5099)

续表

	模型 37	模型 38	模型 39
股权制衡度	−0.0032	−0.0030	−0.0022
	(−0.2159)	(−0.2084)	(−0.1557)
董监高薪酬	0.6137**	0.1250***	0.5448**
	(2.3219)	(5.1579)	(2.1277)
董事会正式权力层级×董监高薪酬	−0.9616*	—	−0.8465*
	(−1.8269)	—	(−1.6598)
高管持股比例	0.0189	0.0210	0.0204
	(1.0560)	(1.1771)	(1.1453)
董事领取薪酬比例	−0.0030	−0.0035	−0.0043
	(−0.6153)	(−0.7445)	(−0.9125)
董事会会议次数	−0.0108	−0.0144	−0.0133
	(−1.0718)	(−1.4387)	(−1.3143)
股东大会召开次数	0.0096	−0.0258	−0.0201
	(0.5767)	(−1.4313)	(−1.0932)
业务复杂度	−0.0144***	−0.0113***	−0.0122***
	(−3.7223)	(−2.8579)	(−3.0711)
公司成立年限	0.0129	0.0090	0.0088
	(0.6941)	(0.4975)	(0.4848)
董事长学历	1.8284	1.9538*	1.7094
	(1.5305)	(1.6762)	(1.4820)
董事长持股比例	0.0153	0.0112	0.0113
	(0.8850)	(0.6617)	(0.6553)
年度	控制	控制	控制
行业	控制	控制	控制
观测值	903	903	903
R^2	0.5880	0.5920	0.5940
调整的 R^2	0.5740	0.5810	0.5800
F	20.6300***	24.9600***	21.1100***

注：*、**、***分别表示在0.1、0.05、0.01的水平上显著。

(四)检验滞后效应

根据已有研究,企业战略存在持续性与滞后性(刘睿智等,2008)。对于时序而言,企业的绩效滞后于战略的执行(雷辉等,2014),具体而言,从新战略信息的获取、战略的制定到战略的公布需要缓冲时间,工艺创新和管理创新也需要时间,供求双方在战略变动时需要判断时间,企业绿色产品从设计到生产直至最后销售也需要一定的时间。此外,企业战略从实施到反映到环境绩效上还需要时间。由此,不同环节的等候时间可能使企业绿色绩效滞后于企业战略的施行。因此,考虑到企业战略对绿色绩效的作用发生的时间,借鉴郑兵云等(2011)、张耀伟等(2015)、雷辉等(2014)和张文忠等(2017)的研究,本书将滞后一期的绿色绩效纳入回归模型进行回归分析。

结合表5-19的回归结果,在模型40中,董事会正式权力层级与滞后一期的绿色绩效的发生比率比为13.5146,且在0.05的水平下显著;在模型41中,战略选择与滞后一期的绿色绩效的发生比率比为1.3796,在0.01的水平下显著;在模型42中,董事会正式权力层级、战略选择与行业调整后的经济价值也呈显著正相关。这一结果表明,将企业绿色绩效进行滞后一期处理后,没有导致其他核心解释变量的回归结果的方向和显著性发生改变,董事会正式权力层级、战略选择与企业经济价值的回归系数略微变大,这表明企业战略对绿色绩效的影响具有一定的持续性与滞后性,说明原回归模型的拟合结果具有较好的稳健性。

表5-19　企业使命、董事会战略参与对滞后一期企业绿色绩效的回归

	模型40	模型41	模型42
被解释变量	滞后的绿色绩效	滞后的绿色绩效	滞后的绿色绩效
常数项	3.5947	2.7527	3.2283
	(1.5800)	(1.2900)	(1.4300)
董事会正式权力层级	13.5146**	—	9.7701*
	(2.1300)	—	(1.8600)
董事会非正式权力层级	0.9739	—	0.9468
	(−0.1700)	—	(−0.3500)
企业使命	9.7720**	—	12.4308**
	(2.1100)	—	(2.3100)

续表

	模型40	模型41	模型42
董事会正式权力层级×企业使命	0.0818**	—	0.0629**
	(−2.2900)	—	(−2.5000)
董事会非正式权力层级×企业使命	1.1933	—	1.2026
	(0.5800)	—	(0.6000)
战略选择	—	1.3796***	1.3787**
	—	(2.6200)	(2.4700)
资产负债率	1.1346	1.1318	1.1626
	(1.0900)	(1.1000)	(1.3000)
账面市值比	1.0543	1.2061	1.1590
	(0.3900)	(1.3800)	(1.0500)
代理成本	1.0259	0.9297	0.9363
	(0.1900)	(−0.5500)	(−0.4700)
股权制衡度	1.0135	0.9785	0.9897
	(0.1000)	(−0.1600)	(−0.0800)
董事会会议次数	0.9209**	0.9185**	0.9144**
	(−2.2400)	(−2.3800)	(−2.3900)
股东大会召开次数	0.9053	0.9217	0.9039
	(−1.4200)	(−1.1500)	(−1.4300)
业务复杂度	0.6867***	0.6099***	0.6162***
	(−2.8600)	(−3.6900)	(−3.5000)
公司成立年限	0.9560**	0.9624**	0.9607**
	(−2.3200)	(−1.9800)	(−2.0300)
董事长学历	1.0650	1.0470	1.0458
	(0.6100)	(0.4600)	(0.4300)
董事长持股比例	0.0001**	0.0002**	0.0001**
	(−2.1400)	(−2.1300)	(−2.1700)
董事会薪酬	1.1069	1.0704	1.0658
	(0.9800)	(0.6500)	(0.6000)
董事会规模	6.8212**	1.0771	5.0884*
	(2.2000)	(0.7500)	(1.8500)

续表

	模型40	模型41	模型42
董事会正式权力层级×董事会规模	0.1140**	—	0.1641*
	(−2.1800)	—	(−1.8000)
两权分离度	1.3347***	1.3226***	1.3269***
	(3.0200)	(2.9500)	(2.9900)
S指数	0.7043**	0.6705***	0.6689***
	(−2.5500)	(−2.9300)	(−2.8600)
资本密集度	0.7259**	0.7671**	0.7517**
	(−2.4600)	(−1.9800)	(−2.1300)
市盈率	1.1844	1.2262**	1.1921*
	(1.6200)	(1.9600)	(1.7000)
委员会设立	1.5246	0.9183	1.4478
	(0.4500)	(−0.8800)	(0.3900)
董事会正式权力层级×委员会设立	0.5494	—	0.5929
	(−0.5500)	—	(−0.4800)
股权集中度	0.9601***	0.9628***	0.9613***
	(−4.7700)	(−4.7100)	(−4.5800)
年度	控制	控制	控制
行业	控制	控制	控制
观测值	685	685	685
Pseudo R^2	0.1599	0.1560	0.1670
Wald Chi^2	99.7500***	97.9400***	109.3000***

注：(1)*、**、***分别表示在0.1、0.05、0.01的水平上显著。(2)表中报告的结果是滞后一期绿色绩效发生比率比(Odds Ratio)，而非回归系数；括号中的数值为z值而非t值。(3)表中汇报了Pseudo R^2(即伪R^2)而不是线性回归中的R^2，原因是逻辑回归的被解释变量是非连续变量，不可直接计算R^2。(4)决定经济价值和绿色治理绩效的因素是有差别的，因此除了本书涉及的主要变量以外，在控制变量的选取方面存在差别。因此对绿色绩效进行回归时，在原回归变量的基础上，加入了两权分离度和市盈率等变量，这些变量信息有部分缺失，并且这里对绿色绩效进行了滞后处理，故样本量不是819，而是685。

本章小结

本章以企业使命为调节变量,以董事会权力层级(董事会正式权力层级和非正式权力层级)为解释变量,以治理绩效(经济价值和绿色绩效)为被解释变量,以战略选择为中介变量,通过多元回归方法来验证国有企业董事会在企业使命的影响下,通过战略参与影响治理绩效的路径。

研究发现,不同国有企业的董事会权力层级、战略选择以及绿色绩效存在差异,企业经济价值和企业使命在各年度之间存在较大差异。随着董事会正式权力层级差异的增大,董事会将由保守型战略逐渐转向激进型战略;随着董事会非正式权力层级差异的增大,董事会将由保守型战略逐渐转向激进型战略。企业使命调节董事会正式权力层级与战略选择的关系,企业使命越明确,董事会越容易由保守型战略逐渐转向激进型战略。相较于保守型战略,采用激进型战略的企业将获得更多的经济价值和绿色绩效。企业战略在董事会正式权力层级与企业经济价值之间、董事会正式权力层级与企业绿色绩效之间均发挥中介作用。这表明在企业使命的作用下,董事会权力层级不直接作用于治理绩效,而是通过战略参与的中介效应,印证了影响企业绩效的前因变量是治理行为而不是治理结构的观点(Zahra and Pearce, 1989; Forbes and Milliken,1999;谢永珍,2016)。

第六章　研究结论、治理实践启示与展望

基于理论分析与实证检验的结果，本章将系统总结研究的主要结论，为管理实践提供切实可行的对策建议。同时，还将深入剖析研究的局限性，并展望未来可能的研究方向，以期为后续研究提供有益的参考和启示。

一、研究结论

国有企业是我国国民经济的命脉，其治理绩效的提升一直是学术界和实务界关注的焦点问题。国有企业的发展存在一系列问题，促使企业不仅要关注短期财务绩效的改善，更要关注体现长期发展水平的经济价值的提升。而企业价值的创造与生态环境的发展不可分割，国有企业践行绿色治理是当代中国经济发展的必然要求。然而现阶段国有企业的绿色治理水平相对较低，有关绿色治理的研究也少有实证分析，且涉及董事会对绿色治理绩效的影响的研究也较少。此外，虽然现有关于治理绩效的文献成果丰富，为本书奠定了基础，但部分文献没有明确地界定治理绩效，并未严格区分治理行为、治理绩效和企业绩效等概念，致使研究结论混乱。董事会作为公司治理的核心，对治理的有效性负责，在公司价值形成和创造中发挥重要作用，影响公司战略决策与绩效。近年来国内外企业董事会治理丑闻频频发生，使董事会治理理论体系面临着挑战和考验，董事会如何进行战略决策已成为公司治理研究的重要议题之一。相关研究大多立足于董事会整体结构的视角，对董事会的治理作用展开研究，而忽略了董事会作为一个群体决策机构，董事会个体间的层级秩序对董事会决策发挥重要作用。既有关于董事会治理的研究大多遵循“结构—绩效”的范式，直接建

立董事会特征到治理绩效的简单逻辑关系，忽视了董事会治理行为对治理绩效的传导机制，导致结论的偶然性。因此，探讨董事会权力结构对治理绩效的影响路径应纳入过程变量，董事会通过战略参与对治理绩效发挥作用。此外，关于董事会治理中情境因素的研究相对匮乏，企业使命作为公司治理重要的内部情境因素，引导和约束着董事会的行为，而相关研究未能将其作为重要的治理情境纳入公司治理框架。因此，本书的主要研究问题是，在企业使命的约束下，董事会如何通过战略参与影响国有企业治理绩效。

由此，本书基于委托代理理论、高阶梯队理论、利益相关者理论和组织层级理论，通过对现有相关文献的梳理，从董事会权力结构的角度，构建了"董事会权力层级—战略选择—治理绩效"的理论模型，验证了战略选择对董事会权力层级与治理绩效的中介作用以及企业使命对董事会权力层级与战略选择关系的调节作用。

研究发现，不同国有企业的董事会权力层级、战略类型与绿色绩效存在差异，大部分国有企业对绿色治理不够重视。企业使命在样本年度间大致逐年增强，表明国有企业间的企业使命存在差异，且我国国有企业越来越重视使命的建设；企业经济价值在不同年份间存在较大差异，造成这种差异的原因可能在于我国证券市场的不完善导致的对国有企业市场价值的低估，随着证券市场越来越规范，投资者越来越理智，这一指标趋向回归正常。实证研究发现：

第一，在国有企业内，随着董事会正式权力层级差异的增大，董事会将由保守型战略逐渐转向激进型战略。共同的企业使命强化了董事会正式权力层级与战略选择的正相关关系，企业使命越明确，董事会越容易由保守型战略逐渐转向激进型战略，企业将获得更多的经济价值和绿色治理绩效。这一结论与卫旭华等(2015)、李长娥和谢永珍(2017)的研究结论有相似之处。基于战略选择理论和认知理论，由于战略决策具有不确定性和复杂性，担任管理职务的董事凭借战略决策的相关经验，在董事会决策中发挥积极作用。董事之间的沟通、信息交流与讨论、知识和技能的运用，对董事会治理的有效性发挥重要作用。此外，董事会权力层级与团队绩效的关系会受到权变因素的作用，积极的企业使命驱动着董事会有效地明确目标与制定战略。企业使命是企业核心价值观的一种载体，体现了企业内部成员的行为共识。根据社会影响理论(Kelman，2006)的观点，价值取向是对人影响最深、最持久的。这意味着组织内部成员将个人的信仰、态度和价值观与企业使命中定义的价值观相匹配，形成一种内在一致的世界观，这是组织成员对其组织及其使命的情感承诺的来源。基于量子科学哲学观，以企业使命为驱动力的组织，有助于促使组织内部成员获得个人目标与组织目标的"同频共振"(Zohar, 2016)，增强组织凝聚力和向心力。基于现代管家理论，在共同的企业使命的感召下，董事长领导董事会成员与CEO在公司战略方向上进行更高层次的合作，使公司能够围绕一个共同的愿景努力，有助于建立董事会与管理层紧密的社会关系以及企业决策层和执行层的有效沟通机制，有助于增进董事会成员间的信任、减少抵触和政治性干预，促使董事会关注企业的可持续发展，作出高质量的决策。企业对使命的定义越清晰，越有利于明晰现实的业务目标，并使其成为可能。企业使命越明确，越有助于高层管理者明晰企业发展的经营理念与公司哲学，认清企业的顾客群体以及顾客对企业有不同的期望和价值观；明确企业主要提供何种产品和服务，企业主要在哪些地域经营业务，或将要在哪些领域拓展业务；明确企业经营发展的核心技术和核心竞争优势。明确的企业使命提升了董事会团队的内部和谐，有助于董事们明晰彼此的责任和企业的战略目标，并依据个人职责范围积累专用型知识和能力，提升个人目标与企业目标的一致性，有助于减少董事会运行中的不确定性，降低交易成本，提高董事会决策效率。董事会成员在共同的企业使命的感召下，可以通过组织内部互动提升对企业的认同感，将个人目标与组织战略目标相结合，提升团队凝聚力与良好的人际关系，有助于提高董事会决策的效率。采取激进型战略的企业强调公司的业务要聚焦于产品创造、创新研发以及开拓市场等具有高投入和高风险特性的业务。在企业使命的约束下，董事会成员会更关注战略问题的决策而不是秩序的维持，增强对关键战略时机的把握，这与李长娥和谢永珍(2017)的研究结论一致。

第二，随着董事会非正式权力层级差异的增大，董事会将由保守型战略逐渐转向激进型战略。采取激进型战略的企业需要开发新产品、寻求新的市场机会，因此需要投入资金以支持企业的研发，要求董事会的战略决策具有高效性和有效性；采取保守型战略的企业则偏向于维持现有的经营策略，侧重对现有市场的占有，只进行有限的创新，因此在计划方面较为宽松。较大的正式权力层级有助于形成明确的治理结构。在董事会团队内部出现意见不一致的时候，处于高地位的董事可以发挥其地位优势来促进董事会的沟通与协调，发挥协调人的角色。这样一来会形成一种协调机制，可以最小化董事会中无意义的冲突，使董事会成员更加关注以任务为导向的问题，因而增强董事间互动的有效性，减少非生产性的矛盾，提升董事间互动的效率与效果，增加企业进行创新研发的可能性。在中国的集体主义文化背景与制度背景下，人们普遍接受服从较高的社会权力层级(Hofstede,1980)。董事之间受尊重程度和影响力的不平衡带来的非正式权力层级可以促进董事会团队合作效率的提高与治理绩效的改善,进而提升企业经济价值。在董事会非正式权力层级较低的情况下,每个董事均有较大机会将其议题增添至团队战略议程里,致使董事会的战略决策效率下降,导致贻误战略时机,不利于治理绩效的改善。由于董事通常花很少的时间聚在一起,加之董事会任务的模糊性和复杂性,董事会非正式权力层级在董事之间的沟通与协调方面发挥重要作用。

第三,相较于保守型战略,企业采用激进型战略将获得更多的经济价值和绿色绩效。采取激进型战略的企业可以依靠产品或服务的独特性和顾客忠诚度,创造顾客购买转移成本,这不仅增加了竞争优势,且有助于提升企业长期价值。采取激进型战略的企业会通过积极的创新以开发新产品和扩展新市场机会,对现有产品的工艺进行改良,提高产品质量,获取更多超额利润并增强企业吸收其他企业创新成果的能力。企业增大研发投入力度,有助于提高创新能力,为企业发展提供持续的新动力,有利于促进企业的可持续发展能力以及企业价值的不断提升(杨婧,2017;许照成等,2019)。此外,企业在工艺、产品中的绿色创新有助于企业在市场占有、环境保护以及可持续发展等方面取得竞争优势,提升企业价值创造能力,也有助于提升企业的社会关注度,并获得政府和相关部门在环境保护方面的支持,从而使企业更有动力加大环境保护投入,进而提升企业的价值创造能力与绿色绩效水平。

第四,战略选择在董事会正式权力层级与企业经济价值、董事会正式权力层级与绿色绩效之间发挥中介作用。这表明在企业使命的作用下,董事会权力层级并不直接作用于治理绩效,而是通过企业战略的中介效应,提升企业的可持续竞争能力与价值创造能力。董事会对企业的可持续发展负责,在公司战略决策中发挥关键作用(Bailey and Peck, 2013)。董事会是一个群体决策机构,董事会内部的权力分布会影响董事会成员之间的沟通与合作,影响董事会的战略参与,进而对治理绩效产生影响。董事会的战略职能“中介”了董事会权力层级与治理绩效的关系。这也印证了影响公司绩效的前因变量是治理行为而非治理结构的观点(Zahra and Pearce, 1989; Forbes and Milliken, 1999; Miller, 2011; 谢永珍,2016)。

二、治理实践启示

首先，国有企业应树立和培育可持续发展理念，重视企业经济价值的提升和绿色绩效的改善。短期财务绩效并不能为企业带来可持续的竞争优势，国有企业应关注经济价值创造以改善企业存在的效率低下和竞争力弱的问题。此外，愈发严重的环境问题促使企业积极承担绿色治理责任，为重要利益相关者创造可持续的价值，实现绿色发展和推动生态文明建设。正如习近平总书记所指出的，良好的生态环境是中国梦的重要内容。绿色治理已经成为发展新趋势。企业是绿色治理最重要的行动主体之一，对环境产生重要影响，应承担相应的主体责任（李维安等，2017）。因此，企业须树立绿色发展理念，提高绿色治理能力，提升绿色治理水平。当企业为股东以及重要利益相关者创造协同的经济与社会价值时，企业自身也可获得竞争优势。根据本书的研究结论，采用激进型战略的企业将获得更多的经济价值与绿色绩效。因此，国有企业应该在生产经营的各个环节进行绿色管理，通过加大产品创新与技术创新投入，提升企业的创新能力，促进对新市场机会的拓展，增强企业的价值创造能力和绿色治理水平，提升企业经济价值与绿色绩效。具体而言，国有企业通过推广实施绿色生产，采用更为严格的环境标准，提供环境友好型产品和服务；推行绿色营销，推广节能的新型产品，减少在消费过程中可能造成的能源消耗与环境污染，不仅重视结果绿色，也要关注过程绿色。

其次，国有企业须重视企业使命在公司治理中的重要作用，通过完善企业使命，约束董事会的行为，提升治理水平。使命是企业存在的根由，涉及企业的价值取向以及自身定位，阐明了企业的目标、愿景与文化，是公司运营的战略方针。明确的企业使命是企业实现业务目标的基础。企业通过企业使命将管理理念与公司哲学传递给内部成员及其他利益相关者（Hirota et al., 2010）。明确的企业使命有助于高层管理者明晰企业发展的核心业务、经营理念与公司哲学，驱动着董事会有效地明确目标与制定战略。对企业使命的认知有助于董事们明晰彼此的责任和企业的战略目标，并依据个人职责范围积累专用型知识和能力，提升个人目标与企业目标的一致性，有助于减少董事会运行中的不确定性，降低交易成本，提高董事会决策效率。在共同的企业使命的感召下，董事会成员可以通过组织内部互动提升对企业的认同感，有利于董事会凝聚力的提升。而目前一些国有企业对使命的描述形式大于内容，使企业使命的宣传作用大于实际价值，原因可能在于国有企业欠缺制定企业使命的相关经验，仅以所有者或管理者的视角制定企业使命，忽视了其他利益相关者的诉求（林泉等，2010）。因此，国有企业要先进行自我评价，始终把"我们是什么"这一重要问题置于关键地位，分析企业面临的机遇与挑战，定义企业的顾客并挖掘其真实需求，进而明确企业的终极意义；在此基础上制定企业使命，使企业使命覆盖更广泛的内容，且更具规范性，切中要点，有的放矢。此外，国有企业须增强企业使命的特色和可阅读性。一个好的企业使命不仅会成为公司价值观和企业文化的重要组成部分，还具有良好的宣传作用，国有企业的使命除了要保证要素覆盖完整性，还应体现出企业自身的特点。

再次，国有企业应完善董事会结构建设，组建有效的董事会，改善治理绩效。已有相关规范，如《上市公司治理准则》《上市公司章程指引》等无不对董事会组织结构和人员配置作了详尽的制度安排，而对董事会运作过程则"以票代议"，无章可循（朱羿锟，2015），其结果便是治理合规性改善而有效性不足（李维安，2012）。因此，国有企业需要关注董事会权力结构，通过组建有效的董事会来提升其治理水平。董事会结构是董事会履行职能的基础，良好的权力结构是董事会进行战略决策的重要保障。根据我国《公司法》，董事长是公司的法人代表，享有相应的法定权利。虽然相较于国有企业，民营企业两职合一的情况更为普遍，但整体而言，我国企业两职合一的普遍程度存在被低估的可能（姜付秀等，2014）。本书建议国有企业构建一个权力集中的、有层次的董事会。在企业使命的影响下，董事会正式权力层级差异的增大，将有助于企业获得更多的治理绩效。但中国国有企业的董事会领导结构的调整带有一定的主观和行政色彩。2015年9月，中共中央办公厅发布的《关于在深化国有企业改革中坚持党的领导加强党的建设的若干意见》中，着重指出要将加强党的领导与完善公司治理相结合，强调国有企业的党组织在治理结构当中的重要地位，国有企业逐步将党委参与公司治理写入公司章程中。雷海民等（2012）通过实证研究，认为国有企业党委书记不兼任董事长和CEO，且CEO兼任董事，最有助于企业运营效率的提升。因此，国有企业的董事长与CEO的两职兼任值得进一步讨论。本书认为，国有企业应在党委参与治理的改革要求下，提高董事会成员与总经理的兼职程度，一方面，有利于董事会获得更多关于企业及相关产业的信息，作出有利于治理绩效提升的战略选择；另一方面，有助于降低和减少董事会和CEO之间的沟通协调成本及利益冲突，促进董事会内部协调，凝聚董事会团队的智慧，提高董事会决策效率和科学性，使董事会在波动的市场环境中及时作出决策、调整企业战略,以提升企业的持续竞争能力与价值创造能力。此外,在非正式权力结构安排上,国有企业可以有意识地促进董事会成员多元化,形成不同董事话语权的差异。通过建立清晰的非正式权力层级,促使董事们明确自身的位置,为董事会内部意见的交互提供一个清晰的引导方向,最小化董事间非生产性冲突,提高董事会成员沟通的效率,促进企业价值的提升。

最后,国有企业应强化董事会的战略参与,以提升企业价值。随着公司治理水平的不断提高,投资者对董事会治理水平产生了越来越高的要求,希望董事会能带领公司高效地发展,这离不开董事会在战略中的积极参与,因此本书分析董事会权力层级如何通过战略选择影响治理绩效,为这一议题提供了理论支撑。董事会建立了企业与外部经济、社会环境的联系,通过搜集环境变化、市场复杂性和关键利益相关者的信息,为战略决策提供资源支持。因此,国有企业可以通过构建一个权力集中的、有层次的董事会,促进董事会团队成员信息、知识和资源的交流与共享,使董事会着眼于企业的长期发展,促使董事会由保守型战略逐渐转向激进型战略,获取可持续竞争优势,从而获得更多的经济价值与绿色绩效。

三、研究局限与展望

首先,本书由于调研与数据获取的局限性,仅从绿色认证这一角度来衡量绿色绩效,实际上,绿色绩效涵盖的内容更加丰富,除了绿色认证之外,还应该涵盖生态绩效指标和社会绩效指标等方面的内容。未来研究可以从绿色治理架构、绿色治理绩效、绿色治理效能和绿色治理责任等多个维度构建企业绿色治理指标体系。虽然本书的实证结果验证了提出的假设,但相关衡量指标还需要进一步完善。

其次,董事会的治理与其所处的内外部环境有较大关系。本书从企业内部的角度,选取了企业使命作为情境因素,探索了其对董事会权力层级与战略选择关系的调节作用。影响董事会治理的情境因素有很多,如区域经济发展水平和制度环境等行业层面的情境因素,以及企业生命周期和组织规模等企业层面的情境因素。因此,未来可以探索更多层次的情境因素对国有企业董事会权力层级与战略选择关系的调节作用。

最后,为保障衡量指标的可靠性与数据的可获取性,未能从权力与地位的匹配角度予以测度。董事会权力层级存在一致性与背离性。董事会团队内部会出现这样的情况:某一个体拥有较大的正式权力且受到爱戴,这种现象被称为权力与地位的一致;或某一下属成员受到其他成员的尊敬,即权力与地位相背离。这些权力与地位一致或背离的现象,可能会导致好坏不一的董事会团队绩效(季浩等,2019)。因此,考虑董事会权力与地位的一致性及其背离性的影响,可能有助于厘清董事会权力层级对治理绩效的影响。

针对上述问题,未来的研究中,研究者或可考虑从以下几个角度展开探索。

第一,针对绿色绩效,进一步的研究可以寻找更合理的替代变量,如扩展绿色治理绩效的外延,采用更具广泛意义上的"绿色"与"绿色治理"的概念,将绿色治理绩效扩展为包含传统环境绩效的更大外延的企业经济绩效、社会绩效以及员工灵商水平提升等维度的"深绿色"范畴(Zohar,2016)。

第二,进一步的研究可以将样本扩展为涵盖国有企业与民营企业的全部上市公司,并进行国有企业与民营企业以及不同行业的国有企业、民营企业乃至不同区域的国有企业和民营企业的对比分析,借以发现国有企业与民营企业的董事会权力层级差异及其对不同战略类型的选择与治理绩效的影响,以及企业在不同行业、不同区域的治理特征的共性与个性,以指导企业提升自身价值,实现优质发展。

第三,虽然当前研究在考察企业战略类型的时候大多使用二手数据进行测量,并认为这种方法较为客观,然而二手数据通常只能反映较少的战略信息,对于描述战略的不同方面的特征略显不足。因此,未来的研究可以使用调查问卷的方式来挖掘不同战略层面以及不同战略阶段的特征,有助于系统和深入地比较不同类型的战略差异。案例研究的方法也有助于弥补本书的不足,通过案例研究,对焦点公司中不同战略类型的选择在董事会权力层级与治理绩效之间中介作用的传导机制进行细致刻画,有助于清晰地了解其中的作用机理。

第四,董事会正式权力与非正式权力间存在相互作用关系,并非简单的替代关系。本书从正式权力层级与非正式权力层级两个维度测度了董事会的权力层级及其治理有效性,但囿于衡量指标的可靠性与数据的可获取性,未能从权力与地位的匹配角度予以测度。未来研究可以基于权力与地位的一致性与背离性的视角,探讨其对董事会战略决策的影响,以便为国有企业改善董事会的权力结构提供更具可操作性的建议。

参考文献

一、中文文献

[1] 艾健明,柯大钢.多元化与企业价值的关系研究[J].经济管理,2005,(14):10-16.

[2] 鲍新中,孙晔,陶秋燕,盛晓娟.竞争战略、创新研发与企业绩效的关系研究[J].中国科技论坛,2014,(06):63-69.

[3] 蔡宁,董艳华,刘峰.董事会之谜——基于尚德电力的案例研究[J].管理世界,2015,(04):155-165+169.

[4] 操群,许骞.金融"环境、社会和治理"(ESG)体系构建研究[J].金融监管研究,2019,(04):95-111.

[5] 曹德骏,胡燕平.企业理念与使命陈述的规范化[J].财经科学,2003,(06):79-82.

[6] 曹裕.产品市场竞争、控股股东倾向和公司现金股利政策[J].中国管理科学,2014,22(03):141-148.

[7] 曾江洪,何苹.国有上市公司董事会非正式层级与财务绩效关系的研究[J].财务与金融,2014,(06):78-82+94.

[8] 曾江洪,肖涛.董事会非正式层级、技术董事与技术创新绩效[J].科技与经济,2015,28(03):1-5+19.

[9] 柴才,黄世忠,叶钦华.竞争战略、高管薪酬激励与公司业绩——基于三种薪酬激励视角下的经验研究[J].会计研究,2017,(06):45-52+96.

[10] 陈爱生,秦菊波.试论我国国有企业文化的形成与发展[J].江西社会科学,2001,(09):136-137.

[11] 陈传明,孙俊华.企业家人口背景特征与多元化战略选择——基于中国上市公司面板数据的实证研究[J].管理世界,2008,(05):124-133.

[12] 陈军,刘莉.上市公司董事会特征与公司业绩关系研究[J].中国软科学,2006,(11):101-108.

[13] 陈可喜,李珍珍.管理层过度自信、董事会治理与公司绩效——来自沪深A股制造业企业的经验证据[J].财会通讯,2017,(18):32-35.

[14] 陈林,万攀兵,许莹盈.混合所有制企业的股权结构与创新行为——基于自然实验与断点回归的实证检验[J].管理世界,2019,35(10):186-205.

[15] 陈仕华, 郑文全.公司治理理论的最新进展:一个新的分析框架[J].管理世界,2010,(02): 156-166.

[16] 陈收,潘志强.环境不确定性对竞争战略与企业绩效关系的调节效应[J].中国科技论坛,2014,(02):57-64.

[17] 陈守明,唐滨琪.高管认知与企业创新投入——管理自由度的调节作用[J].科学学研究,2012,30(11):1723-1734.

[18] 陈夙,吴俊杰.管理者过度自信、董事会结构与企业投融资风险——基于上市公司的经验证据[J].中国软科学,2014,(06):109-116.

[19] 陈伟民.代理理论、管家理论与公司治理分析框架的重构[J].理论探讨,2013,(03):86-90.

[20] 陈艳利,姜艳峰.国有资本经营预算制度、过度负债与企业价值创造[J].财经问题研究,2017,(02):43-51.

[21] 陈永丽,龚枢,张洁.企业价值创造能力的影响因素分析——基于创业板上市公司的相关数据[J].软科学,2011,25(12):118-121.

[22] 成力为,李翘楚.政治关联、研发投资与企业成长[J].大连理工大学学报(社会科学版),2017,38(04):9-18.

[23] 程博.分析师关注与企业环境治理——来自中国上市公司的证据[J].广东财经大学学报,2019,34(02):74-89.

[24] 池国华,王志,杨金.EVA考核提升了企业价值吗?——来自中国国有上市公司的经验证据[J].会计研究,2013,(11):60-66+96.

[25] 崔霖琪,张卓.财务柔性对新兴制造企业研发投入的影响研究——基于竞争战略的双重效应[J].管理现代化,2020,40(03):68-73.

[26] 崔学刚.企业增长、盈利与价值创造——基于电信与计算机行业上市公司的实证证据[J].当代财经,2008,(08):125-129.

[27] 崔友洋,李永发,赵毅.商业模式结构特性、市场竞争战略与企业绩效——基于182家医药上市公司的实证研究[J].河海大学学报(哲学社会科学版),2019,21(05):67-75+107.

[28] 代飞.国有企业高管政治关联、公司治理与企业价值——基于董事长、总经理个人动机的视角[J].云南财经大学学报,2018,34(02):103-112.

[29] 邓峰.董事会制度的起源、演进与中国的学习[J].中国社会科学,2011,(01):164-176+223.

[30] 丁永淦,沈晓峰,许世群.企业价值驱动因素与价值创造模式[J].财会通讯,2015,(32):52-53.

[31] 丁战,刘龙.期权定价理论在高科技企业权益资本价值评估中的应用[J].科技和产业,2005,(02):13-15+24.

[32] 董梅.战略领导力研究视角探析及展望[J].现代管理科学,2019,(09):84-86.

[33] 董屹宇,郭泽光.管理层股权激励、两职合一与企业过度负债——基于两种代理理论的分析[J].当代财经,2019,(01):119-130.

[34] 段锦云,黄彩云.个人权力感对进谏行为的影响机制:权力认知的视角[J].心理学报,2013,45(02):217-230.

[35] 范旭,黄业展.企业研发管理对R&D投入与企业绩效关系的调节效应——对广东省科技型中小微企业的分析[J].科技进步与对策,2018,35(09):66-73.

[36] 方心童,高诚昊.我国城市商业银行价值创造能力研究——基于经济增加值(EVA)绩效考核视角[J].财经问题研究,2015,(02):52-58.

[37] 费孝通.乡土中国[M].北京:北京大学出版社,1998.

[38] 冯根福.中国公司治理基本理论研究的回顾与反思[J].经济学家,2006,(03):13-20.

[39] 冯慧群,马连福.董事会特征、CEO权力与现金股利政策——基于中国上市公司的实证研究[J].管理评论,2013,25(11):123-132.

[40] 高玲玲,牛雨虹,徐珂.考虑ESG因素的新能源汽车企业价值评估——以比亚迪为例[J].财会月刊,2024,45(01):95-101.

[41] 高琦,王丽丽.上市公司董事会业绩评价体系研究[J].石河子大学学

报(哲学社会科学版),2009,23(02):90-92.

[42] 高素英,张艳丽,刘兵.人力资源管理系统与战略人力资本关系研究——竞争战略的调节作用[J].科学学与科学技术管理,2014,35(10):159-169.

[43] 高照军,毛立云.企业愿景和使命应对金融危机真的有用吗——关于中国上市公司500强的实证研究[J].上海管理科学,2014,36(04):26-32.

[44] 龚红,宁向东,崔涛.董事会对公司战略过程评价:逻辑架构与指标体系[J].南开管理评论,2007,(05):26-30.

[45] 龚红.董事会结构、战略决策参与程度与公司绩效[J].财经理论与实践,2004,(02):103-107.

[46] 郝阳,龚六堂.国有、民营混合参股与公司绩效改进[J].经济研究,2017,52(03):122-135.

[47] 郝云宏,汪曦,范剑飞.董事会多样性会抑制大股东掏空吗?——基于团队多样性的视角[J].郑州大学学报(哲学社会科学版),2018,51(01):41-45+158.

[48] 何林涛,陈璇.重污染企业经济绩效与环境绩效关系的实证研究——基于联立方程组模型的分析[J].上海管理科学,2017,39(06):95-101.

[49] 胡鞍钢,周绍杰.绿色发展:功能界定、机制分析与发展战略[J].中国人口·资源与环境,2014,24(01):14-20.

[50] 胡国柳,胡珺.董事高管责任保险与公司绩效——基于中国A股上市公司的经验分析[J].经济评论,2014,(05):136-147.

[51] 胡荣.社会经济地位与网络资源[J].社会学研究,2003,(05):58-69.

[52] 胡世明,杜滨,李菲菲.转型经济下国有企业政治关联对绩效影响的实证研究[J].南京财经大学学报,2012,(05):39-46.

[53] 郇金宝.使命陈述质量对公司财务绩效影响的实证[J].统计与决策,2010a,(08):178-181.

[54] 郇金宝.企业使命陈述质量评价指标体系的构建[J].统计与决策,2010b,(11):181-183.

[55] 黄建山,李春米.股权结构、技术效率与公司绩效:基于中国上市公司的实证研究[J].经济评论,2009,(03):77-82+100.

[56] 黄燕,陈旭剑.对我国企业使命声明的检验——来自国内上市公司和著名企业的证据[J].开发研究,2006,(04):91-93.

[57] 黄业德,张鑫.董事会结构对企业业绩影响研究[J].山东理工大学学报(社会科学版),2020,36(01):25-30.

[58] 黄玉梅,储小平.深化改革背景下中国国有企业总部的价值创造维度[J].经济管理,2017,39(05):6-21.

[59] 纪成君,张爽.人力资本对董事会战略参与的影响研究——基于深市创业板企业的数据分析[J].西安财经学院学报,2015,28(02):59-64.

[60] 纪茂利,李鑫.真实盈余管理对企业价值的影响研究——基于时间维度上的实证分析[J].财会通讯,2016,(12):57-60.

[61] 季浩,谢小云,肖永平,等.权力层级与团队绩效关系:权力与地位的一致与背离[J].心理学报,2019,51(03):366-382.

[62] 贾生华,陈宏辉.利益相关者的界定方法述评[J].外国经济与管理,2002,(05):13-18.

[63] 江维琳,李琪琦,向锐.董事会特征与公司盈余管理水平——基于中国民营上市公司面板数据的研究[J].软科学,2011,25(05):142-144.

[64] 江伟.董事长个人特征、过度自信与资本结构[J].经济管理,2011,33(2):78-85.

[65] 姜付秀,肯尼思·A.金,王运通.公司治理:西方理论与中国实践[M].北京:北京大学出版社,2016.

[66] 姜付秀,刘志彪,陆正飞.多元化经营、企业价值与收益波动研究——以中国上市公司为例的实证研究[J].财经问题研究,2006,(11):27-35.

[67] 姜付秀,朱冰,王运通.国有企业的经理激励契约更不看重绩效吗?[J].管理世界,2014,(09):143-159.

[68] 姜英兵,崔广慧.企业环境责任承担能够提升企业价值吗?——基于工业企业的经验证据[J].证券市场导报,2019,(08):24-34.

[69] 蒋荣,陈丽蓉.产品市场竞争治理效应的实证研究:基于CEO变更视角[J].经济科学,2007,(02):102-111.

[70] 康嘉欣,唐慧,梁蹦,等.企业使命陈述对企业绩效的影响[J].合作经济与科技,2017,(19):40-43.

[71] 雷海民,梁巧转,李家军.公司政治治理影响企业的运营效率吗——基于中国上市公司的非参数检验[J].中国工业经济,2012,(09):109-121.

[72] 雷辉,欧阳丽萍,聂珊珊,等.生物药品制造行业竞争战略影响企业绩效的时滞效应研究——基于VAR模型的脉冲响应分析[J].中国管理科学,

2014,22(11):140-148.

[73] 李辰颖.独立机构投资者持股偏好研究——基于中国上市公司的经验数据[J].中央财经大学学报,2016,(02):61-69.

[74] 李东升,杨荣.董事会内在特征与上市企业绩效——基于董事会资本与董事会独立性状态视角[J].首都经济贸易大学学报,2020,22(02):79-90.

[75] 李冬伟,张春婷.环境战略、绿色创新与绿色形象[J].财会月刊,2017,(32):3-10.

[76] 李刚.EVA企业价值评估体系及其应用——以华为公司为例[J].财会月刊,2017,(22):82-86.

[77] 李国栋,薛有志.董事会战略参与效应及其影响因素研究[J].管理评论,2011,23(03):98-106.

[78] 李国栋,薛有志.企业国际化战略与高层管理团队构成关系实证研究[C]//中国管理现代化研究会.第三届(2008)中国管理学年会——市场营销分会场论文集,2008:11.

[79] 李海舰,冯丽.企业价值来源及其理论研究[J].中国工业经济,2004,(03):52-60.

[80] 李健,陈传明,孙俊华.企业家政治关联、竞争战略选择与企业价值——基于上市公司动态面板数据的实证研究[J].南开管理评论,2012,15(06):147-157.

[81] 李杰义,张汞,谢琳娜.环境知识学习、绿色创新行为与环境绩效[J].科技进步与对策,2019,36(15):122-128.

[82] 李俊夫.双碳背景下循环经济发展的机遇、挑战与策略[J].现代管理科学,2022,(04):15-23.

[83] 李胜会,宗洁.经济发展、社会保障财政支出与居民健康——兼对逆向选择行为的检验[J].宏观经济研究,2018(11):26-43.

[84] 李胜楠,牛建波.高管权力研究的述评与基本框架构建[J].外国经济与管理,2014,36(07):3-13.

[85] 李维安,郝臣.公司治理手册[M].北京:清华大学出版社,2015.

[86] 李维安,徐业坤,宋文洋.公司治理评价研究前沿探析[J].外国经济与管理,2011,(08):57-65.

[87] 李维安,郝臣,崔光耀,等.公司治理研究40年:脉络与展望[J].外国经济与管理,2019,41(12):161-185.

[88] 李维安,王世权.利益相关者治理理论研究脉络及其进展探析[J].外国经济与管理,2007,(04):10-17.

[89] 李维安,徐建,姜广省.绿色治理准则:实现人与自然的包容性发展[J].南开管理评论,2017,20(05):23-28.

[90] 李维安.绿色治理:超越国别的治理观[J].南开管理评论,2016,19(06):1.

[91] 李维安.中国上市公司治理评价[J].中国金融,2012,(12):41-43.

[92] 李文贵,余明桂,钟慧洁.央企董事会试点、国有上市公司代理成本与企业绩效[J].管理世界,2017,(08):123-135+153.

[93] 李小青,胡朝霞.科技创业企业董事会认知特征对技术创新动态能力的影响研究[J].管理学报,2016,13(02):248-257.

[94] 李小青,周建.董事会群体断裂带的内涵、来源以及对决策行为的影响——文献综述与理论研究框架构建[J].外国经济与管理,2014,36(03):3-9.

[95] 李小青.董事会认知异质性对企业价值影响研究——基于创新战略中介作用的视角[J].经济与管理研究,2012,(08):14-22.

[96] 李怡娜,叶飞.高层管理支持、环保创新实践与企业绩效——资源承诺的调节作用[J].管理评论,2013,25(01):120-127+166.

[97] 李长娥,谢永珍.产品市场竞争、董事会异质性对技术创新的影响——来自民营上市公司的经验证据[J].华东经济管理,2016,30(08):115-123.

[98] 李长娥,谢永珍.董事会权力层级、创新战略与民营企业成长[J].外国经济与管理,2017,39(12):70-83.

[99] 李长娥,谢永珍.区域经济发展水平、女性董事对公司技术创新战略的影响[J].经济社会体制比较,2016,(04):120-131.

[100] 李长娥.董事会多元化、创新战略对民营企业成长的影响[D].山东大学,2017.

[101] 梁莱歆,张焕凤.高科技上市公司R & D投入绩效的实证研究[J].中南大学学报(社会科学版),2005,11(02):232-236.

[102] 林泉,邓朝晖,朱彩荣.国有与民营企业使命陈述的对比研究[J].管理世界,2010,(09):116-122.

[103] 林润辉,范建红,赵阳,等.公司治理环境、治理行为与治理绩效的关系研究——基于中国电信产业演进的证据[J].南开管理评论,2010,13(06):

138-148.

[104] 蔺雷,吴贵生. 我国制造业服务增强差异化机制的实证研究[J].管理世界,2007,(6):103-113.

[105] 凌昕怡.多元化投资对企业价值实现程度的分析——以五粮液集团为例[J].财会通讯,2018,(10):3-6+129.

[106] 刘春苗.高管政治关联对企业价值的影响[J].商业研究,2012,(07):103-107.

[107] 刘端,王雅帆,陈收.财务冗余对企业竞争战略选择的影响——基于中国制造业全行业实证数据[J].系统管理学报,2018,27(02):208-218.

[108] 刘浩,唐松,楼俊.独立董事:监督还是咨询?——银行背景独立董事对企业信贷融资影响研究[J].管理世界,2012,(01):141-156+169.

[109] 刘和旺,郑世林,王宇锋.所有制类型、技术创新与企业绩效[J].中国软科学,2015,(03):28-40.

[110] 刘力.多元化经营及其对企业价值的影响[J].经济科学,1997,(03):68-74.

[111] 刘美芬.民营上市公司高管政治联系、董事会治理行为对治理绩效的影响[D].山东大学,2017.

[112] 刘睿智,胥朝阳.竞争战略、企业绩效与持续竞争优势——来自中国上市公司的经验证据[J].科研管理,2008,(06):36-43.

[113] 刘淑莲.企业价值评估与价值创造战略研究——两种价值模式与六大驱动因素[J].会计研究,2004,(09):67-71.

[114] 刘小元,金媛媛.董事会战略参与的研究进展与展望[J].管理学报,2014,11(02):302-312.

[115] 刘鑫,薛有志.CEO继任、业绩偏离度和公司研发投入——基于战略变革方向的视角[J].南开管理评论,2015,18(03):34-47.

[116] 刘星,吴先聪.机构投资者异质性、企业产权与公司绩效——基于股权分置改革前后的比较分析[J].中国管理科学,2011,19(05):182-192.

[117] 刘行.企业的战略类型会影响盈余特征吗——会计稳健性视角的考察[J].南开管理评论,2016,19(04):111-121.

[118] 刘振.CEO年薪报酬、研发投资强度与公司财务绩效[J].科研管理,2014,35(12):129-136.

[119] 刘振杰,顾亮,李维安.董事会非正式层级与公司违规[J].财贸研究,

2019,30(08):76-87.

[120] 卢太平,张东旭.融资需求、融资约束与盈余管理[J].会计研究,2014,(01):35-41+94.

[121] 陆正飞,施瑜.从财务评价体系看上市公司价值决定——“双高”企业与传统企业的比较[J].会计研究,2002,(05):18-23+64.

[122] 逯东,林高,黄莉,杨丹.“官员型”高管、公司业绩和非生产性支出——基于国有上市公司的经验证据[J].金融研究,2012,(06):139-153.

[123] 逯东,余磊,林高.高管行政出身、双重成本与公司业绩——来自国有上市公司的经验证据[J].财经科学,2014,(03):39-50.

[124] 罗芳,叶广宇,蓝海林.从组织认定到企业宗旨陈述:研究综述与理论分析框架[J].管理评论,2013,25(10):100-110.

[125] 罗青兰,孙乃纪,于桂兰.基于文献分析法的女性高层次人才职业成功影响因素研究[J].经济经纬,2014,31(02):97-100.

[126] 吕屹.高管团队和董事会的背景特征与国际化战略——以银行业为例[J].辽宁大学学报(哲学社会科学版),2015,43(03):99-107.

[127] 马金玉.为指导央企价值创造而出版——《企业价值创造之路——经济增加值业绩考核操作实务》评介[J].经济研究参考,2009(48):45.

[128] 马连福,冯慧群.董事会资本对公司治理水平的影响效应研究[J].南开管理评论,2014,17(02):46-55.

[129] 马连福,高塬,杜博.隐性的秩序:董事会非正式层级研究述评及展望[J].外国经济与管理,2019,41(04):111-125.

[130] 马宁,姬新龙.风险投资声誉、智力资本与企业价值[J].科研管理,2019,40(09):96-107.

[131] 马宁.董事会规模、多元化战略与企业风险承担[J].财经理论与实践,2018,39(04):73-79.

[132] 迈克尔·波特.竞争战略[M].陈小悦,译.北京:华夏出版社,2007.

[133] 孟庆斌,李昕宇,蔡欣园.公司战略影响公司违规行为吗[J].南开管理评论,2018,21(03):116-129+151.

[134] 莫似影,张长江.环境价值观、环境行为与环境绩效——来自中国重污染行业上市公司的经验证据[J].财会月刊,2016,(36):13-18.

[135] 宁向东,张颖.独立董事能够勤勉和诚信地进行监督吗——独立董事行为决策模型的构建[J].中国工业经济,2012,(01):101-109.

[136] 牛建波,李胜楠.董事会的治理绩效研究——基于民营上市公司面板数据的实证分析[J].山西财经大学学报,2008,(01):75-83.

[137] 牛建波,赵静.信息成本、环境不确定性与独立董事溢价[J].南开管理评论,2012,15(02):70-80.

[138] 潘安成.战略选择、组织适应力对企业绩效增长影响的实证研究[J].管理科学,2007,20(4):14-22.

[139] 潘红波,饶晓琼.《环境保护法》、制度环境与企业环境绩效[J].山西财经大学学报,2019,41(03):71-86.

[140] 彭涛,王凯.企业愿景与使命陈述对企业绩效的影响[J].管理现代化,2014,(03):84-86.

[141] 齐平,刘佳琪,肖旭东.文化强国视野下国有企业文化自觉与企业成长关系研究[J].吉林大学社会科学学报,2014,54(01):133-140.

[142] 齐秀辉,王维,武志勇.高管激励调节下研发投入与企业绩效关系研究[J].科技进步与对策,2016,33(15):76-82.

[143] 齐岳,赵晨辉,李晓琳,等.基于责任投资的ESG理念QDⅡ基金的构建及绩效检测研究[J].投资研究,2020,39(04):42-52.

[144] 乔朋华,周阳,李小青.CEO自恋、研发投资与企业价值[J].科技进步与对策,2019,36(15):100-106.

[145] 裘益政,张茜茜.女性高管与企业环境绩效——基于中国重污染行业上市公司的经验证据[J].财务研究,2018,(03):32-43.

[146] 曲江滨,段洪波.资本结构与企业价值研究——来自医药行业的经验数据[J].财会通讯,2014,(27):61-63.

[147] 曲亮,谢在阳,郝云宏,等.国有企业董事会权力配置模式研究——基于二元权力耦合演进的视角[J].中国工业经济,2016,(08):127-144.

[148] 权小锋,吴世农.CEO权力强度、信息披露质量与公司业绩的波动性——基于深交所上市公司的实证研究[J].南开管理评论,2010,13(04):142-153.

[149] 饶远立,邵冲.46家国内企业使命陈述的实证分析[J].南开管理评论,2005,(01):64-68.

[150] 尚洪涛,祝丽然.政府环境研发补贴、环境研发投入与企业环境绩效——基于中国新能源企业产权异质性的数据分析[J].软科学,2018,32(05):40-44.

[151] 邵毅平,王引晟.董事会资本与企业绩效的实证研究——基于R&D投资的中介效应视角[J].财经论丛,2015,(06):66-74.

[152] 沈洪涛,周艳坤.环境执法监督与企业环境绩效:来自环保约谈的准自然实验证据[J].南开管理评论,2017,20(06):73-82.

[153] 施懿宸,赵龙图,朱一木.ESG因素在企业估值的运用[J].金融纵横,2021,(07):23-31.

[154] 石泓,付滨.透过"元宝曲线"探析企业绿色竞争力的战略选择[J].生态经济,2014,30(01):104-106.

[155] 史富莲,张旭,刘晓昕.基于EVA的企业价值与股票收益相关性研究——来自沪、深股市的实证证据[J].会计之友,2012,(08):102-106.

[156] 史利.国企董事会绩效评价研究[J].财会通讯,2009,(32):28-29.

[157] 宋常,郭天明.公司价值创造驱动因素研究[J].生产力研究,2007,(04):111-113+124.

[158] 宋德舜.国有控股、最高决策者激励与公司绩效[J].中国工业经济,2004,(03):91-98.

[159] 宋建波,文雯,王德宏.海归高管能促进企业风险承担吗——来自中国A股上市公司的经验证据[J].财贸经济,2017,38(12):111-126.

[160] 宋铁波,钟熙,陈伟宏,等.董事会资本、经营期望落差与战略变革[J].经济与管理评论,2018,34(04):82-94.

[161] 宋增基,宁家耀,张宗益.董事会行为、公司治理与绩效:来自中国的经验证据[J].软科学,2008,(06):42-46.

[162] 孙海法,姚振华,严茂胜.高层管理团队人口统计特征对纺织和信息技术公司经营绩效的影响[J].南开管理评论,2006,9(06):61-67.

[163] 孙健,王百强,曹丰,等.公司战略影响盈余管理吗?[J].管理世界,2016,(03):160-169.

[164] 孙艳霞.基于不同视角的企业价值创造研究综述[J].南开经济研究,2012,(01):145-153.

[165] 孙烨,邵方婧,尹曌天.董事会资本、CEO权力对企业技术创新的影响研究[J].湖北社会科学,2018(02):98-104.

[166] 孙月静,张文泉.董事会结构、公司绩效与高管层报酬[J].中国软科学,2007,(09):97-103.

[167] 谭瑾,罗正英.高管变更、竞争战略与企业社会责任——基于战略耦

合的视角[J].山西财经大学学报,2017,39(05):82-93.

[168] 陶建宏,师萍,段伟宇.高阶理论研究综述——基于跨层次整合视角[J].科技管理研究,2013,33(10):224-229+242.

[169] 陶瑞,李秉祥,牛晓琴.业绩压力对资产减值会计政策选择的影响——管理者权力的调节作用[J].预测,2016,35(06):30-36.

[170] 田丹,于奇.高层管理者背景特征对企业绿色创新的影响[J].财经问题研究,2017(06):108-113.

[171] 田月昕,冯庆花.上市公司研发支出对企业价值影响的实证研究——来自生物医药行业数据[J].财会通讯,2014,(15):49-51.

[172] 汪金爱,李丹蒙.高管团队动力研究述评——基于高阶梯队理论过程模型[J].外国经济与管理,2017,39(10):53-71+101.

[173] 汪金爱,宗芳宇.国外高阶梯队理论研究新进展:揭开人口学背景黑箱[J].管理学报,2011,8(08):1247-1255.

[174] 王斌,汪丽霞.董事会业绩评价研究[J].会计研究,2005,(02):46-52+95.

[175] 王昌荣,李娜.市场竞争、创新研发与企业价值——基于中国制造业的经验数据[J].山东社会科学,2018(06):168-173.

[176] 王椿璞,苗天安.董事会资本、产品市场竞争与企业研发投入[J].商业研究,2018,(08):116-124.

[177] 王东清,杨华庆.CEO过度自信对企业避税行为倾向的影响——以竞争战略为中介变量[J].湖南农业大学学报(社会科学版),2019,20(02):55-61.

[178] 王凡俊,李国栋.基于高阶梯队理论的董事会背景特征价值效应研究[J].现代管理科学,2011,(11):49-51.

[179] 王分棉,顾远东,张鸿.董事长—总经理的价值观差异与企业创新战略[J].科学决策,2019,(10):1-21.

[180] 王洪生,刘德胜.企业家背景特征、竞争战略与中小企业成长——基于中小制造业上市公司实证[J].北京理工大学学报(社会科学版),2014,16(03):75-82.

[181] 王化成,张修平,高升好.企业战略影响过度投资吗[J].南开管理评论,2016,19(04):87-97+110.

[182] 王婧,吴烨伟,蓝梦,等.基于高阶梯队理论的电子工业创新绩效影

响因素研究——高管认知研究视角[J].工业技术经济,2018,37(03):20-27.

[183] 王俊杰.组织使命陈述的研究现状与简评[J].现代管理科学,2013(12):62-64.

[184] 王凯,常维.董事会非正式层级如何影响公司战略变革?[J].首都经济贸易大学学报,2018,20(03):87-94.

[185] 王楠,黄静,王斌.董事会社会资本、CEO权力与企业研发投资——基于创业板上市公司的实证[J].科研管理,2019,40(05):244-253.

[186] 王鹏,张俊瑞,周龙.企业价值概念、影响因素及其计量:综述与展望[J].财会月刊,2012,(30):87-90.

[187] 王琪.竞争战略、战略成熟度与费用粘性[J].财会通讯,2020,(06):51-56.

[188] 王任飞.企业R & D支出的内部影响因素研究——基于中国电子信息百强企业之实证[J].科学学研究,2005,(02):225-231.

[189] 王世权,王丽敏.利益相关者权益保护与公司价值——来自中国上市公司的证据[J].南开管理评论,2008,(02):34-41.

[190] 王世权.试论价值创造的本原性质、内在机理与治理要义——基于利益相关者治理视角[J].外国经济与管理,2010,32(08):10-17.

[191] 王铁男.竞争优势:低成本领先战略的理性思考——沃尔·马特与邯钢保持竞争优势的比较分析[J].管理世界,2000,(02):189-196.

[192] 王文华,叶沁瑶.双元创新视角下竞争战略对企业绩效影响研究[J].华东经济管理,2019,33(09):127-133.

[193] 王玄武.比较德育学[M].武汉:武汉大学出版社,2003.

[194] 王益民,王艺霖,程海东.高管团队异质性、战略双元与企业绩效[J].科研管理,2015,36(11):89-97.

[195] 王玉霞,孙治一.领导权结构和CEO激励对企业创新的影响——基于战略新兴产业上市公司的经验数据[J].经济问题,2019,(01):60-67.

[196] 王宗军,严磊,夏天.上市公司董事会绩效评价方法与指标[J].统计与决策,2006,(11):60-61.

[197] 卫旭华,刘咏梅,岳柳青.高管团队权力不平等对企业创新强度的影响——有调节的中介效应[J].南开管理评论,2015,18(03):24-33.

[198] 魏昕,张志学.组织中为什么缺乏抑制性进言?[J].管理世界,2010,(10):99-109+121.

[199] 温忠麟,叶宝娟.中介效应分析:方法和模型发展[J].心理科学进展,2014,22(05):731-745.

[200] 文婕.大股东持股与企业价值——基于我国商贸流通业上市公司数据的实证分析[J].商业经济研究,2019,(11):161-163.

[201] 翁洪波,吴世农.我国上市公司价值创造与价值损害的判定分析[J].经济管理,2006,(08):32-41.

[202] 吴国鼎.两权分离与企业价值:支持效应还是掏空效应[J].中央财经大学学报,2019,(09):97-106.

[203] 吴建祖,曾宪聚,赵迎.高层管理团队注意力与企业创新战略——两职合一和组织冗余的调节作用[J].科学学与科学技术管理,2016,37(05):170-180.

[204] 吴联生,白云霞.公司价值、资产收购与控制权转移方式[J].管理世界,2004,(09):123-130+156.

[205] 吴明隆.问卷统计分析实务:SPSS操作与应用[M].重庆:重庆大学出版社,2010.

[206] 吴佩旆.董事会绩效评估研究[J].财会通讯,2006,(09):20-23.

[207] 吴先聪.机构投资者对公司内部控制人的监督及其经济后果研究[D].重庆大学,2012.

[208] 吴小节,曾华,汪秀琼.多层次情境嵌入视角下的委托代理理论研究现状及发展[J].管理学报,2017,14(06):936-946.

[209] 吴一丁,吕芝兰.非金融企业金融化会损害企业价值吗?——基于经济增加值视角[J].金融与经济,2019,(05):56-62.

[210] 伍伦.股权集中度、社会责任与企业价值——基于我国上市银行的实证检验[J].税务与经济,2015,(02):23-29.

[211] 武立东,江津,王凯.董事会成员地位差异、环境不确定性与企业投资行为[J].管理科学,2016,29(02):52-65.

[212] 武立东,薛坤坤,王凯.非正式层级对董事会决策过程的影响:政治行为还是程序理性[J].管理世界,2018,34(11):80-92.

[213] 肖峰雷,李延喜,栾庆伟.管理者过度自信与公司财务决策实证研究[J].科研管理,2011,32(08):151-160.

[214] 肖红军,李井林.责任铁律的动态检验:来自中国上市公司并购样本的经验证据[J].管理世界,2018,(07):114-135.

[215] 谢霏,后青松.女性高管与研发创新[J].管理现代化,2017,37(05):44-46.

[216] 谢孟月,赵毅.董事会特征与公司绩效关系的国外研究述评[J].财会月刊,2017,(14):84-89.

[217] 谢绚丽,赵胜利.中小企业的董事会结构与战略选择——基于中国企业的实证研究 [J]. 管理世界, 2011, (01): 101-111+188.

[218] 谢永珍,张雅萌,吴龙吟,等.董事地位差异、决策行为强度对民营上市公司财务绩效的影响研究[J].管理学报,2017,14(12):1767-1776.

[219] 谢永珍,张雅萌,张慧,等.董事会正式、非正式结构对董事会会议频率的影响——非正式沟通对董事会行为强度的调节作用[J].外国经济与管理,2015,37(04):15-28.

[220] 谢永珍,赵琳,王维祝.治理行为、治理绩效:内涵、传导机理与测量[J].山东大学学报(哲学社会科学版),2013,(06):80-94.

[221] 谢永珍.公司治理2.0时代的董事会评价创新——由结构到文化、行为与绩效[J].清华管理评论,2016,(Z1):91-97.

[222] 谢永珍.企业目的:宣言与启示[J].董事会,2019,(10):61-65.

[223] 熊艾伦,蒲勇健,王睿.女性高管对企业创新决策的影响[J].管理工程学报,2019,33(01):30-36.

[224] 徐春立.创造价值——财务管理的本质及特征[J].会计之友,2005,(01):11-12.

[225] 徐莉萍,陆明富,张淑霞,等.技术型连锁独立董事、技术创新与环境绩效[J].科技进步与对策,2018,35(18):83-90.

[226] 徐铁云,翁波意.上市公司董事会治理特征与企业价值研究——来自家族上市公司数据[J].财会通讯,2014,(06):39-42.

[227] 徐向艺,徐宁.公司治理研究现状评价与范式辨析——兼论公司治理研究的新趋势[J].东岳论丛,2012,33(02):148-152.

[228] 许龙,高素英,于慧.竞争战略与HRM系统匹配性对企业持续竞争优势影响研究——基于中国上市公司年报数据[J].软科学,2015,29(05):101-105.

[229] 许为宾,周建.董事会战略介入研究回顾与展望[J].现代管理科学,2014,(11):27-29.

[230] 许新亮.市场竞争程度、会计盈余与资本结构动态调整[J].财会通

讯,2019,(18):19-22.

[231] 许照成,侯经川.创新投入、竞争战略与企业绩效水平——基于中国制造业上市公司的实证分析[J].现代财经(天津财经大学学报),2019,39(09):56-68.

[232] 许忠,李明星,张同建.基于CCGI^NK^的董事会治理评价研究[J].财会通讯,2011,(32):53-54.

[233] 薛有志,刘素.产品市场竞争、领导权结构与公司多元化战略[J].山西财经大学学报,2008,(12):59-64.

[234] 晏国菀,谢光华.董事联结、董事会职能与并购绩效[J].科研管理,2017,38(09):106-115.

[235] 杨冬云,谢杨.企业社会责任、绿色创新能力与企业环境绩效[J].财会通讯,2019,(06):100-104.

[236] 杨广青,杜亚飞,刘韵哲.企业经营绩效、媒体关注与环境信息披露[J].经济管理,2020,42(03):55-72.

[237] 杨婧.EVA考核下研发支出与企业价值相关性研究[J].财会通讯,2017,(24):51-53.

[238] 杨军芳.上市公司董事会治理体系分析及评价——来自农业上市公司数据[J].财会通讯,2013,(18):40-43.

[239] 杨青,薛宇宁,YURTOGLU BesimBurcin.我国董事会职能探寻:战略咨询还是薪酬监控?[J].金融研究,2011,(03):165-183.

[240] 杨清香,张翼,张亮.董事会特征与盈余管理的实证研究——来自中国上市公司的经验证据[J].中国软科学,2008,(11):133-140.

[241] 姚伟,黄卓,郭磊.公司治理理论前沿综述[J].经济研究, 2003,(5):83-90.

[242] 叶蓓.董事会异质性、多元化战略与企业价值 [J].华东经济管理,2017, 31 (03): 146-153.

[243] 叶康涛,祝继高,陆正飞,等.独立董事的独立性:基于董事会投票的证据[J].经济研究,2011,46(01):126-139.

[244] 于东智.董事会、公司治理与绩效——对中国上市公司的经验分析[J].中国社会科学,2003,(03):29-41.

[245] 于连超,张卫国,毕茜,等.政府环境审计会提高企业环境绩效吗?[J].审计与经济研究,2020,35(01):41-50.

[246] 余浩,刘文浩,陈崇.高管团队认知交互与创新绩效的关系:有调节的中介效应检验[J].科技进步与对策,2020,37(20):145-152.

[247] 袁德利,罗贤慧,尹林辉.研发投入是董事会治理提升企业价值的传导机制吗?[J].科技管理研究,2017,37(01):201-206.

[248] 张复生,李兰.CEO与CFO职业背景异质性对企业价值影响研究——基于战略性新兴产业和传统产业的比较视角[J].财会通讯,2019,(03):68-71.

[249] 张国良,赵素萍.企业使命管理精要探析[J].企业经济,2010,(09):29-31.

[250] 张济建,于连超,毕茜,潘俊.媒体监督、环境规制与企业绿色投资[J].上海财经大学学报,2016,18(05):91-103.

[251] 张佳康.ESG投资评估体系的启示[J].中国金融,2019,(04):74-75.

[252] 张剑,张微,冯俭.领导者的自主支持与员工创造性绩效的关系[J].中国软科学,2010,(S1):62-69.

[253] 张磊.企业如何兼顾经济价值与社会责任[J].人民论坛,2018,(17):96-97.

[254] 张立民,李琰.持续经营审计意见、公司治理和企业价值——基于财务困境公司的经验证据[J].审计与经济研究,2017,32(02):13-23.

[255] 张鸣良.外部环境、控制权特征与企业价值[J].财会通讯,2018,(06):32-36.

[256] 张娜,李琪,王馨迪.财务杠杆对企业价值影响的实证研究——基于财务杠杆约束效应的视角[J].山东社会科学,2010,(11):119-122.

[257] 张倩.企业绿色管理绩效评价体系指标的选取及构建[J].当代经济,2017,(16):136-138.

[258] 张蕊,王洋洋.公司战略影响审计契约吗——基于中国资本市场的经验证据[J].审计研究,2019,(02):55 63.

[259] 张涛,朱学义,刘梅玲.资本市场业绩压力会导致企业创新投入不足吗? ——基于我国制造业上市公司的实证研究[J].山东社会科学,2017(02):135-141+148.

[260] 张维今,李凯,王淑梅.CEO权力的调节作用下董事会资本对公司创新的内在机制影响研究[J].管理评论,2018,30(04):70-82.

[261] 张蔚虹,王牌.董事会结构、创新投入与企业综合价值的关系研

究——基于制造业创业板上市公司的实证分析[J].西安电子科技大学学报(社会科学版),2020,30(01):19-28.

[262] 张文忠,王丹.竞争战略下技术创新企业绩效与长期竞争优势分析[J].税务与经济,2017(06):38-43.

[263] 张耀伟,陈世山,李维安.董事会非正式层级的绩效效应及其影响机制研究[J].管理科学,2015,28(01):1-17.

[264] 张耀伟,陈世山,刘思琪.董事会非正式层级与高管薪酬契约有效性[J].管理工程学报,2020,34(03):83-96.

[265] 张毅,宋鹏,庞继芳.金融危机、竞争战略与财务绩效——基于中国物流上市公司的研究[J].管理学报,2012,9(09):1388-1396.

[266] 张兆国,常依,曹丹婷,等.高管任期、企业技术创新与环境绩效实证研究——以新环保法施行为事件窗口[J].科技进步与对策,2020,37(12):73-81.

[267] 张正勇,陈虹.管理层团队背景特征与企业社会责任报告印象管理——来自中国重污染行业上市公司的经验证据[J].财经理论与实践,2018,39(05):71-79.

[268] 赵晶,孟维烜.官员视察对企业创新的影响——基于组织合法性的实证分析[J].中国工业经济,2016,(09):109-126.

[269] 赵立雨,张丹.企业环境许诺与绿色产品创新绩效关系研究[J].科技进步与对策,2017,34(23):100-105.

[270] 赵琳,谢永珍.异质外部董事对创业企业价值的影响——基于非线性的董事会行为中介效应检验[J].山西财经大学学报,2013,35(11):86-94.

[271] 赵琳.创业板上市公司董事会治理绩效影响因素研究[D].山东大学,2014.

[272] 赵修春.企业的利益相关者理论及其对国有企业改革的借鉴意义[J].经济体制改革,2007,(05):53-57.

[273] 赵旭峰,温军.董事会治理与企业技术创新:理论与实证[J].当代经济科学,2011,33(03):110-116+128.

[274] 郑兵云,陈圻,李邃.差异化战略对企业绩效的影响研究——基于创新的中介视角[J].科学学研究,2011,29(09):1406-1414.

[275] 郑春美,朱丽君.QFII对创新投入及企业价值的影响[J].科技进步与对策,2019,36(05):86-95.

[276] 郑红亮，王凤彬．中国公司治理结构改革研究：一个理论综述[J].管理世界，2000，(03)：119-125.

[277] 钟马，徐光华．高管过度自信、利益相关者资源需求压力与企业社会责任[J].财会月刊，2019，(24)：26-35.

[278] 周兵，黄芳，任政亮．企业竞争战略与盈余持续性[J].中国软科学，2018，(03)：141-152.

[279] 周常宝，林润辉，李康宏，等．跨国企业董事会资本与国际化战略的演化机制——基于联想集团的纵向案例研究[J].管理案例研究与评论，2018，11(01)：54-73.

[280] 周建，金媛媛，刘小元．董事会资本研究综述[J].外国经济与管理，2010，32(12)：27-35.

[281] 周建，金媛媛，袁德利．董事会人力资本、CEO权力对企业研发投入的影响研究——基于中国沪深两市高科技上市公司的经验证据[J].科学学与科学技术管理，2013，34(03)：170-180.

[282] 周建，李小青．董事会认知异质性对企业创新战略影响的实证研究[J].管理科学，2012，25(06)：1-12.

[283] 周建，任尚华，金媛媛，李小青．董事会资本对企业R & D支出的影响研究——基于中国沪深两市高科技上市公司的经验证据[J].研究与发展管理，2012，24(01)：67-77.

[284] 周建，尹翠芳，陈素蓉．公司战略治理研究述评与展望[J].外国经济与管理，2013，35(10)：31-42.

[285] 周建，张双鹏，刘常建．分离CEO两职合一：代理问题缓和与战略继任的开始[J].管理科学，2015，28(03)：1-13.

[286] 庄仲乔．产融结合对传统工业转型升级的影响研究——以2000—2017年纺织业A股上市公司为例[J].当代经济科学，2019，41(02)：122-128.

[287] 邹海亮，姜紫含，帅萍．董事会连锁关系与环境绩效：基于社会网络的视角[J].华东经济管理，2018，32(03)：119-127.

二、英文文献

[1] Adams，R. B.，De Haan，J.，Terjesen，S. & Van Ees，H. (2015). Board diversity：Moving the field forward [J]. Corporate Governance：An Interna-

tional Review, 23(2):77-82.

[2] Aguilera, R. V. & Jackson, G. (2003). The cross-national diversity of corporate governance: Dimensions and determinants [J]. Academy of Management Review, 28(3):447-465.

[3] Ahrens, T., Filatotchev, I. & Thomsen, S. (2011). The research frontier in corporate governance[J]. Journal of Management & Governance, 15(3): 311-325.

[4] Albertini, E. (2013). Does environmental management improve financial performance? A meta-analytical review[J]. Organization & Environment, 26 (4): 431-457.

[5] Ambady, N. & Rosenthal, R. (1993). Half a minute: Predicting teacher evaluationsfrom thin slices of nonverbal behavior and physical attractiveness[J]. Journal of Personality and Social Psychology, 64(3), 431-441.

[6] Anderson, C. & Brown, C. E.(2010). The Functions and Dysfunctions of Hierarchy [J]. Research in Organizational Behavior, 30(1): 55-89.

[7] Anderson, C. &Berdahl, J. L. (2002). The experience of power: Examining the effects of power on approach and inhibition tendencies [J]. Journal of Personality and Social Psychology, 83(6):1362-1377.

[8] Anderson, C. & Galinsky, A. D. (2006). Power, optimism, and risk-taking [J]. European Journal of Social Psychology, 36(4): 511-536.

[9] Anderson, C.& Kilduff, G. J. (2009). The pursuit of status in social groups [J]. Current Directions in Psychological Science, 18(5): 295-298.

[10] Anderson, C., John, O. P., Keltner, D. & Kring, A.M. (2001). Who attains social status? Effects of personality and physical attractiveness in social groups [J]. Journal of Personality and Social Psychology, 81(1): 116-132.

[11] Andrew, K. R. (2018). Value-creating Boards-Diversity and Evolved Processes [J]. Journal of Creating Value, 4(1): 22-41.

[12] Ansoff, H. I. (1965). The Concept of Strategy [M]. New York: McGraw-Hill.

[13] Ararat, M., Aksu, M. H. & Tansel Cetin, A. (2010). The impact of board diversity on boards' monitoring intensity and firm performance: Evidence from the Istanbul stock exchange[J]. Available at SSRN 1572283.

[14] Arzubiaga, U., Maseda, A.& Iturralde, T. (2019). Exploratory and exploitative innovation in family businesses: The moderating role of the family firm image and family involvement in top management [J]. Review of Managerial Science, 13:1-31.

[15] Atan, R., Alam, M. M., Said, J. & Zamri, M. (2018). The impacts of environmental, social, and governance factors on firm performance: Panel study of Malaysian companies [J]. Management of Environmental Quality: An International Journal, 29(2): 182-194.

[16] Atiojio, E. N., Avana, L., Makueti, J., Tchoundjeu, Z. & Asaah, E. (2014). Carbon sequestration by dacryodes edulis: Implication for the opportunities of payment for environmental services [J]. International Journal of Research, 1(4):1006-1020.

[17] Babnik, K., Breznik, K., Dermol, V. & Sirca, N. T.(2014). The mission statement: Organisational culture perspective [J]. Industrial Management & Data Systems,114(4):612-627.

[18] Bae, S. C.& Noh, S. (2001). Multinational corporations versus domestic corporations: A comparative study of R & D investment activities [J]. Journal of Multinational Financial Management, 11(1): 89-104.

[19] Baetz, M. C.& Bart, C. K. (1996). Developing mission statements which work [J]. Long Range Planning, 29(4): 526-533.

[20] Bailey, B. C.& Peck, S. I. (2013). Boardroom strategic decision-making style: Understanding the antecedents [J]. Corporate Governance: An International Review, 21(2): 131-146.

[21] Bainbridge, S. (2002). Why a board? Group decision-making in corporate governance [J]. Vanderbilt Law Review,55(1):1-55.

[22] Baliga, B. R., Moyer, R. C. & Rao, R. S. (1996). CEO duality and firm performance: What's the fuss?[J] Strategic Management Journal, 17(1): 41-53.

[23] Bansal, P. & Roth, K. (2000). Why companies go green: A model of ecological responsiveness [J]. Academy of Management Journal, 43(4): 717-736.

[24] Baron, J. N. & Pfeffer, J. (1994). The social psychology of organizations and inequality [J]. Social Psychology Quarterly, 57(3): 190-209.

[25] Barroso, C., Villegas, M. M. & Pérez-Calero, L. (2011). Board influence on a firm's internationalization [J]. Corporate Governance: An International Review, 19(4): 351-367.

[26] Barroso-Castro, C., Villegas-Perinan, M. M. & Dominguez, M. (2017). Board members' contribution to strategy: The mediating role of board internal processes [J]. European Research on Management and Business Economics, 23(2):82-89.

[27] Bart B., Christopher, K, Mark, C. (1998). The relationship between mission statements and firm performance: An exploratory study [J]. Journal of Management Studies, 35(6): 823-853.

[28] Bart, C. K. (1997). Industrial firms and the power of mission [J]. Industrial Marketing Management, 26(4): 371-383.

[29] Bart, C. K., Bontis, N. &Taggar, S. (2001). A model of the impact of mission statements on firm performance [J]. Management Decision, 39(1): 19-35.

[30] Bartkus, B. R., Glassman, M. & Mcafee, R. B. (2004). A comparison of the quality of European, Japanese and U.S. mission statements: A content analysis [J]. European Management Journal,22(4):393-401.

[31] Bartkus, B. (2005). Mission statement quality and financial performance [J]. European Management Journal, 24(1): 86-94.

[32] Bartkus, B., Glassman, M. & McAfee, R. B. (2000). Mission statements: Are they smoke and mirrors?[J]. Business Horizons, 43(6): 23-23.

[33] Bass, B. M. & Bass, R. (2008). The Bass Handbook of Leadership (4th ed.)[M]. New York: Free Press.

[34] Baysinger, B. & Hoskisson, R. E. (1990). The composition of boards of directors and strategic control: Effects on corporate strategy [J]. Academy of Management Review,15: 72-87.

[35] Bazerman, M. H. (2006). Judgement in Managerial Decision Making [M].New Jersey: John Wiley and Sons.

[36] Bell, G., Filatotchev, I. & Aguilera, R. (2014). Corporate governance and investors perceptions of foreign IPO value: An institutional perspective [J]. Academy of Management Journal,57(1):301-320.

[37] Belliveau, M. A., O'Reilly, C. & Wade, J. B. (1996). Social capital at the top: Effects of social similarity and status on CEO compensation [J]. Academy of Management Journal, 39(6):1568-1593.

[38] Bendersky, C. & Hays, N. A.(2012). Status conflict in groups [J]. Organization Science,23(2): 323-340.

[39] Benjamin,B.,Fleming, L. & Manso, G. (2016). Independent boards and innovation [J]. Journal of Financial Economics, 123(3):536-557.

[40] Bentley, K. A., Omer, T. C. & Sharp, N. Y. (2013). Business strategy, financial reporting irregularities, and audit effort [J]. Contemporary Accounting Research,30(2):780-817.

[41] Berchicci, L., Dowell, G. & King, A. A. (2012). Environmental capabilities and corporate strategy: Exploring acquisitions among US manufacturing firms [J]. Strategic Management Journal, 33(9): 1053-1071.

[42] Berdahl, J.L.& Martorana, P. (2006). Effects of power on emotion and expression during a controversial group discussion [J]. European Journal of Social Psychology, 36(4): 497-509.

[43] Black, F. & Scholes, M. (1973). The pricing of options and corporate liabilities [J]. Journal of Political Economy, 81(3): 637-654.

[44] Blair, M. & Stout, L. A. (2001). Director accountability and the mediating role of the corporate board [J]. Washington University Law Review, 79: 403-449.

[45] Blank, H., Sgambati, G.& Truelson, Z. (2016). Best practices in ESG investing [J]. The Journal of Investing, 25(2): 103-112.

[46] Blau, P. M. & Scott, W.R. (1962). Formal Organizations: A Comparative Approach [M]. San Francisco, CA: Chandler.

[47] Bloom, M. (1999). The performance effects of pay dispersion on individuals and organizations [J]. Academy of Management Journal,42(1): 25-40.

[48] Bosse, D. A. & Phillips, R. A. (2016).Agency theory and bounded self-interest [J]. Academy of Management Review,41(2): 276-297.

[49] Boulding, K. E. (1966).The Impact of The Social Sciences [M]. New Brunswick, NJ:Rutgers University Press.

[50] Boyd, B. K. (1994). Board control and CEO compensation [J]. Strate-

gic Management Journal, 15(5): 335-344.

[51] Brick, I. E. & Chidambaran, N. K. (2010). Board meetings, committee structure, and firm value [J]. Journal of Corporate Finance, 16(4): 533-553.

[52] Campbell, A. & Yeung, S. (1991). Creating a sense of mission [J]. Long Range Planning, 24(4): 10-20.

[53] Campbell, A.(1997). Mission statements [J]. Long Range Planning, 30:931-932.

[54] Carpenter, M. A. & Westphal, J. D. (2001). The strategic context of external network ties: Examining the impact of director appointments on board involvement in strategic decision making [J]. Academy of Management Journal, 44(4): 639-660.

[55] Carpenter, M. A. (2004). Upper echelons research revisited: Antecedents, elements , and consequences of top management team composition [J]. Journal of management, 30(6):749-778.

[56] Carroll, G. & Hannan, M.T. (2000). The Demography of Corporations and Industries [M].Princeton, NJ: Princeton University Press.

[57] Carter, C. B.& Lorsch, J. W. (2004). Back to The Drawing Board: Designing Corporate Boards for a Complex World [M]. Boston, MA: Harvard Business School Press.

[58] Cennamo, C., Berrone, P. & Gomez-Mejia, L. R. (2009). Does stakeholder management have a dark side? [J]. Journal of Business Ethics, 89: 491-507.

[59] Chan, L. K., Lakonishok, J.& Sougiannis, T. (2001). The stock market valuation of research and development expenditures [J]. The Journal of Finance, 56(6): 2431-2456.

[60] Chan, S. H., Martin, J. D. & Kensinger, J. W. (1990). Corporate research and development expenditures and share value [J]. Journal of Financial Economics,26(2):255-276.

[61] Cheema, S. & Javed, F. (2017). The effects of corporate social responsibility toward green human resource management: The mediating role of sustainable environment [J]. Cogent Business & Management,4(1): 1-10.

[62] Chi, M. T. H., Glaser, R. & Farr, M. J. (1988).The Nature of Ex-

pertise [M]. Hillsdale, NJ: Lawrence Erlbaum Associates.

[63] Child, J. (1972). Strategic Management: A Framework for Teaching and Practice [M]. New York, NY: McGraw-Hill.

[64] Chuang, S. P. & Huang, S. J. (2018). The effect of environmental corporate social responsibility on environmental performance and business competitiveness: The mediation of green information technology capital [J]. Journal of Business Ethics, 150: 991-1009.

[65] Chung, K. H., Wright, P. & Kedia, B. (2003). Corporate governance and market evaluation of capital and R & D investments [J]. Review of Financial Economics, 12(2): 161-172.

[66] Clark, K. D. & Maggitti, P. G. (2012). TMT potency and strategic decision-making in high technology firms [J]. Journal of Management Studies, 49 (7): 1168-1193.

[67] Clarkson, P. M., Li, Y., Richardson, G. D. & Vasvari, F. P. (2008). Revisiting the relation between environmental performance and environmental disclosure: An empirical analysis [J]. Accounting Organizations & Society, 33(4-5): 0-327.

[68] Cochran, D. S., David, F. R. & Gibson, C. K. (2008). A framework for developing an effective mission statement [J]. Journal of Business Strategies, 25 (2): 27-39.

[69] Collins, J. C. & Porras, J. I. (1998). Building your company's vision [J]. Harvard Business Review, 74(5): 65-77.

[70] Conger, J. A., Finegold, D. & Iii, E. E. L. (1998). Appraising boardroom performance [J]. Harvard Business Review, 76(1): 136-148.

[71] Cooke, P. (2015). Green governance and green clusters: Regional & national policies for the climate change challenge of Central & Eastern Europe [J]. Journal of Open Innovation Technology Market & Complexity, 1(1): 1-17.

[72] Cormier, D. & Magnan, M. (2015). The economic relevance of environmental disclosure and its impact on corporate legitimacy: An empirical investigation [J]. Business Strategy & the Environment, 24, (6): 431-450.

[73] Cucari, N., Salvatore E. D. F. & Orlando, B. (2018). Diversity of board of directors and environmental social governance: Evidence from Italian

listed companies [J]. Corporate Social Responsibility and Environmental Management, 25(3): 250-266.

[74] D'Aveni, R. A. & Idalene F. K. (1993). Top managerial prestige, power and tender offer response: A study of elite social networks and target firm cooperation during takeovers [J]. Organization Science, 4(2): 123-151.

[75] Daily, C. M. & Dalton, D. R. (1994). Bankruptcy and corporate governance: The impact of board composition and structure [J]. Academy of Management Journal, 37(6): 1603-1617.

[76] Dalton, D. R., Daily, C. M., Johnson, J. L. & Ellstrand, A. E. (1999). Number of directors and financial performance: A meta-analysis [J]. Academy of Management Journal, 42(6): 674-686.

[77] Dalton, D. R., Hitt, M. A., Certo, S. T. & Dalton, C. M. (2007). The fundamental agency problem and its mitigation: Independence, equity, and the market for corporate control [J]. Academy of Management Annals, 1(1): 1-64.

[78] Dalziel, T., Gentry, R. J. & Bowerman, M. (2011). An integrated agency-resource dependence view of the influence of directors' human and relational capital on firms' R & D spending [J]. Journal of Management Studies, 48(6): 1217-1242.

[79] David, F. R. (1989). How companies define their mission [J]. Long Range Planning, 22(1): 90-97.

[80] David, F. R., David, M. E. (2019). Benefits, characteristics, components and examples of customer-oriented mission statements [J]. International Journal of Business, Marketing & Decision Science, 9(1):95-110.

[81] David, M. E., David, F. R. & David, F. R. (2014). Mission statement theory and practice: A content analysis and new direction [J]. International Journal of Business, Marketing & Decision Science, 7(1):95-110.

[82] David, P., Barbier E., Markandya, A. (1996). Blueprint for a Green Economy [M]. Beijing: Beijing Normal University Press.

[83] Davis, G. F. & Useem, M. (2002). Top management, company directors, and corporate control . Pettigrew, A., Thomas, H. , Whittington, R. (eds.), Handbook of Strategy and Management [M]. London, UK: Sage Publi-

cations.

[84] Davis, J. H., Schoorman, F. D. & Donaldson, L. (1997). Toward a stewardship theory of management [J].Academy of Management Review, 22(1): 20-47.

[85] De Kwaadsteniet, E. W. & Van Dijk, E. (2010). Social status as a cue for tacit coordination [J]. Journal of Experimental Social Psychology, 46 (3) : 515-524.

[86] De Marchi, V. (2012). Environmental innovation and R & D cooperation: Empirical evidence from Spanish manufacturing firms [J]. Research Policy, 41 (3): 614-623.

[87] Dean Jr., J. W. & Sharfman, M. P. (1993). The relationship between procedural rationality and political behavior in strategic decision making [J]. Decision Sciences, 24(6): 1069-1083.

[88] Desmidt, S., Prinzie, A. & Decramer, A.(2011). Looking for the value of mission statements: A meta-analysis of 20 years of research [J]. Management Decision, 49(3):468-483.

[89] Dess, G. G.& Davis, P. S. (1984). Porter's generic strategies as determinants of strategic group membership and performance [J].The Academy of Management Journal, 27(3): 467-488.

[90] Donaldson, L. & Davis, J. H. (1991). Stewardship theory or agency theory: CEO governance and shareholderreturns [J]. Australian Journal of Management, 16(1):49-64.

[91] Dong, F., Xie, Y. & Cao, L. (2019).Board power hierarchy, corporate mission, and green performance [J]. Sustainability, 11(18):4826.

[92] Dougherty, D.(2017). Taking advantage of emergence for complex innovation eco-systems [J]. Journal of Open Innovation Technology Market & Complexity, 3(1):14.

[93] Drucker, P. F. (1974). Management: Tasks, Responsibilities, Practices[M]. New York: Harper & Row.

[94] Eagly, A. H. & Karau, S. J. (1991). Gender and the emergence of leaders: A meta-analysis [J]. Journal of Personality and Social Psychology, 60 (5): 685-710.

[95] Eells, R. S. F. (1960). The Meaning of Modern Business: An Introduction to The Philosophy of Large Corporate Enterprise [M]. New York: Columbia University Press.

[96] Ehie, I. C. & Olibe, K. (2010). The effect of R & D investment on firm value: An examination of US manufacturing and service industries [J]. International Journal of Production Economics, 128(1): 127-135.

[97] Eisenhardt, K. M., Kahwajy, J. L. & Bourgeois III, L. J. (1997). Conflict and strategic choice: How top management teams disagree [J]. California Management Review, 39(2): 42-62.

[98] Eisenhardt, K. M. & Bourgeois, L. J. (1988). Politics of strategic decision making in high velocity environments: Toward a mid range theory [J]. Academy of Management Journal, 31: 737-770.

[99] Faccio, M. (2006). Politically connected firms [J]. The American Economic Review, 96:369-386.

[100] Fahlenbrach, R., Low, A. & Stulz, R. M. (2010). Why do firms appoint CEOs as outside directors?[J] Journal of Financial Economics, 97: 12-32.

[101] Fama, E. F. (1980). Agency problems and the theory of the firm [J]. Journal of Political Economy, 88(2):288-307.

[102] Fama, E. F. & Jensen, M. C. (1983). Agency problems and residual claims [J]. The Journal of Law and Economics, 26(2): 327-349.

[103] Fan, J. P. H., Wong, T. J. & Zhang, T. (2007). Politically connected CEOs, corporate governance, and Post-IPO performance of China's newly partially privatized firms [J]. Journal of Financial Economics, 84(2): 330-357.

[104] Ferrier, W. J. (2001). Navigating the competitive landscape: The drivers and consequences of competitive aggressiveness [J]. The Academy of Management Journal, 44(4): 858-877.

[105] Finkelstein, S. (1992). Power in top management teams: Dimensions, measurement, and validation [J]. Academy of Management Journal, 35(3):505-538.

[106] Finkelstein, S., Hambrick, D. C. & Cannella, A. A. (2009). Strategic Leadership: Theory and Research on Executives, Top Management Teams,

and Boards [M].Oxford: Oxford University Press.

[107] Finkelstein, S. & Hambrick, D. C. (1996). Strategic Leadership: Top Executives and Their Effects on Organizations Executives [M]. St Paul, MN: West Publishing Company.

[108] Finkelstein, S. & Mooney, A. C. (2003). Not the usual suspects: How to use board process to make boards better [J]. The Academy of Management Executive, 17(2):101-113.

[109] Fisek, M. H. &Ofshe, R. (1970). The process of status evolution [J]. Sociometry, 33(3): 327-346.

[110] Fiske, A. P. (1992). The four elementary forms of sociality: Framework for a unified theory of social relations [J]. Psychological Review, 99(4): 689-723.

[111] Forbes, D. P. & Milliken, F. J. (1999). Cognition and corporate governance: Understanding boards of directors as strategic decision-making groups [J]. Academy of Management Review,24(3):489-515.

[112] Forte, A. (2004). Business ethics: A study of the moral reasoning of selected business managers and the influence of organizational ethical climate [J]. Journal of Business Ethics, 51: 167-173.

[113] Fragale, A. R., Overbeck, J. R. & Neale, M. A. (2011). Resources versus respect: Social judgments based on targets' power and status positions [J]. Journal of Experimental Social Psychology, 47(4): 767-775.

[114] Freeman, R. E.(1984).Strategic Management: A Stakeholder Approach [M].Boston: Pitman.

[115] Frenkel-Brunswik, E. (1949). Intolerance of ambiguity as an emotional perceptualpersonality variable [J]. Journal of Personality, 18: 108-143.

[116] Frykman, D. & Tolleryd, J. (2011). The Financial Times Guide to Corporate Valuation [M]. FT Press.

[117] Gabrielsson, J.& Huse, M. (2004). Context, behavior, and evolution: Challenges in research on boards and governance [J]. International Studies of Management & Organization, 34(2): 11-36.

[118] Gabrielsson, J., Huse, M.& Minichilli, A. (2007). Understanding the leadership role of the board chairperson through a team production approach

[J]. International Journal of Leadership Studies, 3(1): 21-39.

[119] Galen, M. (1989). A seat on the board is getting hotter [J]. Business Week, July 3:72-73.

[120] Garg, S. (2013). Venture boards: Distinctive monitoring and implications for firm performance [J]. Academy of Management Review, 38 (1) : 90-108.

[121] Garg, S. & Eisenhardt, K. M. (2017). Unpacking the CEO-board relationship: How strategy making happens in entrepreneurial firms [J]. Academy of Management Journal, 60: 1828-1858.

[122] Gedajlovic, E. R.& Shapiro, D. M. (1998). Management and ownership effects: Evidence from five countries [J]. Strategic Management Journal, 19 (6): 533-553.

[123] Goleman, D., Boyatzis, R. M. & McKee, A. (2002). Primal Leadership: Realizing the Power of Emotional Intelligencep [M]. Boston, MA: Harvard Business School Press.

[124] Gollotto, J. C. & Kim, S. (2003). Market valuation of Dot Com companies: R & D versus hype [J]. Managerial Finance, 29(11): 61-72.

[125] Gore, A. K., Matsunaga, S.& Yeung, P. E. (2011). The role of technical expertise in firm governance structure: Evidence from chief financial officer contractual incentives [J]. Strategic Management Journal, 32(7): 771-786.

[126] Gould, R. V. (2002). The origins of status hierarchies: A formal theory and empirical test [J]. American Journal of Sociology, 107(5) : 1143-1178.

[127] Groysberg, B., Polzer, J. T. & Elfenbein, H. A. (2011). Too many cooks spoil the broth: How high-status individuals decrease group effectiveness [J]. Organization Science, 22(3) :722-737.

[128] Groysberg, B. & Lee, L. E. (2009). Hiring stars and their colleagues: Exploration and exploitation in professional service firms [J]. Organization Science, 20(4):740-758.

[129] Gruenfeld, D. H. & Tiedens, L. Z. (2010). Organizational preferences and their consequences . In Fiske, S. T. , Gilbert, D. T. & Lindzey, G. (eds.) , Handbook of Social Psychology [M](5th ed., Vol. 2, pp. 1143-1172) .

John Wiley & Sons.

[130] Grundei, J. &Talaulicar, T. (2002). Company law and corporate governance of start-ups in Germany: Legal stipulations, managerial requirements, and modification strategies [J]. Journal of Management and Governance, 6:1-27.

[131] Güner, S.(2018). Evaluation of the evolution of green management with a kuhnianperspective [J]. Business Research, 11(2): 309-328.

[132] Hafsi, T. & Turgut, G. (2013). Boardroom diversity and its effect on social performance: Conceptualization and empirical evidence [J]. Journal of Business Ethics, 112: 463-479.

[133] Halevy, N., Chou, E. Y., Galinsky, A. D. & Murnighan, J. K. (2012). When hierarchy wins: Evidence from the national basketball association [J]. Social Psychological and Personality Science, 3(4):398-406.

[134] Halevy, N., Chou, E. Y. & Galinsky, A. D.(2011). A functional model of hierarchy: Why, how, and when vertical differentiation enhances group performance [J]. Organizational Psychology Review, 1(1): 32-52.

[135] Hall, J. A., Coats, E. J. & LeBeau, L. S. (2005). Nonverbal behavior and the vertical dimension of social relations: A meta-analysis [J]. Psychological Bulletin, 131(6): 898-924.

[136] Hambrick, D. (1983). High profit strategies in mature capital goods industries: Acontingencyapproach [J]. Academy of Management Journal, 26(4): 687-707.

[137] Hambrick, D. C.(2007). Upper echelons theory: An update [J]. Academy of Management Review, 32(2):334-343.

[138] Hambrick, D. C., Finkelstein, S. & Mooney, A. C. (2005). Executive job demands: New insights for explaining strategic decisions and leader behaviors [J].Academy of Management Review, 30(3):472-491.

[139] Hambrick, D. C. & Mason, P. A. (1984). Upper echelons: The organization as a reflection of its top managers [J]. Academy of Management Review, 9(2): 193-206.

[140] Harjoto, M. A., Laksmana, I. & Yang, Y. W. (2018). Board diversity and corporate investment oversight [J]. Journal of Business Research, 90:

40-47.

[141] Harrison, D. A. & Klein, K. J. (2007). What's the difference? Diversity constructs as separation, variety in organizations [J]. Academy of Management Review, 32(4):1199-1228.

[142] Harrison, J. R., Torres, D. L. & Kukalis, S.(1988). The changing of the guard: Turnover and structural change in the top-management positions [J]. Administrative Science Quarterly, 33(2): 211-232.

[143] Hay, D. A.& Morris, D. J. (1979). Industrial Economics: Theory and Evidence [M]. Oxford: Oxford University Press.

[144] Hayes, A. F.& Preacher, K. J. (2010). Quantifying and testing indirect effects in simple mediation models when the constituent paths are nonlinear [J]. Multivariate Behavioral Research, 45(4): 627-660.

[145] Haynes, K. T. & Hillman, A. (2010). The effect of board capital and CEO power on strategic change [J]. Strategic Management Journal, 31(11): 1145-1163.

[146] He, J. Y. & Huang, Z. (2011). Board informal hierarchy and firm financial performance: Exploring a tacit structure guiding boardroom interactions [J]. Academy of Management Journal, 54(6): 1119-1139.

[147] Henderson, A. D. & Fredrickson, J. W.(2001). Top management team coordination needs and the CEO pay gap: A competitive test of economic and behavioral views [J]. Academy of Management Journal,44(1): 96-117.

[148] Hendry, J. (2005). Beyond self-interest: Agency theory and the board in a satisfying world [J]. British Journal of Management,16: 55-64.

[149] Hendry, K. & Kiel, G. C. (2004). The role of the board in firm strategy: Integrating agency and organisational control perspectives [J]. Corporate Governance: An International Review, 12(4): 500-520.

[150] Héroux, S. & Fortin, A. (2016). Innovation: The influence of diversity and it competence of boards of directors and executive management [J]. International Journal of Organizational Innovation (Online), 8(3): 18.

[151] Hickson & David, J. (1987). Decision-making at the top of organizations [J]. Annual Review of Sociology, 13(1):165-192.

[152] Higgins, D., Omer, T. C. & Phillips, J. D. (2015). The influence of

a firm's business strategy on its tax aggressiveness [J].Contemporary Accounting Research,32(2):674-702.

[153] Hillman, A. J. & Dalziel, T. (2003). Boards of directors and firm performance: Integrating agency and resource dependence perspectives [J]. Academy of Management Review, 28(3): 383-396.

[154] Hirota, S., Kubo, K., Miyajima, H., Hong, P. & Park, Y. W. (2010). Corporate mission, corporate policies and business outcomes: Evidence from Japan [J]. Management Decision,48(7-8):1134-1153.

[155] Hofstede, G. (1984). Culture's Consequences: International Differences in Work-related Values [M]. Beverly Hills, CA: Sage.

[156] Hogg, M. A. (2001). A social identity theory of leadership [J]. Personality and Social Psychology Review, 5(3): 184-200.

[157] Hogg, M. A. (2007). Uncertainty-identity theory [J]. Advances in Experimental Social Psychology, 39: 69-126.

[158] Hogg, M. A. & Abrams, D. (1988).Social Identifications: A Social Psychology of Intergroup Relation and Group Processes [M]. Routledge Press.

[159] Holmstrom, B. (1989). Agency costs and innovation [J]. Journal of Economic Behavior & Organization, 12(3): 305-327.

[160] Hopkins, B. (2011). Informal hierarchies among workers in low-skill food manufacturing jobs [J]. Industrial Relations Journal, 42(5): 486-499.

[161] Hoppmann, J., Naegele, F.& Girod, B. (2019). Boards as a source of inertia: Examining the internal challenges and dynamics of boards of directors in times of environmental discontinuities [J]. Academy of Management Journal, 62(2):437-468.

[162] Huse, M. (2005). Accountability and creating accountability: A framework for exploring behavioural perspectives of corporate governance [J]. British Journal of Management,16(S1): S65-S79.

[163] Huse, M. (2007). Boards, Governance and Value Creation: The Human Side of Corporate Governance [M].New York: Cambridge Univeristy Press.

[164] Huse, M. (2009). The Value Creating Board: Corporate Governance and Organizational Behaviour [M]. New York: Routledge.

[165] Huse, M.& Rindova, V. P. (2001). Stakeholders' expectations of

board roles: The case of subsidiary boards [J]. Journal of Management and Governance, 5: 153-178.

[166] Huse, M., Hoskisson, R., Zattoni, A. & Viganò, R. (2011). New perspectives on board research: Changing the research agenda [J]. Journal of Management & Governance, 15(1): 5-28.

[167] Huse, M. & Zattoni, A. (2008). Trust, firm life cycle, and actual board behavior: Evidence from "one of the lads" in the board of three small firms [J]. International Studies of Management and Organization, 38: 71-97.

[168] Ibrahim, N. A. & Angelidis, J. P. (1995). The corporate social responsiveness orientation of board members: Are there differences between inside and outside directors? [J]. Journal of Business Ethics, 14: 405-410.

[169] Ibrahim, N. A., Howard, D. P. & Angelidis, J. P. (2003). Board members in the service industry: An empirical examination of the relationship between corporate social responsibility orientation and directorial type [J]. Journal of Business Ethics, 47: 393-401.

[170] Ingley, C. B. (2008). Company growth and board attitudes to corporate social responsibility [J]. International Journal of Business Governance and Ethics, 4(1): 17-39.

[171] Ingley, C. & Van Der Walt, N. (2005). Do board processes influence director and board performance? Statutory and performance implications [J]. Corporate Governance: An International Review, 13(5): 632-653.

[172] Jaffar, A.H. & Arman, A. (2017). The influence of leaders' past environmental-related experiences and positive deviance behavior in green management practices [J]. Journal Pengiran, (51): 1-18.

[173] Jamali, D., Safieddine, A. M. & Rabbath, M. (2008). Corporate governance and corporate social responsibility synergies and interrelationships [J]. Corporate Governance: An International Review, 16(5): 443-459.

[174] Jehn, K. A. (1995). A multi-method examination of the benefits and detriments of intragroup conflict [J]. Administrative Science Quarterly, 40: 256-282.

[175] Johnson, J. L., Daily, C. M. & Ellstrand, A. E.(1996). Boards of directors: A review and research agenda [J]. Journal of Management, 22 (3) :

409-438.

[176] Johnson, P.(2004). Shared thinking and interaction in thefamily business boardroom [J]. Corporate Governance the International Journal of Business in Society,4(1):39-51.

[177] Johnson, S. G., Schnatterly, K. & Hill, A. D. (2013). Board composition beyond independence: Social capital, human capital, and demographics [J]. Journal of Management,39(1):232-262.

[178] Johnson, S., Boone, P., Breach, A. & Friedman, E. (2000). Corporate governance in the Asian financial crisis [J]. Journal of Financial Economics,58(1-2): 141-186.

[179] Jr,J. W. D. & Sharfman,M. P.(2010). The relationship between procedural rationality and political behavior in strategic decision making [J]. Decision Sciences,24(6): 1069-1083.

[180] Judge, T. A.& Piccolo, R. F. (2004). Transformational and transactional leadership: A meta-analytic test of their relative validity [J]. Journal of Applied Psychology, 89: 755-768.

[181] Kahaner, L., Jones, P., Doubleday. (1995). Say it and live it: 50 corporate mission statements that hit the mark [M]. Broadway Books.

[182] Kakabadse, A., Kakabadse, N. & Barratt, R. (2006). Chairman and chief executive officer (CEO): That sacred and secret relationship [J]. The Journal of Management Development,25: 134-150.

[183] Kaufman, A. & Englander, E. (2005). A team production model of corporate governance [J]. Academy of Management Executive, 19: 9-22.

[184] Kelman, H. C. (2006). Interests, relationships, identities: Three central issues for individuals and groups in negotiating their social environment [J]. Annual Review of Psychology, 57(1): 1-26.

[185] Kelman, H. C. & Hamilton, V. L. (1989). Crimes of obedience: Toward a social psychology of authority and responsibility [M]. Yale University Press.

[186] Kelman, H.C.(1961).Processes of opinion change [J].Public Opinion Quarterly,2: 51-60.

[187] Kenny, D. A., Korchmaros, J. D. & Bolger, N. (2003). Lower level

mediation in multilevel models [J]. Psychological Methods, 8(2):115-128.

[188] Kets, de V. & Manfredm, F. R. (1985). The dark side of entrepreneurship [J]. Harvard Business Review, 63(6):160-167.

[189] Kiel G C, Nicholson G J. (2003). Board composition and corporate performance: How the Australian experience informs contrasting theories of corporate governance [J]. Corporate Governance: An International Review, 11(3): 189-207.

[190] Kim, E., Nam, D. & Stimpert, J. L. (2004). Testing the applicability of porter's generic strategies in the digital age: A study of Korean cyber malls [J].Journal Bussiness Strategy, 21(1):19-45.

[191] Kim, H. & Lim, C. (2010). Diversity, outside directors and firm valuation: Korean evidence [J]. Journal of Business Research, 63(3): 284-291.

[192] Kim, L. & Lim, Y. (1988). Environment, generic strategies and performance in a rapidly developing economy: A taxonomic approach [J]. Academy of Management Journal, 31(4):802-827.

[193] Klarner, P., Probst, G. &Useem, M. (2020). Opening the black box: Unpacking board involvement in innovation [J]. Strategic Organization, 18 (4): 487-519.

[194] Klimoski, R.& Mohammed, S. (1994). Team mental model: Construct or metaphor [J]. Journal of Management, 20: 403-437.

[195] Koo, C. M., Koh, C. E.& Nam, K. (2004). An examination of porter's competitive strategies in electronic virtual markets: A comparison of two on-line business models [J]. International Journal of Electric Commerce, 9(1): 163-180.

[196] Kor, Y. Y. (2006). Direct and interaction effects of top management team and board compositions on R & D investment strategy [J]. Strategic Management Journal, 27(11): 1081-1099.

[197] Kor, Y. Y.& Sundaramurthy, C. (2009). Experience-based human capital and social capital of outside directors [J]. Journal of Management, 35(4): 981-1006.

[198] Kumar, K., Subramanian, R. & Yauger, C. (1997). Pure versus hybrid: Performance implications of porter's generic strategies [J]. Health Care

Management Review,22(4):47-60.

[199] La Porta, R., Lopez-De-Silanes, F., Shleifer A. & Vishny, R. (2002). Investor protection and corporate valuation [J]. The Journal of Finance, 57(3): 1147-1170.

[200] La Porta, R., Lopez-De-Silanes, F., Shleifer, A. &Vishny, R. (2000). Investor protection and corporate governance [J]. Journal of Financial Economics, 58(1-2): 3-27.

[201] La Porta, R., Lopez-De-Silanes, F. & Shleifer, A. (1999). Corporate ownership around the world [J].The Journal of Finance, 54(2):471-517.

[202] Laari, S.,Töyli, J. & Ojala, L. (2018). The effect of a competitive strategy and green supply chain management on the financial and environmental performance of logistics service providers [J]. Business Strategy & the Environment , 27(7): 872-883.

[203] Lang, L. H. & Stulz, R. M. (1994). Tobin's q, corporate diversification, and firm performance [J]. Journal of Political Economy, 102(6): 1248-1280.

[204] Lanoie, P., Laurent-Lucchetti, J., Johnstone, N. & Ambec, S. (2011). Environmental policy, innovation and performance: New insights on the Porter hypothesis [J]. Journal of Economics & Management Strategy, 20(3): 803-842.

[205] Leavitt, H. J. (2005). Top down: Why Hierarchies are Here to Stay and How to Manage Them More Effectively [M]. Boston, MA: Harvard Business School Press.

[206] Leblanc, R. & Gillies, J. (2005). Inside the Boardroom: How Boards Really Work and The Coming Revolution in Corporate Governance [M]. John Wiley & Sons.

[207] Lee, S. M., Olson, D. L. & Trimi, S. (2010). The impact of Governance on Organizational Innovation [J]. Organizational Dynamics, 39 (3): 218-225.

[208] Leonidas C. L. & Thomas, A. F. (2015). Environmentally friendly export business strategy: Its determinants and effects on competitive advantage and performance [J].International Business Review,24(5): 798-811.

[209] Lewellen, W. G. (1971). A pure financial rationale for the conglomerate merger [J]. The Journal of Finance, 26(2): 521-537.

[210] Lim, H. & Eun, J. (2018). Exploring perceptions of sustainable development in South Korea: An approach based on advocacy coalition framework's belief system [J]. Journal of Open Innovation: Technology, Market, and Complexity, 4(4): 54.

[211] Lin, N. (2002). Social Capital: A Theory of Social Structure and Action (Vol. 19) [M]. Cambridge University Press.

[212] Mac Canna, L., Brennan, N. & O'Higgins, E. (1998). National networks of corporate power: An Irish perspective [J]. Journal of Management and Governance, 2: 357-379.

[213] Machold, S., Huse, M., Minichilli, A. & Nordqvist, M. (2011). Board leadership and strategy involvement in small firms: A team production approach [J]. Corporate Governance: An International Review, 19(4): 368-383.

[214] Mackinnon, D. P. & Mahawah, N. L. (2008). Introduction to statistical mediation analysis [J]. American Journal of Public Health and the Nations Health, 36(279): 1-8.

[215] Magee, J. C. & Galinsky, A. D. (2008). Social hierarchy: The self-reinforcing nature of power and status [J]. The Academy of Management Annals, 2(1): 351-398.

[216] Magee, J. C. & Smith, P. K. (2013). The social distance theory of power [J]. Personality and Social Psychology Review, 17(2): 158-186.

[217] Mahmood, I. P., Zhu, H. & Zajac, E. J. (2011). Where can capabilities come from? Network ties and capability acquisition in business groups [J]. Strategic Management Journal, 32(8): 820-848.

[218] Malviya, R. K., Kant, R. & Gupta, A. D. (2018). Evaluation and selection of sustainable strategy for green supply chain management implementation [J]. Business Strategy & the Environment, 27(4): 475-502.

[219] Mande, B., Ishak, Z., Idris, K. & Ammani, S. (2013). Using structural equation modeling to explain board process and board performance in a developing economy [J]. International Journal of Global Business, 6(1): 58-80.

[220] Manita, R., Bruna, M. G., Dang, R. & Houanti, L. H. (2018).

Board gender diversity and ESG disclosure: Evidence from the USA [J]. Journal of Applied Accounting Research, 19(2): 206-224.

[221] March, J. G. (1991). Exploration and exploitation in organizational learning [J]. Organization Science, 2 (1): 71-87.

[222] Marra, A., Mazzola, P. & Prencipe, A. (2011). Board monitoring and earning management pre-and post-IFRS [J]. The International Journal of Accounting, 46(2): 205-230.

[223] Marshall, A. P. & Weetman, P. (2002). Information asymmetry in disclosure of foreign exchange risk management: Can regulation be effective? [J] Journal of Economics Business and Politics, 54(1): 1-53.

[224] Masulis, R. W. & Mobbs, S. (2014). Independent director incentives: Where do talented directors spend their limited time and energy? [J]. Journal of Financial Economics, 111(2): 406-429.

[225] Mathieu, J., Maynard, M. T., Rapp, T. & Gilson, L. (2008). Team effectiveness 1997-2007: A review of recent advancements and a glimpse into the future [J]. Journal of Management, 34(3): 410-476.

[226] McCabe, A. C., Ingram, R. & Dato-On, M. C. (2006). The business of ethics and gender [J]. Journal of Business Ethics, 64: 101-116.

[227] McClelland, D. C. (1961). Other psychological factors in economic development . In The Achieving Society [M] (pp. 155-158). D Van NoStrand Company .

[228] McClelland, D.C. (1975). Power: The Inner Experience [M]. Oxford, UK: Irvington.

[229] McDonald, M. L., Westphal, J. D. & Graebner, M. E. (2008). What do they know? The effects of outside director acquisition experience on firm acquisition performance [J]. Strategic Management Journal, 29: 1155-1177.

[230] McNulty, T., Florackis, C. & Ormrod, P. (2013). Boards of directors and financial risk during the credit crisis [J]. Corporate Governance: An International Review, 21(1): 58-78.

[231] McNulty, T., Pettigrew, A. (1999). Strategists on the board [J]. Organization Studies, 20(1): 41-74.

[232] Meckling, W. H. & Jensen, M. C. (1976). Theory of the firm: Mana-

gerial behavior, agency costs and ownership structure [J]. Journal of Financial Economics, 3(4): 305-360.

[233] Melo, T. (2012). Determinants of corporate social performance: The influence of organizational culture, management tenure and financial performance [J]. Social Responsibility Journal, 8(1): 33-47.

[234] Mervelskemper, L. & Streit, D. (2017). Enhancing market valuation of ESG performance: Is integrated reporting keeping its promise? [J]. Business Strategy and the Environment, 26(4): 536-549.

[235] Miles, R. E., Snow, C. C., Meyer, A. D. & Coleman, H. J. (1978). Organizational strategy, structure, and process [J]. Academy of Management Review, 3(3): 546-562.

[236] Miller, A. & Dess, G. (1993). Assessing Porter's (1980) model in terms of its generalizability, Accuracy and simplicity [J]. Journal of Management Studies, 30(4): 553-585.

[237] Miller, T. & María Del C. T. (2009). Demographic diversity in the boardroom: Mediators of the board diversity-firm performance relationship [J]. Journal of Management Studies, 46(5): 755-784.

[238] Milliken, F. J. & Martins, L. L. (1996). Searching for common threads: Understanding the multiple effects of diversity in organizational groups [J]. Academy of Management Review, 21(2): 402-433.

[239] Minichilli, A. Zattoni, A. Zona, F. (2009). Making boards effective: An empirical examination of board task performance [J]. British Journal of Management, 20(1): 55-74.

[240] Mintzberg, H., Raisinghani, D. & Théorêt, A. (1976). The structure of "unstructured" decision processes [J]. Administrative Science Quarterly, 21: 246-275.

[241] Mischel, W. (1968). Personality and Assessment [M]. New York: Wiley.

[242] Mitchell, N. & Kirby, P. (2023). The role of board of directors: Delegation vs involvement in the strategic decision-making [J]. Journal of Management World, 2023(3): 9-18.

[243] Modigliani, F. & Miller, M. H. (1958). The cost of capital, corpora-

tion finance and the theory of investment [J]. The American Economic Review, 48(3): 261-297.

[244] Morgan, S. P. & Teachman, J. D. (1988). Logistic regression: Description, examples, and comparisons [J]. Journal of Marriage and Family, 50 (4): 929-936.

[245] Morgeson, F., Reider, M. H. & Campion, M. A. (2005). Selecting individuals in team settings: The importance of social skills, personality characteristics, and teamwork knowledge [J].Personnel Psychology, 58: 583-611.

[246] Moscovici, S. (1994). Social representations and pragmatic communication [J]. Social Science Information, 33(2): 163-177.

[247] Nadler, D. A. (2004). Building better boards [J]. Harvard Business Review, 82: 102-111.

[248] Nahapiet, J. & Ghoshal, S. (1998). Social capital, intellectual capital, and the organizational advantage [J]. Academy of Management Review, 23 (2): 242-266.

[249] Nemeth, C. J. & Staw, B. M. (1989). The tradeoffs of social control and innovation within groups and organizations . In Berkowitz, L. (ed.) , Advances in Experimental Social Psychology [M] (Vol. 22, pp. 175-210). New York: Academic Press.

[250] Neubaum, D. O. & Peter, J. (2018). Agents, stewards, and capabilities: A review [J]. Family Business Review, 31(2):227-228.

[251] Neuberg, S.L .& Newsom, J. T. (1993). Personal need for structure: Individual differences in the desire for simpler structure [J]. Journal of Personality and Social Psychology, 65(1): 113-131.

[252] Nielsen, B. B. & Nielsen, S. (2010). Learning and innovation in international strategic alliances: An empirical test of the role of trust and tacitness [J].Journal of Management Studies, 46(6):1031-1056.

[253] Nielsen, S.& Huse, M. (2010). Women directors' contribution to board decision-making and strategic involvement: The role of equality perception [J]. European Management Review,7:16-29.

[254] Overbeck, J. R., Correll J. & Park, B. (2005). Internal status sorting in groups: The problem of too many stars [J].Research on Managing Groups &

Teams,17:169-199.

[255] Ovidiu-Niculae, B., Lucian, C. E. & Cristiana, P.(2012). A multi-theory approach of the strategic role of boards [J]. Studies in Business & Economics, 7(2):43-51.

[256] Pearce II, J. A. (1995). A structural analysis of dominant coalitions in small banks [J]. Journal of Management, 21(6): 1075-1095.

[257] Perrigrew, A. (1992). On studying managerial elites [J]. Strategic Management Journal,13(S2):163-182.

[258] Peterson, R. S., Smith, D. B., Martorana, P. V.& Owens, P. D. (2003). The impact of chief executive officer personality on top management team dynamics: One mechanism by which leadership affects organizational performance [J].Journal of Applied Psychology,88(5):795-808.

[259] Pettigrew, A. M. (1992). The character and significance of strategy process research [J]. Strategic Management Journal, 13(S2): 5-16.

[260] Pettigrew, A. M. & McNulty, T. (1998). Sources and uses of power in the boardroom [J]. European Journal of Work and Organizational Psychology, 7: 197-214.

[261] Pfeffer, J. (1972). Size and composition of corporate boards of directors: The organization and its environment [J]. Administrative Science Quarterly, 17(2):218-228.

[262] Pfeffer, J. & Salancik, G. R. (1978). The External Control of Organizations: A Resource Dependence Perspective [M]. New York: Harper & Row.

[263] Platt, H.& Platt, M. (2012). Corporate board attributes and bankruptcy [J]. Journal of Business Research, 65(8): 1139-1143.

[264] Plaza-Úbeda, J. A., de Burgos-Jiménez, J. & Carmona-Moreno, E. (2010). Measuring stakeholder integration: Knowledge, interaction and adaptational behavior dimensions [J]. Journal of Business Ethics, 93: 419-442.

[265] Porter, M. E. (1980). Competitive Strategy: Techniques for Analyzing Industries and Competitors [M]. New York: The Free Press.

[266] Post, C., Rahman, N.& Rubow, E. (2011). Green governance: Boards of directors' composition and environmental corporate social responsibility [J]. Business & Society, 50(1): 189-223.

[267] Powell, W. W. (1990). Neither market nor hierarchy: Network forms of organization . In Cummings, L.L. & Staw B.M.(eds.), Research in Organizational Behavior [M](Vol. 12, pp. 295-336).JAI Press.

[268] Power, C. (1987). Shareholders aren't rolling over anymore [J]. Business Week, April 27, 32-33.

[269] Pugliese, A., Bezemer, P., Zattoni, A., Huse, M., Van den Bosch, F. & Volberda, H. W. (2009). Boards of directors' contribution to strategy: A literature review and research agenda [J]. Corporate Governance: An International Review, 17(3):292-306.

[270] Pugliese, A. & Wenstöp, P. Z. (2007). Board members' contribution to strategic decision making in small firms [J]. Journal of Management and Governance, 11:383-404.

[271] Pye, A. & Pettigrew, A. (2005). Studying board context, process and dynamics: Some challenges for the future [J]. British Journal of Management,16: 27-38.

[272] Rahman, N. & Post, C. (2012). Measurement issues in environmental corporate social responsibility (ECSR): Toward a transparent, reliable, and construct valid instrument [J]. Journal of Business Ethics, 105: 307-319.

[273] Ranasinghe, R., Mather, P.& Young, S. (2019). Board structure and earnings persistence: The mediation effect of board processes [J]. Australian Journal of Management,44(3):521-548.

[274] Rao, K. K., Tilt, C. A.& Lester, L. H. (2012). Corporate governance and environmental reporting: An Australian study [J]. Corporate Governance: The International Journal of Business in Society, 12(2): 143-163.

[275] Rao, K. & Tilt, C.(2016). Board composition and corporate social responsibility: The role of diversity, gender, strategy and decision making [J]. Journal of Business Ethics,138(2):327-347.

[276] Raskin, R. N. & Hall, C. S. (1979). A narcissistic personality inventory [J]. Psychological Reports, 45(2):590-591.

[277] Ravasi, D. & Zattoni, A. (2006). Exploring the political side of board involvement in strategy: A study of mixed-ownership institutions [J]. Journal of Management Studies,43: 1671-1702.

[278] Rechner, P. L. & Dalton, D. R. (1991). CEO duality and organizational performance: A longitudinal analysis [J]. Strategic Management Journal, 12 (2): 155-160.

[279] Rhenman, E. (1964). Organizational Goals [M]. Stockholm: Svenska Bokförlaget.

[280] Ridgeway, C. L. & Walker, H. A. (1995). Status structures [J]. Sociological Perspectives on Social Psychology, 281(1): 310-311.

[281] Ridgeway, C. & Johnson, C. (1990). What is the relationship between socioemotional behavior and status in task groups? [J]. American Journal of Sociology, 95(5): 1189-1212.

[282] Riketta, M. (2005). Organizational identification: A meta-analysis [J]. Journal of Vocational Behavior, 66(2): 358-384.

[283] Rindova, V. P. (1999). What corporate boards have to do with strategy: A cognitive perspective [J]. Journal of Management Studies, 36: 953-975.

[284] Roberts, J., McNulty, T. & Stiles, P. (2005). Beyond agency conceptions of the work of the non-executive director: Creating accountability in the boardroom [J]. British Journal of Management, 16: S5-S26.

[285] Roese, N. J. & Sherman, J. W. (2007). Expectancy . In Kruglanski, A.W. & Higgins, E.T. (eds.), Social Psychology: Handbook of Basic Principles [M](Vol. 2, 91-115). New York: Guilford.

[286] Ronay, R., Greenaway, K., Anicich, E. M. &Galinsky, A. D. (2012). The path to glory is paved with hierarchy: When hierarchical differentiation increases group effectiveness [J]. Psychological Science, 23(6): 669-677.

[287] Rose, C. (2007). Does female board representation influence firm performance? The Danish evidence [J]. Corporate Governance: An International Review, 15(2): 404-413.

[288] Roseman, I. J., Wiest, C. & Swartz, T. S. (1994). Phenomenology, behaviors, and goals differentiate discrete emotions [J]. Journal of Personality and Social Psychology, 67: 206-221.

[289] Ross, S, A., Westerfield, R. & Jaffe, J. F. (2013). Corporate Finance [M]. McGraw-Hill/Irwin.

[290] Ruigrok, W., Peck, S. I. & Keller, H. (2006). Board characteristics

and involvement in strategic decision making: Evidence from Swiss companies [J]. Journal of Management Studies, 43(5): 1201-1226.

[291] Ruirrok, W. Peck, S. Keller, P. (2006). Board characteristics and involvement in the strategic decision-making: Evidence from Swisscompanies [J]. Journal of Management Studies, 43(5): 1201-1226.

[292] Safitri, V. A., Sari, L. & Gamayuni, R. R. (2020). Research and development (R & D), environmental investments, to eco-efficiency, and firm value [J]. The Indonesian Journal of Accounting Research, 22(3).

[293] Sahin, K., Basfirinci, C. S. & Ozsalih, A. (2011). The impact of board composition on corporate financial and social responsibility performance: Evidence from public-listed companies in Turkey [J]. African Journal of Business Management, 5(7): 2959.

[294] Schein, E.H. (2010). Organizational Culture and Leadership [M]. San Francisco, CA: Jossey-Bass Publishers.

[295] Schmid M. (2002). Dominance as expressed and inferred through speaking time: A meta-analysis [J]. Human Communication Research, 28: 420-450.

[296] Schmidt, S. L. & Brauer, M. (2006). Strategic governance: How to assess board effectiveness in guiding strategic execution [J]. Corporate Governance: An International Review, 14(1): 13-22.

[297] Scott, W. R. (2008). Institutions and Organizations: Ideas and Interests [M]. Sage.

[298] Servaes, H. (1996). The value of diversification during the conglomerate merger wave [J]. The Journal of Finance, 51(4): 1201-1225.

[299] Shao, R., Rupp, D. E., Skarlicki, D. P. & Jones, K. S. (2013). Employee justice across cultures: A meta-analytic review [J]. Journal of Management, 39(1): 263-301.

[300] Shleifer, A. & Vishny, R. W. (1986). Large shareholders and corporate control [J]. Journal of Political Economy, 94(3, Part 1): 461-488.

[301] Siciliano, J. I. (2005). Board involvement in strategy and organisational performance [J]. Journal of General Management, 30(4): 1-10.

[302] Sidanius, J. & Pratto, F. (1999). Social Dominance: An Intergroup

Theory of Social Hierarchy and Oppression [M]. New York: Cambridge University Press.

[303] Sidhu, J. (2003). Mission statements: Is it time to shelve them?[J] European Management Journal, 21(4):439-446.

[304] Smith, A., Houghton, S. M., Hood, J. N. & Ryman, J. A.(2006). Power relationships among top managers: Does top management team power distribution matter for organizational performance?[J] Journal of Business Research, 59(5): 622-629.

[305] Smith, K. G., Smith, K. A. & Olian, J. D. (1994). Top management team demography and process: The role of social integration andcommunication [J]. Administrative Science Quarterly,39(3):412-438.

[306] Sorrentino, R.M. & Roney, C.J. (1986). Uncertainty orientation, achievement-relatedmotivation, and task diagnosticity as determinants of task performance [J]. Social Cognition, 4(4): 420-436.

[307] Stevenson, W. B. & Radin, R. F. (2009). Social capital and social influence on the board of directors [J]. Journal of Management Studies, 46: 16-44.

[308] Stiles, P., Taylor, B. (2001).Boards at Work:How Directors View Their Roles and Responsibilities [M].Oxford:Oxford University Press.

[309] Subramanian, G. (2015). Corporate governance 2.0 [J]. Harvard Business Review, 3:97-105.

[310] Summers, I., Coffelt, T. & Horton, R. (1988). Work group cohesion [J]. Psychological Reports, 63: 627-636.

[311] Sun, P., Hu, H. W. & Hillman, A. J. (2016). The dark side of board political capital: Enabling blockholder rent appropriation [J]. Academy of Management Journal, 59(5):1801-822.

[312] Sundaramurthy, C., Kuntara, P., Yasemin, K. (2014). Positive and negative synergies between the CEO's and the corporate board's human and social capital: A study of biotechnology firms [J]. Strategic Management Journal, 35 (6): 845-868.

[313] Sydney, F., Peteraf, M. A.(2007). Managerial activities: A missing link in managerial discretion theory [J]. Strategic Organization,5(3):237-248.

[314] Tannenbaum, A.S., Kavcic, B., Rosner, M., Vianello, M. & Wi-

eser, G. (1974). Hierarchyin Organizations [M]. San Francisco, CA: Jossey-Bass.

[315] Tantalo, C. & Priem, R. L. (2016). Value creation through stakeholder synergy [J]. Strategic Management Journal, 37(2): 314-329.

[316] Tarakci, M., Greer, L. L. & Groenen, P. J. F. (2016). When does power disparity help or hurt group performance? [J] Journal of Applied Psychology, 101(3): 415-429.

[317] Teece, D. J. (2010). Business models, business strategy and innovation [J]. Long Range Planning, 43(2-3): 172-194.

[318] Teece, D. J. (2018). Business models and dynamic capabilities [J]. Long Range Planning, 51(1): 40-49.

[319] Tiedens, L. Z. & Fragale, A. R. (2003). Power moves: Complementarity in dominant and submissive nonverbal behavior [J]. Journal of Personality and Social Psychology, 84(3): 558-568.

[320] Tiedens, L. Z., Chow, R. M. & Unzueta, M. M. (2007). Complementary contrast and assimilation: Interpersonal theory and the social functions of contrast and assimilation effects . In Stapel, D.A. & Suls, J. (eds.), Assimilation and Contrast in Social Psychology [M] (pp. 249-267). New York: Psychology Press.

[321] Tiedens, L. Z., Unzueta, M. M. & Young, M. J. (2007). An unconscious desire for hierarchy? The motivated perception of dominance complementarity in task partners [J]. Journal of Personality and Social Psychology, 93(3): 402-414.

[322] Tobin, J. (1969). A general equilibrium approach to monetary theory [J]. Journal of Money, Credit and Banking, 1(1): 15-29.

[323] Todorov, A., Mandisodza, A. N., Goren, A. & Hall, C. C. (2005). Inferences of competence from faces predict election outcomes [J]. Science, 308(5728): 1623-1626.

[324] Treacy, M., Wiersema, F. (1995). The Discipline of Market Leaders [M]. Reading, MA: Addison Wesley.

[325] Tricker, R.I. (1984). Corporate Governance: Practices, Procedures and Powers in British Companies and Their Boards of Directors [M]. Farnham:

Gower Pub. Co.

[326] Tsai, W.& Ghoshal, S. (1998). Social capital and value creation: The role of intrafirm networks [J]. Academy of Management Journal, 41(4): 464-476.

[327] Tuggle, C. S., Sirmon, D. G., Reutzel, C. R. & Bierman, L. (2010). Commanding board of director attention: Investigating how organizational performance and CEO duality affect board members' attention to monitoring [J]. Strategic Management Journal, 31(9): 946-968.

[328] Turner, J. C., Brown, R. J. & Tajfel, H. (1979). Social comparison and group interest in ingroup favouritism [J]. European Journal of Social Psychology, 9(2): 187-204.

[329] Uhl-Bien, M., Marion, R. & McKelvey, B. (2007). Complexity leadership theory: Shifting leadership from the industrial age to the knowledge era [J]. The Leadership Quarterly, 18(4): 298-318.

[330] Useem, M. & Zelleke, A. (2006). Oversight and delegation in corporate governance: Deciding what the board should decide [J]. Corporate Governance: An International Review, 14(1): 2-12.

[331] Van der Vegt, G. S., de Jong, S. B., Bunderson, J. S. & Molleman, E. (2010). Power asymmetry and learning in teams: The moderating role of performance feedback [J]. Organization Science, 21(2): 347-361.

[332] Van Dijk, H.& Van Engen, M. L. (2013). A status perspective on the consequences of work group diversity [J]. Journal of Occupational and Organizational Psychology, 86(2): 223-241.

[333] Van Emmerik, I. J. H., Lambooy, M. & Sanders, K. (2002). Differential effects of individual linked and team-level status allocation on professionals' job performance [J]. Small Group Research, 33: 702-717.

[334] Wade, J. B., O'Reilly III, C. A., & Pollock, T. G. (2006). Overpaid CEOs and underpaid managers: Fairness and executive compensation [J]. Organization Science, 17(5): 527-544.

[335] Wan, D. & Ong, C. H. (2005). Board structure, process and performance: Evidence from public-listed companies in Singapore [J]. Corporate Governance: An International Review, 13(2): 277-290.

[336] Wang, J. & Dewhirst, H. D. (1992). Boards of directors and stakeholder orientation [J]. Journal of Business Ethics, 11: 115-123.

[337] Wellman, N. , Applegate, J. M. , Harlow, J. & Johnston, E. W. (2019). Beyond the pyramid: Alternative formal hierarchical structures and team performance [J].The Academy of Management Journal, 63(4): 997-1027.

[338] Westphal, J. D. (1998). Board games: How CEOs adapt to increases in structural board independence from management [J]. Administrative Science Quarterly,43: 511-537.

[339] Westphal, J. D. & Shani, G. (2016). Psyched-up to suck-up: Self-regulated cognition, interpersonal influence, and recommendations for board appointments in the corporate elite [J]. Academy of Management Journal, 59(2): 479-509.

[340] Westphal, J. D., Khanna, P. (2003). Keeping directors in line: Social distancing as a control mechanism in the corporate elite [J].Administrative Science Quarterly,48: 361-398.

[341] Westphal, J. D. & Milton, L. P. (2000). How experience and network ties affect the influence of demographic minorities on corporate boards [J]. Administrative Science Quarterly,45: 366-398.

[342] Westphal, J.D. & Zajac, E.J. (1995). Who shall govern? CEO/board power demographic similarity, and new director selection [J]. Administrative Science Quarterly, 40: 60-83.

[343] Whitson, J. A. & Galinsky, A. D. (2008). Lacking control increases illusory pattern perception [J]. Science, 322: 115-117.

[344] Wicks, C. P. G. (2011). Institutional interest in corporate responsibility: Portfolio evidence and ethical explanation [J]. Journal of Business Ethics, 103(1):143-165.

[345] Wiggins, J. S., Trapnell, P. & Phillips, N. (1988). Psychometric and geometric characteristics of the revised interpersonal adjective scales (IAS-R) [J]. Multivariate Behavioral Research, 23(4): 517-530.

[346] Wijethilake,C. (2017). Proactive sustainability strategy and corporate sustainability performance: The mediating effect of sustainability control systems [J]. Journal of Environmental Management, 196: 569-582.

[347] Willer, R. (2009). Groups reward individual sacrifice: The status solution to the collective action problem [J]. American Sociological Review, 74: 23-43.

[348] World Bank. (2012). Inclusive Green Growth: The Pathway to Sustainable Development [M]. World Bank Publications.

[349] Zahra, S. A. & Pearce, J.A. (1990). Determinants of board directors' strategic involvement [J]. European Management Journal, 8(2): 164-173.

[350] Zahra, S. A. & Pearce, J. A. (1989). Board of directors and corporate financial performance: A review and integrative model [J]. Journal of Management, 15(2):291-334.

[351] Zhang, P. (2010). Board information and strategic task performance [J]. Corporate Governance: An International Review, 18: 473-487.

[352] Zheng, W., Singh, K. & Mitchell, W. (2015). Buffering and enabling: The impact of interlocking political ties on firm survival and sales growth [J]. Strategic Management Journal, 36:1615-1636.

[353] Zhu, H., Wang, P. & Bart, C. (2016). Board processes, board strategic involvement, and organizational performance in for-profit and non-profit organizations [J]. Journal of Business Ethics, 136(2):311-328.

[354] Ziegler, A., Schro Der, M. & Rennings, K. (2007). The effect of environmental and social performance on the stock performance of European corporations [J]. Environmental & Resource Economics, 37(4):661-680.

[355] Zitek, E. M. & Tiedens, L. Z. (2012). The fluency of social hierarchy: The ease with which hierarchical relationships are seen, remembered, learned, and liked [J]. Journal of Personality & Social Psychology, 102(1): 98-115.

[356] Zohar, D. (2016). The Quantum Leader: A New Model of Leadership for Business in the 21st Century [M]. Berrett - Koehler Publishers.

[357] Zona, F. & Zattoni, A. (2007). Beyond the black box of demography: Board processes and task effectiveness within Italian firms [J]. Corporate Governance: An International Review, 15(5): 852-864.